Introduction

L'histoire du monde est imprévisible et tortueuse ; elle est faite de rapports plus ou moins policés entre les hommes et les États, lancés depuis l'aube des temps dans une course au développement territorial, dans un jeu permanent d'influences politiques et culturelles avec leurs semblables. Cependant, les plus grandes évolutions vécues par l'humanité reposent sur des découvertes et des avancées intellectuelles majeures, génératrices de profondes mutations sociales : la découverte du Nouveau Monde, la philosophie des Lumières, la révolution industrielle, l'essor des idéologies, la révolution numérique… L'histoire du monde est un thème très vaste que nous n'aurons pas la prétention de vouloir traiter de manière exhaustive, tant elle couvre des thématiques variées et des aires géographiques distantes. L'Europe occupe un rôle central dans notre description, notamment en raison de la domination qu'elle a exercé sur la planète depuis la conquête des empires coloniaux au XVe siècle. L'homogénéité culturelle de la partie occidentale du continent européen repose sur un héritage gréco-romain persistant. Ce patrimoine s'amalgame par la suite avec le catholicisme qui, en dépit des nombreux conflits liturgiques qui émaillent son évolution (orthodoxie, anglicanisme, protestantisme…), se révèle un formidable facteur d'unité culturelle dès la fin de l'Antiquité. Sa zone d'expansion privilégiée à partir de la fin du XVe siècle est le continent américain, dont la découverte offre une échappatoire aux minorités religieuses persécutées en Europe. Plus de six siècles après la naissance du christianisme, c'est au Moyen-Orient qu'apparaît une autre religion monothéiste dominante, l'islam. Le monde musulman s'étend rapidement au Maghreb et à l'Asie centrale et devient le principal rival du monde chrétien. Autre région du monde largement représentée dans notre ouvrage, l'Asie est le berceau de nombreuses innovations techniques (imprimerie, acier, boussole, poudre à canon…) et spirituelles (bouddhisme, taoïsme, confucianisme). Son histoire politique est marquée par l'édification de grands empires antiques et médiévaux, en Chine, dans la vallée indienne de l'Indus, dans la steppe de Mongolie et dans l'archipel du Japon. L'Afrique, enfin, a une histoire moins connue, du fait de la persistance de structures tribales fortes et de recherches historiques parcellaires – l'Égypte des pharaons, qui a passionné des générations d'aventuriers et de scientifiques depuis les premières explorations au XVIIIe siècle, est une exception. L'histoire de ce continent est pourtant émaillée de périodes d'hégémonies spectaculaires, celles notamment de l'empire du Mali et de la civilisation du Grand Zimbabwe, dont les vestiges ont récemment été mis au jour. Cet ouvrage aborde les principales thématiques de la formidable épopée qu'est l'histoire de l'humanité, depuis la sédentarisation des hommes au Néolithique jusqu'à nos jours, à travers trente-deux articles, dont certains sont agrémentés de cartes originales.

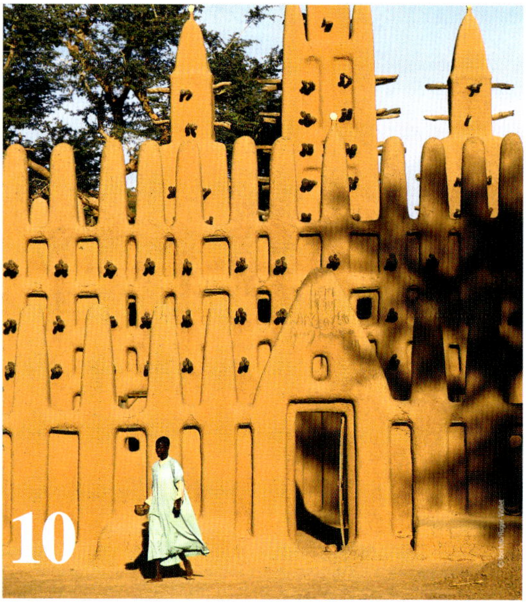

Atlas de l'histoire du monde

AFRIQUE

AMÉRIQUE

ASIE

EUROPE

70

130

L'Égypte des pharaons

Longue bande fertile irriguée par le Nil, constituant une sorte d'enclave préservée de l'aridité du Sahara, l'Égypte abrite le premier grand État centralisé de l'histoire de l'humanité. Aussi glorieuse que mystérieuse, sa civilisation monumentale, dominée par l'éminente figure du pharaon, exerce depuis toujours une grande fascination sur le public amateur comme sur la communauté scientifique, qui a créé pour elle une discipline à part entière : l'égyptologie. Depuis son effacement à l'aube de notre ère, l'Égypte antique est, par sa culture et son écriture hiéroglyphique singulières, une source inépuisable d'inspiration et de rêveries.

L'Égypte, traversée par le Nil, offre une grande diversité géographique. La Haute-Égypte, en amont du fleuve, accueille les cultures prédynastiques. La Basse-Égypte, entre la cité de Memphis et le delta, offre une ouverture sur le monde méditerranéen et le Proche-Orient, rendant également la province vulnérable aux incursions étrangères. Lors de l'unification du pays, les Égyptiens matérialiseront cette vision dualiste de leur territoire en coiffant leur pharaon de deux couronnes, la blanche, symbole de la Haute-Égypte ; et la rouge, symbole de la Basse-Égypte. Le pays tire sa puissance de l'agriculture, qui dépend elle-même des humeurs du Nil, dont les crues spectaculaires déposent chaque été le limon (dépôts de sédiments riches en minéraux) qui rend la terre fertile. Forte de ces ressources, l'Égypte se constitue en un État centralisé, guidé par un personnage détenant un pouvoir héréditaire : le pharaon, intermédiaire entre les dieux et le monde terrestre.

Un empire en gestation

À partir de 4300 avant J.-C., les peuples d'Égypte, vivant depuis le Néolithique de chasse et de cueillette, s'organisent en de puissants ensembles politiques. Selon la légende, le roi Ménès de Haute-Égypte aurait mené une expédition armée en Basse-Égypte, unifiant les deux provinces – le processus d'unification s'étale en réalité sur plusieurs siècles. Après l'extinction des deux premières dynasties de pharaons, dites « thinites » car originaires de la cité de This ou Thinis, l'Égypte entre dans une période de prospérité : l'Ancien Empire. Les pharaons de la IIIe dynastie – le plus connu étant Imhotep – consolident les fondations du pouvoir. Leur œuvre est prolongée par les souverains de la IVe dynastie – dont les plus illustres sont Khéops, Khéphren et Mykérinos, bâtisseurs des célèbres pyramides et du Sphinx de Gizeh. À partir de la VIe dynastie (2374 à 2140 av. J.-C.), un État centralisé se met en place grâce à la création d'une classe de fonctionnaires, les scribes, intervenant à tous les niveaux de l'administration. La production agricole est stockée dans d'imposants greniers à grains et l'économie est réglementée sous l'égide de groupes sociaux proches du pouvoir. La politique extérieure se caractérise par des actions armées sur les frontières avec la Nubie et la Libye, le plus souvent pour la sécurisation des routes commerciales.

L'âge des grands pharaons

En 2033 avant J.-C., l'avènement de Montouhotep II, de la XIe dynastie, éteint une série de troubles intérieurs et ouvre la période du « Moyen Empire ». Les souverains s'illustrent en édifiant des monuments en l'honneur des dieux, dont ils se désignent messagers, se dotant ainsi d'un instrument essentiel à leur pouvoir. Sésostris Ier (1962-1928) est connu comme le premier bâtisseur de Karnak. À partir du règne d'Ahmôsis (1570-1525), les pharaons entreprennent d'étendre leur domination sur le Proche-Orient, la Libye et le Soudan, édifiant forteresses et sanctuaires. Les bénéfices des paix favorables conclues avec les vaincus et les nombreux tributs exigés rehaussent le faste royal, élevant l'Égypte vers un âge d'or baptisé « Nouvel Empire ». Dans le domaine administratif, le Nouvel Empire est

Ramsès III représenté sur la tombe d'Amon-Her-Khepechef, Deir el-Bahari (Égypte), vallée des Reines.

marqué par la délimitation des prérogatives du vizir, personnage assistant et appliquant les décisions du pharaon, gérant le domaine royal et l'administration du pays. Cette période, marquée par la construction du temple de Louxor et l'agrandissement du temple d'Amon-Rê de Karnak, porte de profonds bouleversements religieux : vers 1350 avant J.-C., le pharaon Amenhotep IV change son nom en Akhenaton et se proclame prophète du culte d'Aton, interdisant les références aux autres divinités (Rê, Isis, Seth, Horus, Anubis et Osiris). Son second successeur, l'éphémère Toutânkhamon (1335-1327), restaure les cultes divins anciens.

Le lent déclin du modèle égyptien

Au XIVe siècle avant J.-C., Toutânkhamon meurt sans héritier ; la XVIIIe dynastie s'éteint sur fond de luttes intestines. Horemheb, dernier de sa lignée, transmet le pouvoir à son vizir et général en chef Pa-Ramassou. Celui-ci est proclamé pharaon vers 1295 sous le nom de Ramsès Ier. Son héritier, Ramsès II, initie une série de décrets mettant en ordre l'administration : réduction d'impôts, suppressions de taxes et corvées, protection des biens et des personnes, réforme de la justice, exploitation renforcée des mines… Les Ramessides, à la recherche de légitimité, entreprennent la construction de tombes monumentales dès le début de leur lignée – une pratique reprise par tous les souverains de la XIXe dynastie. Sur le plan extérieur, l'agitation des Hittites à la frontière est le motif de plusieurs expéditions au Proche-Orient. En 1274, le roi hittite Mouttawalli est défait à Qadesh (Syrie) par Ramsès

LES FEMMES PHARAONS

L'histoire de l'Égypte est marquée par l'avènement de femmes à la tête de l'État. Fille du pharaon Thoutmôsis Ier, Hatchepsout monte sur le trône vers 1478 avant J.-C., régnant conjointement avec Thoutmosis II, le fils de son époux. Parmi les femmes pharaons, on peut également citer : Nitokris (2152-2150), Néférousobek (1800-1797), Ânkh-Khéperourê (1338-1335) et Taousert (1188-1886). Des épouses royales se font par ailleurs remarquer pour une implication inhabituelle dans les affaires de l'État, telle Néfertiti qui, au XIVe siècle, exerce une influence considérable sur Akhenaton.

Le Sphinx et la pyramide de Khéphren à Gizeh (Égypte), 1978.

II. Cependant, au cours des siècles suivants, la perte de contrôle progressive du Proche-Orient provoque une grave crise économique. Privé des richesses, des tributs et des impôts prélevés sur ses anciennes provinces, l'empire se désagrège lentement. L'Égypte, déchirée entre plusieurs factions rivales, tombe sous le joug de dynasties étrangères : Kouchites, Assyriens et Saïtes, Perses à partir du VIe siècle avant J.-C., Macédoniens, puis Romains à partir de l'an 30 avant J.-C.

LES HIÉROGLYPHES

L'invention de l'écriture hiéroglyphique égyptienne est datée du début de la Ire dynastie, incarnée par Ménès, pharaon légendaire de l'Égypte unifiée. Du temps des anciens Égyptiens, les hiéroglyphes ont une fonction décorative, ornant notamment les temples et les tombes, et cohabitent avec une écriture cursive (simplifiée) employée sur les papyrus et les textes administratifs. L'écriture hiéroglyphique n'a été déchiffrée qu'à partir de 1821 par le Français Champollion.

Bilan

Au IVe millénaire avant notre ère, deux royaumes, la Basse et la Haute-Égypte, s'unissent sous la férule d'un souverain baptisé ultérieurement « pharaon ». À partir de 2033, l'empire accroît sa domination sur la Méditerranée orientale et, grâce à l'afflux de richesses en provenance des provinces soumises, entre dans un âge d'or. L'apogée est atteint sous Ramsès II, qui triomphe en 1274 de tous ses ennemis extérieurs et met en place une administration à sa mesure. Le reflux de la présence égyptienne au Proche-Orient jusqu'en 1078 amorce un inexorable déclin.

L'Égypte des pharaons (3050-30 avant J.-C.)

La civilisation égyptienne, concentrée sur les rivages du Nil, est le premier État centralisé et autoritaire de l'histoire de l'humanité, reposant sur une vaste union des territoires situés entre la Basse-Égypte et la Haute-Égypte. Sa première capitale connue, Memphis, est écartée par les pharaons du Moyen Empire (2065 à 1735 avant J.-C.) au profit de Thèbes pour échapper à la pression des envahisseurs Hyksôs. Licht, Akhetaton, fief de l'iconoclaste Akhenaton, puis Pi-Ramsès, foyer des Ramessides, occupent tour à tour le rang de cœur politique de l'empire du pharaon. Les grandes agglomérations de la vallée du Nil abritent des vestiges extraordinaires : les pyramides de Gizeh, le Sphinx, la nécropole de Louxor ou encore le temple de Karnak.

Les empires africains

L'Afrique, berceau de l'humanité, fait l'objet d'un traitement marginal dans l'histoire mondiale, centrée sur l'Occident. Seuls les rivages méditerranéens du continent (Égypte, Tunisie, Libye…) ont suscité la convoitise des peuples grecs, latins, germaniques, puis arabes. L'Afrique subsaharienne, éloignée du tumulte de l'Antiquité européenne, a connu une évolution singulière. Son climat tempéré et ses ressources minérales ont favorisé l'émergence de grandes puissances inconnues du grand public jusqu'au milieu du XXe siècle. L'empire du Mali et la civilisation du Grand Zimbabwe sont les exemples les plus marquants du raffinement africain.

L'empire du Mali, fondé vers 1230 par Soundiata Keita, atteint son apogée à partir de 1312 sous le règne de Kankan Moussa, dixième « mansa » – titre porté par la dynastie Keita. Fils d'Aboubakri II, roi explorateur disparu au cours d'une expédition dans l'Atlantique Sud, le nouveau souverain se distingue par son érudition, son raffinement et sa remarquable éducation. Il est perçu comme l'un des plus puissants souverains de son temps. Son empire borde les rives du golfe de Guinée et remonte le bassin du fleuve Niger jusqu'à sa source. C'est un État centralisé, composé d'une myriade de provinces administrées par des gouverneurs, qui tire de précieux subsides des gisements de métaux précieux, de sel ainsi que de la production d'étoffes, marchandises transitant par un réseau commercial transsaharien vers le Maghreb et le Proche-Orient. Kankan Moussa établit une correspondance diplomatique avec l'Égypte et noue des relations commerciales et culturelles durables avec les États d'Afrique du Nord. Sous son règne, le Mali s'ouvre au monde arabo-musulman.

L'apogée de l'empire du Mali

En 1324, en bon musulman – au XIIIe siècle, le fondateur de l'Empire malien s'est converti à l'Islam, imposant cette tradition à ses successeurs –, Kankan Moussa entreprend un pèlerinage à La Mecque. Son cortège ne passe pas inaperçu : composé de 12 000 personnes, dont 8 000 soldats, il traîne un convoi chargé de 10 à 12 tonnes d'or destiné à subvenir aux besoins de l'expédition. Le « mansa » mène grand train et expose sa richesse à la vue de ses contemporains. Son entrée au Caire marque les esprits : 500 hérauts vêtus de soie et porteurs de bâtons d'or annoncent la procession du roi. En Arabie, il déverse généreusement des présents et des lingots d'or. Certaines sources évoquent les effets dévastateurs de son passage : l'afflux soudain de grandes quantités de métal précieux aurait entraîné une forte dévaluation de sa valeur, ruinant l'économie des régions traversées. Le roi, influencé par son pèlerinage, s'attache les services d'érudits, juristes, théologiens et artistes arabes, qu'il met à contribution pour la construc-

L'EMPIRE MONOMOTAPA

Royaume d'Afrique australe né vers 1450, l'Empire monomotapa succède à la civilisation du Grand Zimbabwe, cité dont il fait sa capitale. Rayonnant sur le commerce de l'or avec l'Inde, il décline au cours du XVIe siècle en raison des luttes entre factions rivales et de l'épuisement des gisements d'or. L'irruption dans la région des Portugais et des Arabes, qui substituent le commerce de l'or à la traite des Noirs vers l'Arabie, la Perse et l'Inde, précède sa disparition en 1629.

L'EXCEPTION ÉTHIOPIENNE

Fondé en 1270 par Yekouno Amlak, se réclamant d'une ascendance avec le roi Salomon, souverain légendaire d'Israël, l'Empire éthiopien prend les traits d'une monarchie absolue dirigée par un « *Negus neghesti* » (« roi des rois »). Au Moyen Âge, le pays résiste aux invasions musulmanes, puis aux incursions européennes au XIXe siècle. À la suite du partage de l'Afrique lors de la conférence de Berlin en 1885, l'Éthiopie est le seul pays demeuré indépendant, avec le Liberia. En 1974, son dernier empereur, Hailé Sélassié, est déposé par un coup d'État communiste.

tion de mosquées et bâtiments administratifs inspirés de l'architecture du Moyen-Orient. Sa mort en 1337 coïncide avec l'amorce du déclin de son empire. Le Mali sombre dans de violentes querelles dynastiques qui accélèrent la dégénérescence du modèle politique et économique instauré par Kankan Moussa. L'empire se morcelle et disparaît définitivement au XVIIe siècle.

Mosquée d'architecture dogon de Kani-Kombole (Mali).

Le Grand Zimbabwe

En 1871, l'explorateur Adam Render découvre lors d'une expédition les vestiges d'une ancienne cité médiévale de dimensions imposantes dans la province actuelle de Masvingo (Zimbabwe). Intrigué par cette découverte, le géologue Karl Mauch se rend sur place ; il attribue l'édification de la cité à des populations venues du Proche-Orient, sous-entendant qu'il s'agit des légendaires mines du roi Salomon mentionnées dans la Bible et non des restes d'une civilisation africaine avancée. Pourtant, les édifices du site, baptisé « Grand Zimbabwe », sont l'œuvre d'un État riche, gouverné par un roi puissant et qui a vraisemblablement rayonné sur l'ensemble de la région. La vallée accueille une multitude de petites constructions d'habitations en pisé et en pierre sèche. Leur maçonnerie démontre un savoir-faire très élevé pour l'époque. Elles entourent un grand enclos en blocs de granit édifié au XIVe siècle. Il renferme des quartiers d'habitations séparés par des murs et un espace commun dédié vraisemblablement aux réunions et au commerce. La colline comporte un dernier ensemble de ruines dont les différentes constructions couvrent une période courant du XIe au XIIIe siècle, divisé en deux enceintes distinctes construites à l'aide de blocs de granit et reliées par des passages étroits. Les archéologues considèrent que l'enclos occidental était une résidence royale et que l'enclos oriental était dédié aux cultes religieux.

Un carrefour commercial africain

Au XIe siècle, le peuple shona s'implante sur le site, alors occupé par une tribu de culture bantoue, et poursuit sa présence jusqu'au XVe siècle. L'aspect monumental des édifices du Grand Zimbabwe traduit une grande richesse, apportée non seulement par l'agriculture, mais avant tout par une activité commerciale soutenue : le site est installé sur la route reliant les mines d'or et les ressources d'ivoire de la région au port de Sofala (Mozambique), qui offre un accès à l'océan Indien. Sa situation lui permet en outre de prélever des droits de passage sur les marchands qui transitent sur ses terres. En échange de l'or et de l'ivoire, le peuple du Grand Zimbabwe reçoit des faïences de Perse et des plats en porcelaine de Chine, ainsi que des textiles et des perles. L'artisanat repose sur le travail du métal, le tissage et la bijouterie, domaines dans lesquels la cité acquiert une grande renommée. Mais au XVe siècle, les marques de cette activité économique disparaissent brutalement. L'épuisement des ressources, l'appauvrissement des sols, asséchés par les cultures et l'élevage intensifs, ainsi que les défrichements massifs entraînent une crise irrémédiable. Face à l'émigration de sa population vers les régions plus fertiles du nord, l'État disparaît progressivement.

Statuette Tellem en bois représentative de l'art dogon (Mali), XXe siècle, ancienne collection Kerchache (Paris).

Bilan

De toutes les civilisations nées sur le sol africain, l'empire du Mali a probablement connu le plus grand rayonnement. Lors de son apogée, cet État musulman, fort et centralisé dans les mains de la dynastie de Kankan Moussa, est au cœur du commerce transsaharien. L'Afrique australe a accouché d'une civilisation tout aussi remarquable, dont l'héritage réside dans les fabuleux vestiges de la cité du Grand Zimbabwe. Tirant ses richesses du commerce de l'or avec l'Inde et le monde arabe, elle connaît son apogée aux XIIIe et XIVe siècles.

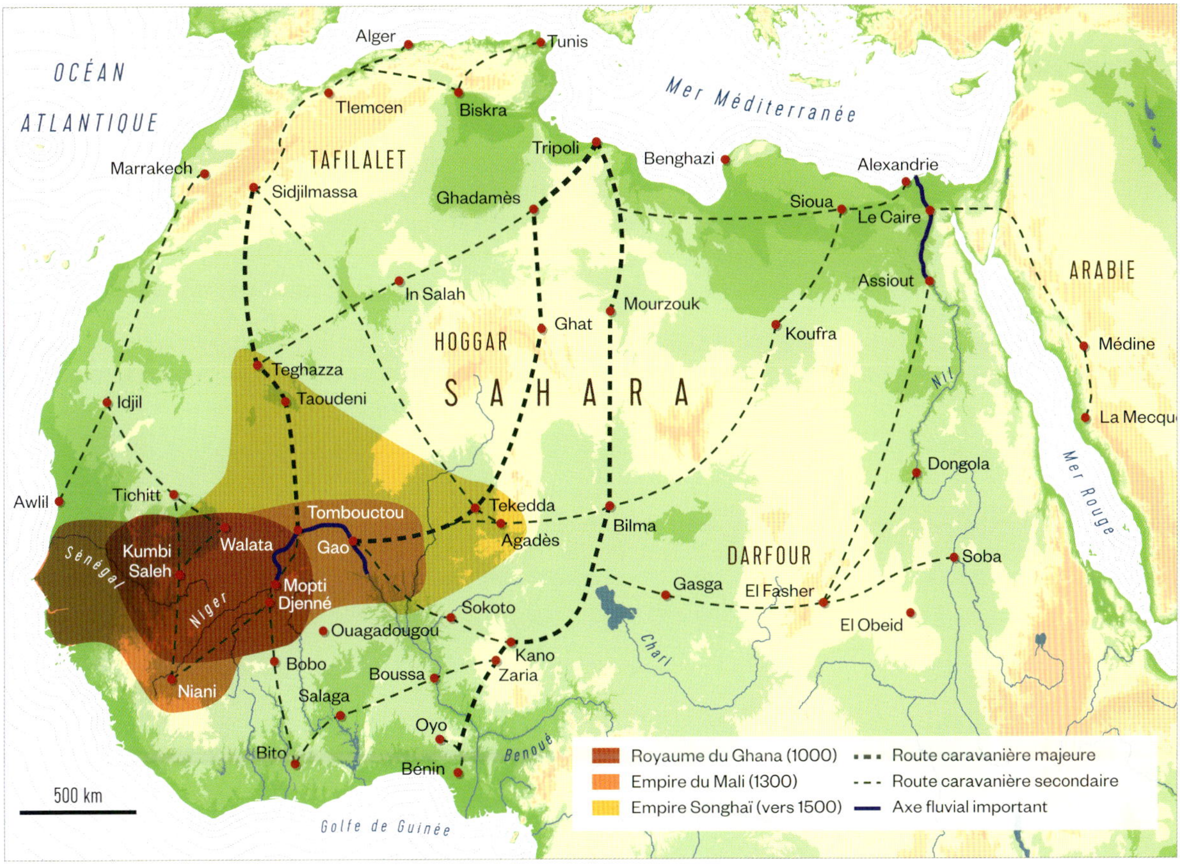

Les itinéraires commerciaux en Afrique saharienne (XIe-XVIe siècle)

L'Empire malien, État médiéval méconnu en Occident, connaît son apogée lors du règne de Kankan Moussa entre 1312 et 1337. Sous la direction de ce souverain éclairé, l'Afrique de l'Ouest se retrouve au cœur d'un immense réseau commercial, distillant ses formidables ressources agricoles, minières et artisanales vers le Maghreb, la Libye, l'Égypte, le Soudan et l'Arabie. Autres composantes essentielles de ce réseau, les voies navigables, en particulier les fleuves Niger et Nil, sont exploitées de manière soutenue pour distribuer les denrées. L'Empire malien entre dans une irrémédiable phase de déclin en 1337. Sur ses vestiges, naissent des États qui reprennent à leur compte le commerce transsaharien vers l'Afrique du Nord jusqu'au XVIIe siècle.

Les civilisations précolombiennes

Les civilisations précolombiennes désignent les sociétés autochtones amérindiennes existant avant la découverte du continent américain par Christophe Colomb en 1492. Les principales cultures, dont l'évolution s'étale chronologiquement du Néolithique au XVIe siècle de notre ère, date de la conquête espagnole, sont les Mayas, Olmèques, Zapotèques, Teotihuacan, Toltèques et Aztèques en Amérique centrale ; les Paracas, Nazcas et Incas en Amérique du Sud. Ces cultures se distinguent par des connaissances précoces en agriculture, en mécanique, en astronomie et en mathématiques, ainsi que par des religions polythéistes singulières.

Le premier de ces ensembles politiques remarquables est l'Empire maya. Peuple d'agriculteurs, artisans et intellectuels, les Mayas règnent en maîtres sur les territoires actuels du Mexique, du Belize, du Honduras, du Guatemala et du Salvador entre les IIIe et Xe siècles. Ils sont notamment à l'origine de la première écriture connue d'Amérique préhispanique et se distinguent par leurs connaissances avancées en astronomie, leur système politique théocratique, mais également par leurs rites religieux recourant à des sacrifices humains. L'Empire maya connaît son apogée entre 625 et 800. Tikal, plus vaste centre urbain connu, s'étend alors sur 10 km et abrite près de 3000 constructions diverses : temples, palais et terrains de jeu traduisant la richesse de cette civilisation… Pourtant, au début du IXe siècle, on constate l'arrêt brutal des constructions d'édifices politiques et religieux. La déliquescence du monde maya semble être amplifiée par une rapide et forte décroissance de population.

L'extinction brutale de la civilisation maya

À partir de 800, les Mayas semblent subir des influences extérieures, notamment celles des Mayas Putun, originaires de l'actuel État du Tabasco sur le rivage du golfe du Mexique, et des Toltèques venus du nord. Rien ne permet pourtant d'évoquer une guerre de conquête venue de l'extérieur. Une seule certitude existe : en 950, l'État maya est complètement nécrosé. De nombreuses hypothèses prétendent expliquer son déclin sans toutefois s'appuyer sur des preuves irréfutables : une révolte contre le pouvoir en place qui aurait provoqué une rupture brutale des structures sociales urbaines, l'épuisement des sols qui aurait fragilisé une agriculture essentiellement basée sur la culture intensive du maïs ou encore l'influence néfaste d'un réchauffement climatique durable entraînant des sécheresses récurrentes. Aux abords de l'an 1000, les agglomérations, jadis florissantes, ne sont plus que des champs de ruines inhabités. Au milieu de ce chaos, les quelques agglomérations encore

LE MACHU PICCHU

Construite sous le règne de Pachacutec, la cité surplombe une vallée densément peuplée et fertile de la cordillère des Andes. Les recherches archéologiques n'ont pas permis d'identifier la fonction de chaque bâtiment. Néanmoins, la vocation religieuse du Machu Picchu semble prééminente. Sa place centrale est parsemée de temples dédiés à Inti, le dieu soleil, divinité principale du panthéon inca ; elle comporte des édifices remarquables, tels l'« Intihuatana », cadran établi au sommet du quartier sacré, et le temple du Soleil, ou « Torréon », observatoire astronomique en forme de demi-cercle.

Le site archéologique du Machu Picchu
et la montagne Huayna Picchu en arrière-plan, au Pérou.

actives du Yucatán accèdent néanmoins à des épisodes d'hégémonie locale sans lendemain. La plus brillante est Chichén Itzá, cité implantée dans le nord de la péninsule, qui connaît au Xe siècle un renouveau inattendu – vraisemblablement suite à son accaparement par les Toltèques.

L'éphémère âge d'or des Incas

En 1438, Pachacutec (1438-1471), le « *Sapa Inca* » (chef suprême) de la région de Cuzco (Pérou), sur les rives du lac Titicaca, triomphe de la tribu voisine des Chancas. Cette victoire constitue l'acte de naissance d'un État centralisé dont la domination s'étend rapidement aux côtes de l'océan Pacifique et à la cordillère des Andes, englobant tout le pan occidental de l'Amérique du Sud (États actuels de la Colombie, du Chili, de l'Équateur, du Pérou, de la Bolivie et le Nord-Ouest de l'Argentine). L'Empire inca connaît son apogée sous le règne de Tupac Yupanqui (1471-1493), brillant chef de guerre et administrateur compétent. Sa capitale est Cuzco – « nombril » en langue quechua – et son territoire est scindé en quatre grandes régions administratives, Chinchay Suyu, Anti Suyu, Kunti Suyu et Qulla Suyu. Le recensement revêt une importance considérable pour l'administration, car les seuls impôts versés au pouvoir central le sont sous forme de corvées. L'Empire inca connaît une existence brillante jusqu'à l'exécution en 1572 de son dernier souverain, Tupac Amaru, par les conquistadors espagnols de Francisco Pizarro. Son souvenir perdure grâce aux vestiges de la ville sacrée de Machu Picchu, abandonnée lors de l'effondrement de l'empire et considérée comme une œuvre maîtresse de l'architecture inca.

L'Empire aztèque, fédération mexicaine

L'Empire aztèque naît en 1430 de l'alliance entre les Mexicas de Tenochtitlan et d'autres cités de la vallée centrale du Mexique. Le territoire ainsi constitué s'étend du Guatemala à l'État actuel de San Luis Potosi, entre le golfe du Mexique à l'est et l'océan Pacifique à l'ouest. Dès son avènement, le premier souverain

Codex maya précartésien du début du XVe siècle, musée de l'Amérique de Madrid (Espagne).

aztèque, Itzcoatl, entame la conquête des régions voisines, dont les peuples aux coutumes et traditions diverses sont assimilés. Il divise son territoire en 38 provinces autonomes. Cœur économique et politique, Tenochtitlan capte l'essentiel des ressources prélevées dans les provinces, et l'activité est régentée par une corporation de marchands assujettis au pouvoir. L'imposante cité est scindée en quatre quartiers ; en son centre culmine le temple cérémoniel dédié aux dieux aztèques. Des places destinées aux sacrifices rituels, des terrains de jeu, des écoles religieuses et le palais du souverain complètent l'ensemble. La population, venue des quatre coins de l'empire, obéit à une structure sociale stricte : esclaves, citoyens ordinaires et membres de l'élite se côtoient peu. Les Aztèques, à l'instar des Incas, se montrent incapables de repousser les envahisseurs espagnols qui font irruption sur leurs terres en 1519. La puissance de feu de ces derniers, équipés de mousquets, décourage rapidement les résistants, qui sont absorbés contre leur gré dans l'empire colonial espagnol.

L'IRRUPTION DES CONQUISTADORS

En 1519, l'arrivée des conquistadors scelle la fin des civilisations précolombiennes. Le 24 juin, Hernan Cortés, secrétaire du gouverneur de Cuba, débarque à la tête d'une forte troupe près de Tenochtitlan. Repoussés par une révolte déclenchée par le massacre de la noblesse aztèque dans le grand temple de la capitale le 23 mai, les Espagnols établissent le siège de la cité en juillet 1521. Les combats, meurtriers, s'achèvent par la capture du dernier souverain aztèque, Cuauhtémoc, et l'extinction de sa lignée.

Bilan

Le Moyen Âge précolombien engendre trois civilisations brillantes et dominatrices, dont les dernières sont balayées par la puissance de feu des conquistadors espagnols au XVIe siècle. Les Mayas, dont l'apogée se situe entre 800 et 1000, établissent leur domination sur l'Amérique centrale avant de disparaître brutalement. Maîtres de la cordillère des Andes pendant un siècle, les Incas laissent à l'humanité les magnifiques vestiges du Machu Picchu. Dernière puissance précolombienne, l'Empire aztèque réussit la synthèse des peuples mexicains au sein d'un empire centralisé.

Le peuplement du continent américain et la colonisation (XVIe siècle)

À la fin du XVe siècle, l'Amérique est le foyer d'une multitude de peuples vivant de manière indépendante et sans aucune structure politique commune. Parmi tous ces peuples, seuls les Aztèques, les Mayas et les Incas forment des États centralisés et organisés placés sous l'autorité d'un souverain. Mais à partir de 1492, l'irruption des conquérants européens, attirés par les immenses richesses dont regorge le continent, sonne le glas de ces trois empires. En dépit de leur grand nombre, les Indiens sont rapidement débordés par la supériorité technologique et militaire des conquistadors espagnols. Les survivants, décimés par les maladies importées par leurs envahisseurs, se soumettent et deviennent malgré eux les sujets des grandes monarchies d'Europe.

La naissance des États-Unis

L'éviction de la France du continent américain au milieu du XVIIIe siècle marque le début d'une nouvelle ère pour les colonies britanniques. Une fois la paix établie, la pesante tutelle britannique est remise en cause par les colons, si bien que la conservation de l'Amérique du Nord apparaît comme un défi insurmontable pour la couronne d'Angleterre. La tâche est compliquée par l'immensité du territoire administré, qui s'étend des rives de l'Atlantique jusqu'au bassin du Saint-Laurent, aux plaines du Mississippi, à la Louisiane, récemment annexée, et à la Floride, cédée par les Espagnols en vertu du traité de Paris en 1763.

Les treize colonies de la côte est américaine ont suivi un développement constant depuis leur création. Ce sont la Virginie, le Massachusetts, le New Hampshire, le Maryland, le Connecticut, le Rhode Island, le Delaware, la Caroline du Nord, la Caroline du Sud, le New Jersey, New York, la Pennsylvanie et la Géorgie. En 1763, le traité de Paris crée une fracture dans le domaine colonial britannique. Les colons, canalisés pendant des décennies par la lutte contre les Français, voient dans la paix une opportunité de s'émanciper de leur métropole, qui détient l'exclusivité du commerce, tandis que Londres, ivre de sa puissance, entreprend de renforcer son autorité sur le continent. Les colonies, fondées sur des modèles économiques, culturels et politiques très différents, trouvent un point de convergence dans la lutte contre le monopole britannique. Dès 1763, les tensions apparaissent ; elles prennent la forme de révoltes, de boycotts de produits anglais ou encore de pamphlets qui créent une intense agitation intellectuelle.

La marche à la guerre

En 1773, dans le port de Boston, des Américains déguisés en Indiens s'emparent d'une cargaison de thé qu'ils jettent à la mer. L'événement, baptisé « *Boston Tea Party* » et destiné à protester contre les privilèges dont jouissent les compagnies commerciales anglaises, amorce une marche irréversible vers le conflit. Bientôt, le combat législatif des Américains contre la réglementation commerciale se mue en une guerre d'indépendance. En septembre 1774, les représentants de douze colonies – la Géorgie n'enverra de délégués que l'année suivante – se réunissent en un premier congrès continental à Philadelphie. Les débats portent en premier lieu sur la posture à adopter face aux « *Coercive Acts* », série de sanctions prises par le Parlement britannique en réponse à la *Boston Tea Party*. Le 20 octobre, l'alliance des colonies est scellée par les « *Articles of association* », qui font pour la première fois référence à un ensemble politique nommé « Amérique ». Le congrès décide en outre de boycotter les marchandises en provenance de Grande-Bretagne et de suspendre ses exportations. Peu avant

ROCHAMBEAU ET LA FAYETTE, HÉROS AMÉRICAINS

Les deux hommes, lieutenants généraux émérites du roi de France, ont un rôle déterminant dans la guerre d'Indépendance. L'action du premier est déterminante à Yorktown, où il appuie efficacement les troupes de Washington. Le rôle du second dépasse le cadre militaire : engagé volontaire dans l'armée américaine en 1776, La Fayette rentre en France en 1779, où il mène une campagne d'opinion en faveur des insurgés américains. Sa détermination convainc Louis XVI qui le place à la tête du corps expéditionnaire français en Amérique.

Signature de la Déclaration d'indépendance à Philadelphie (États-Unis), le 4 juillet 1776, par John Trumbull, cir. 1817, musée du Capitole.

la clôture du congrès, en avril 1775, une escarmouche se produit entre des « patriotes » et un détachement anglais à Lexington (Massachusetts). Le 19 avril, le gouvernement britannique déclenche l'envoi d'un corps expéditionnaire.

La guerre d'Indépendance

Les premiers engagements sont défavorables aux insurgés qui, en dépit de leur bravoure, pâtissent d'une nette infériorité numérique. Les difficultés endurées par les colons forgent l'identité américaine ; le commandant des troupes insurgées, George Washington, exploite le sentiment national naissant en arborant un nouveau drapeau (le « *Stars and Stripes* ») comportant 13 bandes rouges et 13 étoiles qui symbolisent les 13 colonies. Le 4 juillet 1776, le congrès continental proclame l'indépendance des États-Unis d'Amérique. La déclaration, rédigée par John Adams, Benjamin Franklin, Robert Livingston, Roger Sherman et Thomas Jefferson, énonce pour la première fois les principes fondamentaux des droits de l'homme : « tous les hommes sont créés égaux » et disposent de « droits inaliénables, dont la vie, la liberté et la poursuite du bonheur », y compris de renverser un gouvernement qui met en péril ces principes. Cependant, sur le plan militaire, les revers s'accumulent. Boston, foyer de la révolte, est tombé en mars 1776, ainsi que New York. Washington entretient l'espoir à Trenton et Princeton (New Jersey) en décembre 1776 et janvier 1777. La victoire de Saratoga (État de New York) en octobre est contrebalancée par une défaite à Philadelphie. Les interventions de l'Espagne, et surtout de la France à partir de 1778, renversent le rapport de force. À Yorktown (Virginie) en octobre 1781, l'armée américaine remporte une victoire éclatante qui scelle l'issue de la guerre.

La convention de Philadelphie

Les belligérants, réunis à Paris à la fin de l'été 1783, s'accordent le 3 septembre sur un traité de paix reconnaissant l'indépendance des États-Unis. Débarrassés de leur colonisateur, les Américains doivent désormais accomplir leur unité politique. Celle-ci, fragile, repose sur les « *Articles of Confederation* » ratifiés en mars 1781, ensemble de textes énonçant les pouvoirs,

LEWIS ET CLARK

Entre 1804 et 1806, le capitaine Meriwether Lewis et le lieutenant William Clark sont missionnés par le président Jefferson pour explorer les étendues vierges de l'Ouest américain, jusqu'alors chasse gardée des Indiens et des trappeurs. Les deux explorateurs remontent le Missouri et grâce à l'appui de guides locaux atteignent l'océan Pacifique. Leur expédition permet de dresser les premières cartes d'une région inconnue et de préparer sa colonisation pendant la première moitié du XIXe siècle.

La Bataille de Yorktown représentant Rochambeau, George Washington à sa gauche et La Fayette, tête nue derrière, le 17 octobre 1781 par Auguste Couder, musée de Versailles.

restreints, du congrès continental. En mai 1787, une convention comprenant 63 délégués issus de 12 États – le Rhode Island, sceptique quant au fédéralisme, refuse d'envoyer des délégués – est réunie à Philadelphie. Le 17 septembre, les « pères fondateurs » signent la première constitution des États-Unis ; celle-ci repose sur un pouvoir central exercé par trois organes (législatif, exécutif et judiciaire), chacun agissant à la fois comme pouvoir et contre-pouvoir, afin de garantir l'ordre démocratique. À sa tête est élu un président, chef du gouvernement fédéral. Trois années supplémentaires sont nécessaires pour que le texte soit ratifié par l'ensemble des États et que l'on procède à l'élection de la première administration. Le 30 avril 1789, George Washington devient le premier président de l'Union. La Constitution américaine, bâtie *ex nihilo* contrairement à une France tributaire d'un long passé monarchique, fixe les contours du premier régime démocratique de l'histoire.

Bilan

Née d'un mouvement de protestation contre l'hégémonie britannique en Amérique du Nord, la marche des colons américains vers l'émancipation dérive vers une guerre d'indépendance. Ce changement fait naître un nouvel enjeu : celui de transformer l'unité trouvée dans la lutte en une identité nationale durable. À la victoire militaire de 1783 succède un long processus politique. Rédigée en 1787, la Constitution américaine fournit au monde un précédent démocratique, dont la France révolutionnaire, notamment, se servira comme modèle.

La guerre d'Indépendance américaine (1775-1783)

En 1780, les insurgés américains sont contenus par une armée coloniale britannique mieux équipée et entraînée. L'intervention française en 1781 inverse le rapport de force. Le potentiel naval anglais est tout d'abord fortement entamé par la victoire du comte de Grasse de la baie de Chesapeake. Sur terre, un mois plus tard, Rochambeau et Lafayette scellent la défaite anglaise par un succès décisif à Yorktown, en Virginie. Mais la France n'est pas la seule nation européenne à être intervenue dans la guerre d'Indépendance américaine. Conjointement aux efforts franco-américains, l'Espagne lance une offensive vers la Louisiane et la Floride depuis sa colonie de Nouvelle-Espagne (Mexique) et inflige deux revers aux Anglais à Fort Charlotte et Pensacola.

Les civilisations indiennes

L'Inde, énorme péninsule qualifiée par les géographes de « sous-continent », possède de multiples facettes en raison de son immensité et de sa variété géographique. Elle tire sa particularité de son isolement avec l'Asie centrale et orientale dont elle est séparée par la chaîne de l'Himalaya. En son sein se développe entre autres une des civilisations les plus avancées et les plus raffinées de son temps : la civilisation de l'Indus, égale de la Mésopotamie et de l'Égypte des pharaons, ignorée des historiens avant d'être exhumée dans les années 1920.

Au commencement de son histoire, le sous-continent indien est peuplé de six grands groupes ethniques. Sa principale porte ouverte sur le reste du monde est située sur sa frontière nord-ouest, point d'entrée de peuples étrangers, notamment de Mésopotamie. Ses régions possèdent des caractéristiques climatiques très diverses : le nord est traversé par deux grandes vallées fluviales, celles de l'Indus et du Gange, entourées de déserts et de plaines inhospitalières ; au sud, le plateau du Deccan est couvert de forêts. Le massif de l'Himalaya au nord établit une frontière naturelle avec le reste du continent asiatique et donne son climat tropical au sous-continent. La mousson, phénomène météorologique causé par un flux d'air chaud et humide emprisonné par la barrière himalayenne, se manifeste par des pluies interminables pendant les mois d'été. L'invention de la brique cuite, rendant possible la lutte contre les inondations dans les vastes plaines dépourvues de roches de construction, favorise la naissance vers 2600 avant J.-C. d'une brillante civilisation dans la vallée de l'Indus.

La culture de l'Indus

La civilisation de l'Indus, à son apogée, couvre la totalité de la vallée du fleuve nourricier. Son développement se déroule autour de deux centres principaux : Harappa et Mohenjo-Daro. Les fouilles archéologiques menées sur ces sites à partir de 1925 ont mis au jour des ouvrages monumentaux comparables à ceux édifiés à la même époque dans l'Empire sumérien et en Égypte. Les deux cités comptent plus de 30 000 habitants, dont la subsistance est assurée par une agriculture efficace et fortement productive. Chacune possède une citadelle et un quartier résidentiel, des rues pavées de briques et un système d'égouts remarquablement conçu. Les habitants d'Harappa et de Mohenjo-Daro entretiennent des liens commerciaux avec les régions reculées, jusqu'à l'actuel Afghanistan. La découverte à 600 km de Mohenjo-Daro d'un chantier naval atteste l'importance du commerce extérieur, confirmé par l'exhumation d'objets artisanaux fabriqués dans des régions lointaines, telles la Perse et la Mésopotamie. Les sceaux complexes apposés sur les emballages des marchandises et figurant sur quelques poteries démontrent l'existence d'une écriture ; celle-ci repose sur des pictogrammes représentant le plus souvent des animaux et indiquant les saisons de l'année, ainsi que des inscriptions apparentées aux langues dravidiennes parlées en Inde de nos jours.

L'apogée et la chute d'une civilisation

Les innovations techniques et la culture de l'Indus s'étendent au cours des siècles suivants dans le Sind, le Pendjab et le Gujerat tandis que la vallée du Gange, sensible à l'influence chinoise, semble évoluer de manière autonome. Le déclin de la civilisation de l'Indus s'amorce vers 1900 avant J.-C. L'irruption de crues dévastatrices ayant bouleversé l'équilibre agricole pourrait expliquer le dépeuplement des centres urbains, puis leur disparition. Une théorie récente tend à démontrer le détournement du fleuve Sarasvati (aujourd'hui tari) vers le bassin du Gange suite à une catastrophe tectonique. Ce phénomène aurait provoqué l'assèchement d'une partie du bassin de l'Indus,

Grand bain du site de Mohenjo-Daro, utilisé lors de rituels de purification, 2500-2000 avant J.-C., région du Sind (Pakistan).

entraînant des mouvements massifs de population vers le Gange. L'hypothèse évoquant la destruction des cités par des envahisseurs venus du nord ayant profité de ces aléas climatiques n'est également pas à exclure. Vers 1750, il est prouvé qu'un grand nombre d'Aryens, peuple guerrier indo-européen déjà maître de l'Iran, déferlent vers le cœur de l'Inde par les montagnes de l'Hindu Kouch. De nombreux signes tendent toutefois à indiquer que les peuples autochtones ont cohabité en conservant leurs croyances et leurs traditions et que des métissages ont eu lieu ; ce premier syncrétisme culturel et social favorise l'unité d'un nouvel ensemble politique dominant la vallée du Gange.

La civilisation védique

La civilisation qui se propage en Inde, dite « védique », est moins avancée que celle de l'Indus. L'écriture, notamment, disparaît pour ne réapparaître qu'au milieu du Ier millénaire avant J.-C. au cœur de nouveaux centres urbains. Les Aryens abandonnent les traditions pastorales et se sédentarisent. S'ils sont considérés comme moins brillants que leurs prédécesseurs, ils enrichissent l'histoire indienne de deux apports majeurs : la religion hindouiste, cœur de la société indienne actuelle, et l'organisation sociale, avec la création du système des castes. Vers 600, un État monarchique apparaît dans la vallée du Gange tandis que le Nord se morcelle en 16 royaumes

LE MYSTICISME HINDOU

Les différentes facettes du mysticisme hindou apparaissent entre 1500 et 500 avant J.-C.
Le premier de ces mysticismes, issu des textes du *Veda* et du *Brāhmanas*, aborde le thème du contrôle de la nature et des dieux par le rituel.
Le deuxième, exposé dans les *Upanishad*, évoque de manière philosophique la nature de l'Univers et la place de l'être humain.
Le troisième est le yoga, lié à la maîtrise du corps et de la pensée. Le quatrième, et dernier, est le bouddhisme. Tous ont pour ambition l'émancipation de l'esprit sur la matière.

antagonistes. Ainsi, le centre politique de l'Inde se déplace progressivement du Pendjab vers le bassin du Gange qui, grâce à sa stabilité politique et au développement de la culture du riz importée de Chine, concentre à cette époque la majorité de la population indienne. C'est également pendant cette période que les textes hindouistes canoniques, écrits en langue sanskrite, se diffusent, établissant l'unité culturelle du monde indien. En 321 avant J.-C., profitant des troubles occasionnés par la conquête éphémère des régions du nord-ouest par le Macédonien Alexandre le Grand, la dynastie Maurya réalise la première unification de l'ensemble du sous-continent.

LE SYSTÈME DES CASTES

Ce système social unique au monde trouve son origine dans la division fondamentale entre les trois classes de la société aryenne : les guerriers-aristocrates, les prêtres et les paysans. Un grand nombre de nouvelles castes (*varnas*) et sous-castes (*jatis*) apparaissent au fil des siècles. L'appartenance à l'une d'elles impose aux individus des contraintes et des obligations, notamment sur le mariage, l'alimentation, ainsi que l'accès ou non à certaines professions. La société indienne d'aujourd'hui admet des milliers de castes, sources d'inégalités et de discriminations.

Le roi-prêtre de Mohenjo-Daro, sculpture en pierre de l'âge de bronze, vers 2000 avant J.-C., musée national du Pakistan à Karachi.

Bilan

Espace immense et varié, l'Inde est soumise à deux courants d'influence majeurs : la civilisation de Mésopotamie au nord-ouest et la Chine à l'ouest. Le bassin du Gange est le berceau d'une civilisation remarquable dont le rayonnement s'étend de 2600 à 1750 avant J.-C. Sa disparition, due à des phénomènes climatiques incertains, précède l'avènement de la civilisation védique, vraisemblablement issue des invasions aryennes. Celle-ci va poser les bases de la société indienne moderne dans les domaines social, politique et religieux.

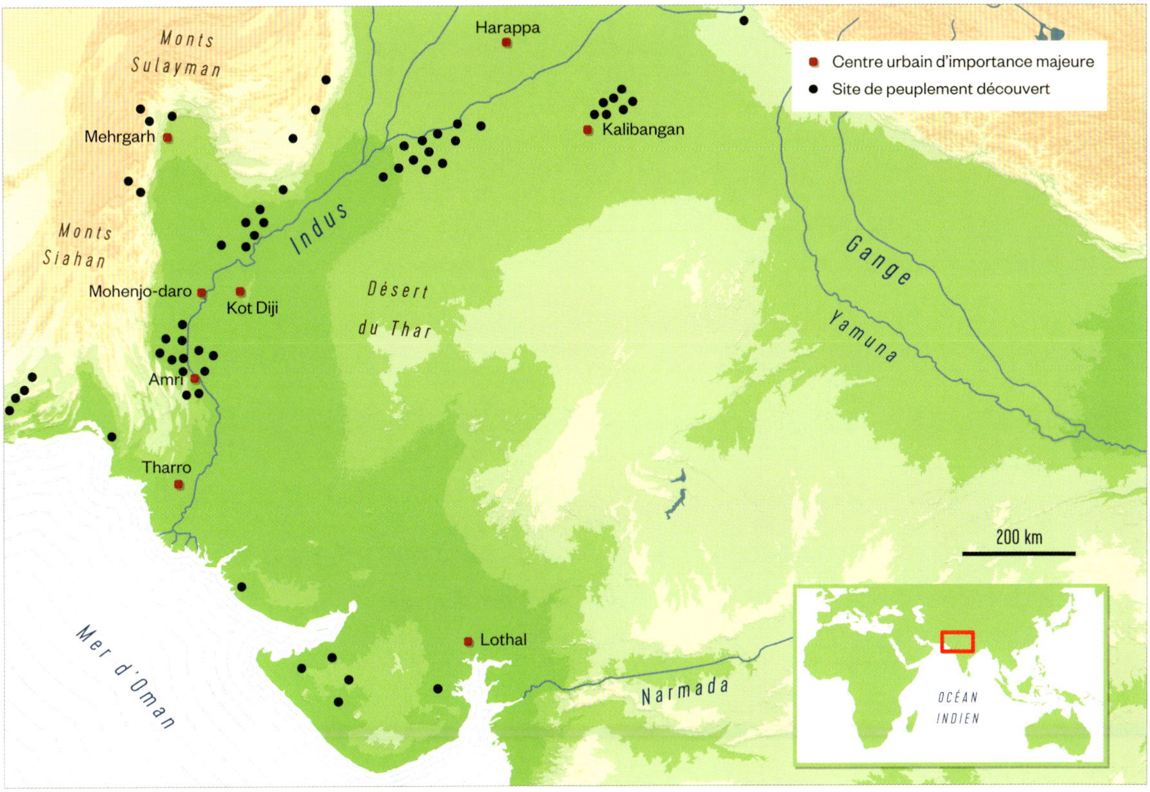

La civilisation de la vallée de l'Indus (2600-1750 avant J.-C.)

La première culture antique connue du monde indien, dont l'existence est mentionnée entre 2600 et 1750 avant notre ère, tire son nom du fleuve Indus, aujourd'hui en territoire pakistanais. Son développement repose sur des techniques agricoles avancées et un artisanat raffiné, exporté vers les rives occidentales de la mer d'Oman jusqu'aux contrées montagneuses d'Afghanistan. L'unité des cités repose sur une langue et une écriture communes, dont l'emploi s'étend aux autres régions du sous-continent indien. Mais au début du IIe millénaire avant J.-C., la civilisation de l'Indus, ébranlée par des changements climatiques majeurs, ainsi que par l'invasion des guerriers aryens, décline au profit de la vallée du Gange, ouverte sur le monde chinois.

Les Huns et la gloire d'Attila

Au IIe siècle, des tribus nomades venues en Mongolie, depuis l'Europe du Nord ou l'Asie Mineure, se groupent pour former un peuple conquérant qui envahira l'Europe. Réputés pour leur art de la guerre et leur brutalité, ces Barbares feront trembler tant l'Empire romain d'Occident que celui d'Orient.

Attila connaissait le grec et le latin, et sa cour, raffinée, reprenait les usages romains.

Les Huns sont mentionnés pour la première fois par Ptolémée, scientifique grec, en 160-170 après J.-C. Il décrit un peuple nomade, pacifique, vivant entre la mer Noire, la mer Caspienne et l'Oural. Les thèses sur l'origine exacte de ce peuple sont multiples : pour certains chercheurs, ils viendraient d'Asie, de Turquie, de la région ougrienne (nord et est de l'Europe), pour d'autres, d'Asie centrale (Mongolie et Chine du Nord). Il semble à peu près certain que les Huns étaient en réalité formés de groupes d'origines différentes en raison d'une politique d'assimilation des peuples vaincus tout au long de leur migration jusqu'aux frontières de l'Empire romain. On sait par exemple de source sûre que certains Huns étaient des Goths (Germaniques) et des Alains (Iraniens). Seul point commun entre ces différentes communautés : leur nomadisme et leur langue dans laquelle on reconnaît de nombreux noms d'origines turque et iranienne. La langue hunnique est cependant mal connue car elle n'a jamais été écrite.

Une solide réputation

Comment ces tribus nomades, vivant de l'élevage et suivant le déplacement de leurs troupeaux, ont-elles pu former un véritable empire, une puissante fédération de Barbares ? L'Histoire ne le sait pas mais on a pu reconstituer leur avancée vers l'ouest et leur conquête des steppes d'Europe orientale et centrale, jusqu'à leur effondrement lié à des guerres fratricides de succession. Cette période d'invasion de l'Europe, qui durera environ deux siècles, vaudra aux Huns, et à son chef le plus connu, Attila, surnommé le « Fléau de Dieu », la réputation qu'on leur connaît aujourd'hui : un peuple cruel, assoiffé d'or et de sang, constituant des hordes barbares brutales, déferlant en hurlant sur les villages, détruisant et pillant tout sur son passage. Il semble pourtant, selon les chercheurs, que ce peuple ait développé une civilisation organisée et raffinée pour l'époque, qui a su cultiver des arts militaires, funéraires et artistiques comme l'attestent les objets exhumés des nombreux sites funéraires retrouvés dans les steppes de Russie et d'Europe de l'Est.

D'excellents cavaliers

On dispose de textes contemporains décrivant les Huns, notamment écrits par les Romains et les Goths. Ces documents présentent les Huns comme des hommes aux traits mongoloïdes, de type européen, au teint brun et à la face imberbe. Ils sont trapus, de petite taille, avec une tête large, le cou épais et de larges épaules, le torse bombé et un tronc épais sur des jambes courtes. Autre caractéristique propre aux Huns : une excellente maîtrise du cheval qui leur a procuré une supériorité militaire certaine. Montés sur des poneys aussi rapides que résistants, harnachés de selles à arcades hautes qui assuraient une très grande stabilité au cavalier, les guerriers attaquaient par groupes de 500 à 1000 soldats, convergeant de diverses directions et désorganisant l'ennemi. Armés d'arcs courts utilisables en selle, ils frappaient par surprise, de loin, été comme hiver, dans des régions au climat difficile. En outre, ils utilisaient la terreur pour briser toute résistance par l'incendie et le massacre des populations avec leurs longues épées à double tranchant.

Cette intimité des Huns avec leurs chevaux se matérialise aussi par les parures et harnachements que l'on a trouvés en très grand nombre dans les tombeaux. Mors et courroies enrichis d'or, harnais recouverts de plaques métalliques, objets décoratifs en os, cristal, ambre ou almandines (pierres semi-précieuses) accompagnaient le guerrier pendant sa vie mais aussi dans la tombe, avec, parfois, les restes de son cheval.

Pour ce peuple conquérant, les armes revêtaient aussi une importance particulière, tant au niveau de leur efficacité au combat que dans l'esthétique. Fourreaux d'épées et d'arcs ornés de tôle d'or, dragonnes et attaches de baudrier en jade…

Mais les Huns n'étaient pas qu'un peuple guerrier. Éleveurs nomades avant tout, le bétail leur fournissait la viande, le lait, la laine, les os et le cuir. Et ils apprirent, au cours de leurs déplacements, des arts tels que l'orfèvrerie ou la tannerie. On a exhumé des tombes des steppes des bijoux et divers objets dont l'influence grecque, romaine ou asiatique ne fait aucun doute.

Et bien qu'on ne connaisse aucun sanctuaire religieux, il semble néanmoins que les Huns vouaient un culte aux animaux. Les décors des harnachements de chevaux et bijoux de style animalier en seraient la manifestation. Ils pratiquaient l'infanticide, l'élimination des vieillards, et également la déformation crânienne. Cette pratique, que l'on connaît aussi chez les peuples d'Amérique latine, consiste à enserrer la tête des bébés dans un carcan de cuir afin de donner une forme particulière au crâne. Cette coutume, qui s'appliquait surtout aux femmes, correspondrait à des critères esthétiques et peut-être honorifiques, sans que l'on en soit certain.

Les Huns conquièrent l'Europe

Les Huns ont joué un rôle déterminant dans le déclenchement des Grandes Invasions, qui correspondent à la pénétration massive et parfois violente des peuples barbares dans l'Empire romain vers la fin du IVe siècle. Les Huns, qui vivaient jusque-là dans les grandes plaines situées à l'est de la Volga, franchirent le fleuve pour la première fois vers 374, sous le règne d'un chef nommé Balamir. Ils soumirent d'abord les Alains, un peuple vivant dans le nord du Caucase, puis les Ostrogoths d'Ukraine et de Russie. Fuyant les hordes hunniques, les Wisigoths entrèrent sur le territoire romain en 376. Cette première vague des Grandes Invasions barbares, qui sera suivie de nombreuses autres (Vandales, Suèves, Burgondes, Alamans), est à l'origine de la décomposition de l'Empire romain d'Occident.

En 400, les Huns régnaient sur un territoire qui s'étendait des Carpathes à l'Oural. Ils étaient constitués de trois hordes dirigées par trois frères : Roas, Mundzuk et Oktar. Les deux fils de Roas, Bleda et Attila, poursuivirent les conquêtes et arrivèrent jusqu'en Anatolie, aux portes de l'Empire romain d'Orient. Ce dernier accepta de payer un tribut en or en échange de sa protection et de la promesse impériale de ne pas s'allier aux Barbares restés indépendants. Pendant ce temps, l'Empire romain d'Occident achetait les services des Huns pour repousser les Barbares qui s'installaient sur son territoire. Le peuple hunnique put ainsi étendre son empire jusqu'aux Alpes, au Rhin et à la Vistule. Ce fragile équilibre politique prit fin quand Attila, tuant son frère, devint le seul et unique roi des Huns. Il exigea alors de Constantinople un tribut si important – jusqu'à 229 kg d'or par an – que Marcien, alors empereur d'Orient, refusa de payer.

Attila, Fléau de Dieu

Le règne de ce grand chef hun dura 8 ans et aboutit, à sa mort, à un effondrement de la puissance hunnique. Devant la résistance de l'Empire romain d'Orient, Attila se tourna vers l'Occident. Il envisagea d'épouser Honoria, sœur de l'empereur d'Occident et lui demanda d'apporter la Gaule en dot. L'intrigue étant déjouée et ses

exigences refusées, Attila se lança dès le début de 451 dans une expédition punitive contre l'Empire romain d'Occident. À la tête d'une armée hunno-germanique, il entra en Gaule et brûla Metz. Il avança ensuite sur Paris qui lui résista, puis marcha sur Orléans où il défit les Wisigoths et les légions romaines. C'est en Champagne que la bataille finale, dite des champs Catalauniques, eut lieu. Après cette semi-défaite, Attila resta un moment en Gaule.
Au printemps 452, il attaqua l'Italie. Son armée prit Aquilée, Padoue, Vérone, Milan, Pavie et se dirigea vers Rome. L'empereur Valentinien III décida de négocier. Conduite par le pape Léon Iᵉʳ, une délégation romaine se rendit au-devant du roi des Huns et obtint une trêve. Entre-temps, les troupes du nouvel empereur oriental, Marcien, avaient franchi le Danube et menaçaient le cœur de l'empire hunnique. Aussi Attila se retira-t-il en Pannonie (l'actuelle Hongrie). C'est là qu'il mourut subitement, au printemps 453, peut-être empoisonné. L'épopée d'Attila déchaîna les imaginations. En Hongrie, c'est un héros national, fondateur du pays et ancêtre de ses habitants. Priscos, ambassadeur de l'Empire romain d'Orient qui rencontra personnellement Attila, rapporta qu'il possédait l'épée d'Arès (Mars, dieu de la guerre). Elle lui aurait été offerte par un jeune bouvier; Attila interpréta ce cadeau comme le signe divin de sa mission de régner sur le monde. Les historiens de la Renaissance lui donnèrent le nom d'« épée de Dieu ». La rencontre du pape Léon et du roi hun reçoit aussi une interprétation miraculeuse: Attila aurait renoncé à poursuivre sa marche sur Rome, car il aurait vu apparaître saint Pierre, menaçant de le faire périr avec tous les siens s'il n'obéissait pas à la demande du pape. Enfin, en Italie, quelques légendes de fondation de villes se réfèrent aussi aux ravages des Huns d'Attila. Les maisons sur pilotis de Venise, par exemple, auraient été construites par les habitants du littoral qui fuyaient Attila après la prise d'Aquilée.

Les Huns combattaient avec des arcs courts, des épées à double tranchant et des lassos.

Bilan

Les Huns, éleveurs nomades, sont un peuple aux origines multiples, une fédération de Barbares venant d'Asie, notamment du nord de la Chine et de Mongolie, d'Europe du Nord et de l'Est.
Les Huns vouaient un culte aux animaux et aux chevaux en particulier. Excellents cavaliers entraînés dès l'enfance, ils surpassaient par leur rapidité et leur dextérité à cheval la plupart des armées barbares et romaines. Leurs harnachements, qui ne comprenaient ni étriers, ni éperons, étaient conçus pour assurer une grande stabilité aux cavaliers. On a retrouvé de nombreux vestiges de la civilisation hunnique en Europe de l'Est: tombeaux contenant des bijoux, des outils et des pièces décoratives de harnachement témoignant d'un savoir-faire certain.
Attila est mort en Pannonie, l'actuelle Hongrie, à 47 ans. Il aurait succombé, au printemps 453, à un empoisonnement, lors d'un festin donné pour célébrer ses noces avec une nouvelle épouse devant rejoindre son harem.
Les Hongrois prétendent descendre des Huns. Si cette origine est contestée, elle n'en est pas moins revendiquée par les Hongrois qui ont élevé Attila au rang de héros national.

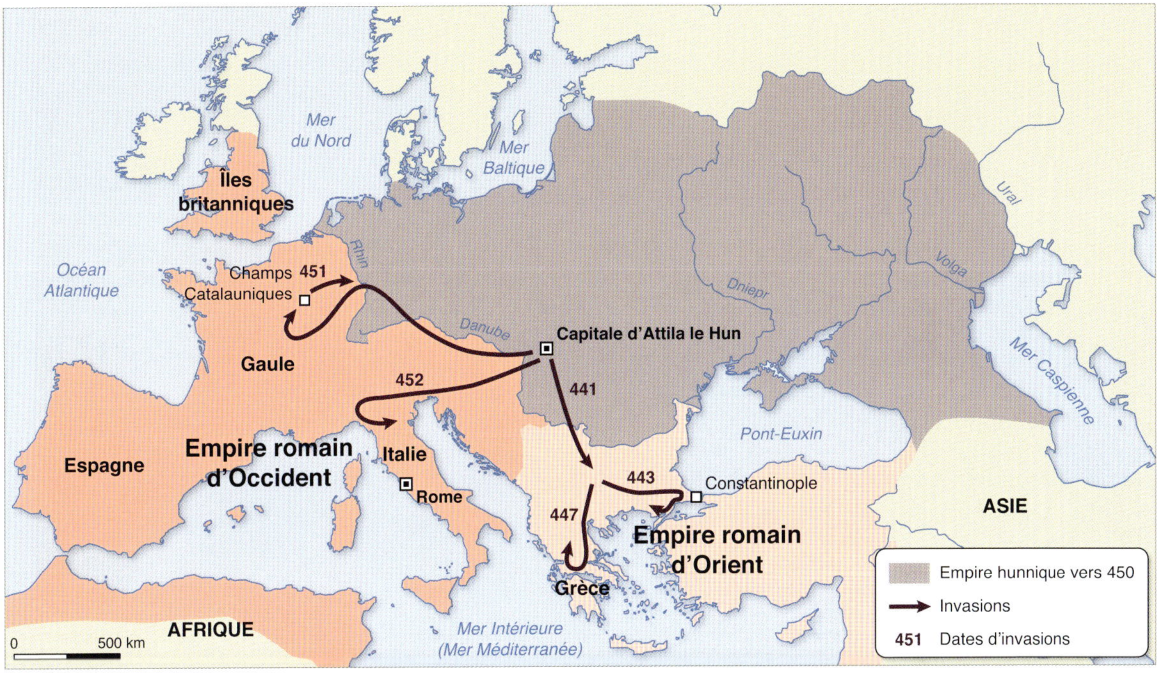

LES HUNS

Au ve siècle de notre ère, l'empire des Huns, peuple de cavaliers, conquérants nomades, s'étend de l'Oural au Rhin et menace ce qui reste de l'Empire romain. La mort d'Attila, peu après sa défaite aux champs Catalauniques, mettra un terme à cet empire éphémère.

L'éveil de la Chine impériale

La Chine est une civilisation à la longévité remarquable : depuis près de cinq mille ans, ses peuples sont unis par une langue et une culture communes. Son évolution au cours de l'Antiquité et du Moyen Âge s'articule autour de trois grandes problématiques : la propagation de son influence depuis son berceau – le bassin du fleuve Jaune – vers l'immensité des terres intérieures ; la résistance ou l'assimilation de populations extérieures arrivant par ses frontières septentrionales, notamment les Mongols ; enfin la question de l'unification politique et la tentation de rupture avec les traditions.

Les historiens chinois établissent traditionnellement la naissance de leur pays au règne de l'empereur Jaune, souverain mythique ayant civilisé les peuples de la Chine au XXVIIe siècle avant notre ère. Deux aires culturelles semblent ensuite émerger au cours du IIe millénaire : celle de la dynastie Shang, occupant la moyenne vallée du fleuve Jaune, et celle de la dynastie Zhou, dans la vallée de la rivière Wei. Ces ensembles politiques sont décentralisés et reposent sur l'allégeance de puissants princes à une famille royale. Peu à peu, sous la pression des tribus non chinoises du Nord, le pouvoir se fragmente en une multitude de grands États militarisés. C'est en cette période très troublée que fleurissent les « Cent écoles », mouvement de renouveau intellectuel qui voit éclore le confucianisme et le taoïsme. Le processus de consolidation politique aboutit au partage du territoire en sept États dominants qui se livrent des guerres incessantes. C'est la période des « Royaumes combattants », qui se poursuit jusqu'en 221, année marquée par l'unification de tout le pays sous la bannière de l'Empire Qin.

Un espace en perpétuel mouvement

En 247, le prince Zhen Ying monte sur le trône du royaume Qin, situé dans la partie septentrionale de la Chine. Il hérite d'une armée redoutable dont il tire le meilleur parti pour éliminer ses rivaux ; les États de Zhou, Han, Zhao, Wei, Chu, Yan et Qi. Son œuvre de conquête achevée, il se fait proclamer empereur de Chine sous le nom de Qin Shi Huangdi. Jusqu'à la fin de son règne en 210, il s'emploie à unifier son territoire et à réformer son État, s'attirant la haine des confucéens, attachés aux traditions et à l'ordre ancien. En 206, Liu Bang, un officier de basse extraction, dépose l'héritier Qin, Ziying, et fonde une nouvelle dynastie, celle des Han, dont les descendants vont occuper le trône impérial pendant quatre siècles. Ils pacifient les frontières de l'empire et imposent un recrutement des fonctionnaires dans toutes les classes de la société, en accord avec la morale confucéenne. La chute du dernier empereur de la lignée, Xiandi, en 220 de notre ère, précède une nouvelle scission. La Chine éclate en trois États indépendants, reflets des

CONFUCIANISME ET TAOÏSME

La période des royaumes combattants voit l'affirmation de l'autorité de l'État et la mise en place d'un cadre législatif. Le principal adversaire des légistes est Confucius, qui, dans ses « Treize Classiques », compilation de textes philosophiques, place la morale, le respect et le savoir au cœur de l'action politique et individuelle. L'école taoïste, fondée par Lao Tseu, prône un mysticisme proche du bouddhisme, la liberté, l'équilibre intérieur (yin et yang) et le développement personnel. Avec le bouddhisme, ces deux courants composent les trois piliers de la pensée chinoise.

Guerriers de Xian, datés du Ier siècle de notre ère, province de Shanxi (Chine).

luttes dynastiques : les royaumes de Shu à l'est, de Wu au sud et de Wei au nord. Cette courte période, marquée par un renouveau des arts, un essor du taoïsme et du bouddhisme, prend fin en 280 avec l'avènement d'un nouvel empire unifié.

La dynastie Tang

En 626, Li Shimin, de la dynastie Tang, devient empereur sous le nom de Taizong, après avoir assassiné ses deux frères et poussé son père à abdiquer. Son accession au trône laisse présager un règne violent susceptible de mettre en péril la stabilité espérée depuis l'avènement de son père Li Yuan. Mais ce nouvel empereur se différencie par une vision inédite du pouvoir. Contrairement à ses prédécesseurs, il n'affiche pas le même souci de repousser les limites de son domaine. Il envisage en premier lieu de renforcer son administration afin de pérenniser sa dynastie. En 629, il attaque néanmoins les Turcs orientaux harcelant le versant nord-est de la Chine. L'ennemi, soumis en une année, redoute de subir une terrible répression. Mais jugeant les massacres contre-productifs, Taizong choisit de les déporter dans les différentes provinces et de les intégrer à son peuple. La cavalerie turque, très efficace, vient grossir les rangs chinois et concourt aux futurs succès. En 630, un deuxième foyer d'agitation, impliquant les Turcs occidentaux, enflamme le Nord du bassin du fleuve Tarim et menace la route de la soie. Taizong triomphe une fois de plus et intègre les vaincus. Son ultime projet militaire est d'étendre sa domination à la Corée. Deux campagnes, lancées entre 630 et 642, échouent à cause du climat, du relief montagneux et de la ténacité des guerriers coréens.

LA GRANDE MURAILLE DE CHINE

Merveille architecturale de l'humanité, la Grande Muraille de Chine est mentionnée en 656 avant J.-C. par l'État de Qi. Son utilité est de se défendre des incursions des tribus non chinoises venant du nord. À partir du IIIe siècle, l'empereur Qin Shi Huangdi, fondateur de la dynastie Qin, relance sa construction pour se prémunir contre les incursions mongoles. La plupart des sections encore debout de nos jours ont été édifiées à l'époque Ming (XIVe-XVIIe siècle après J.-C.).

Yumen (porte du Midi ou du Méridien) et la rivière aux eaux d'or de la Cité interdite à Pékin (Chine), 1981.

Le legs de Taizong

Le règne de Taizong tranche avec la tradition. Il s'entoure de ministres compétents recrutés pour leurs valeurs intrinsèques et leur intégrité davantage que par leur naissance. L'empereur est intelligent, ouvert d'esprit, dynamique, peu superstitieux et insensible à l'irrationnel. Ce caractère s'étiole néanmoins au fil de son règne : il devient plus autoritaire et despotique, cédant à la mégalomanie en construisant de somptueux palais et en imposant des corvées à son peuple. En dépit de ces excès, l'œuvre de l'empereur sur le plan administratif est colossale et va guider la Chine pendant des siècles. Les institutions provinciales changent de visage : les subdivisions administratives sont supprimées et le souverain s'arroge le droit exclusif de nommer les hauts fonctionnaires. Afin d'uniformiser les méthodes, il crée des écoles administratives logées au sein même de sa capitale. Il met en place de véritables tournées d'inspection dans les provinces qui lui rendent directement des comptes. Il durcit la fiscalité, élargit l'assiette de l'impôt et part en chasse contre les passe-droits. La loi pénale devient plus claire et plus humaine, avec l'abandon de la torture systématique et des supplices cruels (amputations). À sa mort en 649, Taizong lègue à ses successeurs un empire florissant.

Bilan

En dépit de périodes d'instabilité politiques répétées, marquées par des conflits parfois sanglants, le monde chinois est parvenu à trouver son unité sous la bannière de grandes dynasties impériales. Le régime mis en place par les Tang est l'aboutissement de ce processus. Parallèlement, la Chine connaît un développement philosophique unique au monde. Les écoles de pensée nées à partir du VIIIe siècle, en premier lieu le confucianisme et le taoïsme, influencent durablement la vie politique et sociale. Elles portent les marqueurs de la Chine moderne et préfigurent les mutations du XXe siècle.

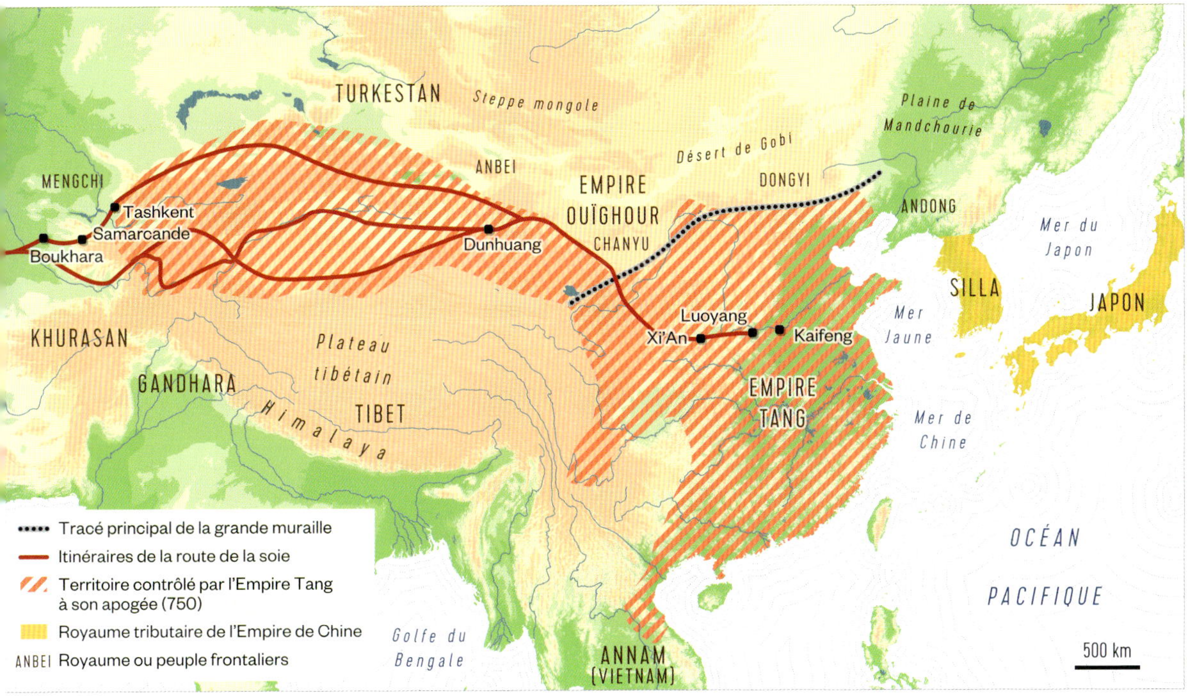

L'expansion de la Chine sous la dynastie Tang (626-907)

Les empereurs de la dynastie Tang entreprennent entre 626 et 907 de renforcer le pouvoir impérial et de sécuriser les itinéraires commerciaux. En 630, la menace turque pesant sur la route de la soie est écartée par une action armée fulgurante. À l'est, les puissances rivales, que sont le royaume de Corée (Silla) et l'Empire du Japon, sont tenues en respect. Les souverains Tang établissent sur leurs frontières de vastes protectorats servant de territoires tampons : le royaume d'Annam (Vietnam), les protectorats de Mengchi, d'Anbei, de Baoning, de Chanyu, de Dongyi et d'Andong. La construction de la grande muraille de Chine, initiée au VIIe siècle avant J.-C., est poursuivie, protégeant le cœur de l'empire des incursions ouïghoures et mongoles.

Le Japon des samouraïs

La culture japonaise, de nos jours reconnue comme un surprenant mélange de tradition et de modernité, a alterné au cours de son histoire les phases d'ouverture sur le monde et de repli sur elle-même. Par son isolement géographique et ses traditions séculaires, elle a évolué séparément des autres civilisations asiatiques. Sous l'ère Yayoi (400 avant J.-C. – 250 après J.-C.), c'est une société agricole dont l'ordre repose essentiellement sur la loi des clans. En 369, avec la fondation d'un État satellite en Corée, l'archipel s'ouvre pour la première fois à la culture continentale. Cette ouverture va déclencher une révolution culturelle et politique.

En 552, l'empereur Kinmei reçoit des mains d'un ambassadeur coréen un bronze représentant Bouddha ainsi qu'un recueil de textes sacrés qui suscitent une profonde fascination. L'arrivée de milliers de migrants coréens sur le sol japonais renforce l'implantation du bouddhisme. L'irruption de la pensée bouddhiste et la question de son adoption officielle au détriment du shintoïsme divisent les clans nippons, car le bouddhisme est indissociable de la culture chinoise. Sa propagation au VIe siècle engendre des bouleversements politiques, sociaux et culturels dans toute l'Asie, faisant de la Chine impériale une puissance régionale incontournable. La famille des Soga, proche du monarque coréen Kudara et militant pour la réorganisation du pays sur le modèle chinois, se déclare favorable à la réforme. Les clans Nakatomi et Mononobe, conservateurs, défendent la tradition shintoïste (culte rendu aux astres et aux forces de la nature) et s'opposent farouchement à l'introduction d'un culte étranger. En 587, au terme d'une sanglante guerre civile, les Soga triomphent et imposent le bouddhisme.

Le bouddhisme rompt l'isolement japonais

Par ses liens nouvellement tissés avec la Chine, le Japon progresse dans de nombreux domaines : l'écriture, la littérature, les arts et les sciences, notamment l'astronomie. Les changements sont également politiques. En 604, le prince Shotoku Taishi établit la première constitution, proclamant sa souveraineté sur l'archipel. La morale apparaît intimement liée aux comportements politiques ; ainsi, chose exceptionnelle : cette loi est valable pour tous, aristocrates comme gens du peuple, et les punitions rendues sont identiques. Les hautes charges de l'État ne sont plus dévolues exclusivement aux clans les plus puissants, mais attribuées au bon vouloir du souverain dans un souci d'équité. Au IXe siècle, l'évolution du modèle japonais vers une identité culturelle singulière aboutit à une rupture avec le monde chinois. Les IXe et XIIe siècles voient l'affrontement de trois grandes familles : les Fujiwara, les Taira et les Minamoto. Dans ce contexte de guerre permanente, les « bushidans », recrutés par les aristocrates pour défendre leurs

LE BOUDDHISME JAPONAIS

Le bouddhisme apparaît en Inde au VIe siècle avant J.-C., d'après les préceptes de Siddhartha Gautama, nommé Bouddha (« l'éveillé » en sanskrit). Le bouddhisme japonais existe au travers de treize écoles principales possédant leur interprétation des préceptes bouddhiques. Parmi elles, les trois écoles zen (Rinzai, Soto et Obaku) prônent la méditation silencieuse à partir de la posture dite de « zazen » (en lotus). Apparues à l'époque Kamakura, ces écoles bouddhiques sont les plus connues en Occident.

Samouraïs photographiés en armures traditionnelles au Japon, vers 1910.

territoires, deviennent la classe sociale la plus importante du Japon. En 1156, l'exécution à Kyoto de cinquante membres du clan Minamoto par des guerriers à la solde des Taira et le massacre d'une partie de la population font entrer le Japon dans une ère de violence. Ces événements marquent une rupture avec la morale bouddhiste qui domine les coutumes guerrières depuis la fin de l'Antiquité.

L'éveil de la puissance nippone

La guerre de Genpei (1180-1185), finalement remportée par la famille Minamoto, apporte des changements fondamentaux au gouvernement de l'archipel comme à la société japonaise. Une nouvelle ère débute avec l'accession de Minamoto no Yoritomo au titre de « shogun » (littéralement « général »), dictateur militaire dirigeant de facto l'archipel tandis que l'empereur reste le souverain de droit, garant de la tradition et des institutions. Pendant cette période, connue sous le nom de Kamakura (1185-1333), la classe des « samouraïs » (« ceux qui servent ») impose sa domination à chaque échelon de la société. Chacun d'entre eux est inféodé à un « daimyo » (« grande personne »), puissant baron féodal intimement lié à la personne du shogun. Le code du samouraï exige de lui une loyauté absolue envers son seigneur ; loyauté que rien ne saurait altérer, ni ses sentiments personnels, ni l'amour d'une femme, ni la peur de la mort… Alors qu'en Europe, un chevalier soumis à un lien vassalique est guidé par une morale chrétienne et l'appartenance à une

L'ÈRE MEIJI, LE JAPON S'OUVRE À LA MODERNITÉ

En 1867, l'avènement du jeune empereur Mutsuhito met fin au pouvoir du shogun et proclame un ensemble de réformes baptisé le « Meiji » (« gouvernement éclairé »). Le Japon, réordonné en un État fort et centralisé sur le modèle occidental, prend la voie de la modernisation. En ouvrant son espace économique au reste du monde, l'archipel devient en quelques décennies la première puissance commerciale et industrielle d'Asie. Ces changements sont accompagnés d'une montée du nationalisme qui aboutit à une politique d'expansion en Asie.

Salle principale ou « Hoodo » (pavillon du phénix) du temple Byodo-in de Kyoto (Japon), époque du Heian, vers 1053.

lignée, le samouraï ne suit aucune morale dictée par sa foi. Son goût pour la guerre et son attrait pour les techniques de combat dominent son jugement et seule la fidélité qu'il doit à son seigneur pose des limites à ses actes.

Le « Bushido », la voie du guerrier

Fixé par écrit au XVIe siècle, le code du guerrier, ou « Bushido » est emprunté à la culture chinoise. Il repose sur une philosophie basée sur la « libération de la peur » : le guerrier doit transcender sa peur de la mort pour servir son « daimyo ». Il met en avant la loyauté que tout samouraï doit à son maître, l'obéissance aveugle, le mépris de la difficulté et du danger, l'acceptation de la mort et la résistance à la douleur. Ainsi, un samouraï doit vivre et mourir l'épée à la main. Par son engagement, il s'astreint aux règles de la vertu : rectitude, endurance, frugalité, courage, politesse, franchise et honnêteté. Le Bushido insiste sur l'importance de la famille, la révérence envers les anciens et la volonté de sacrifier sa vie pour l'honneur de sa lignée. Tout manquement à l'un de ces idéaux engendre la perte de son honneur personnel et l'obligation de commettre le « seppuku », le suicide rituel. Le guerrier vit pour combattre. Il n'a pas le droit de travailler ni de gagner de l'argent, devant se consacrer pleinement au service de son seigneur. Le pouvoir des samouraïs, favorisé par l'instabilité politique de l'archipel, reste entier jusqu'à la déposition du shogun Tokugawa par l'empereur réformateur Mutsuhito en 1867.

Bilan

Cultivant jalousement sa différence, le Japon s'ouvre à la fin de l'Antiquité aux autres contrées d'Asie. L'adoption du bouddhisme par l'empereur Kinmei au VIe siècle coïncide avec un bond culturel et technologique sans précédent. Au Moyen Âge, l'archipel nippon s'isole de nouveau et l'administration de ses provinces dépend de puissants clans placés sous l'autorité d'un « shogun ». L'ère Kamakura (XIIe-XIVe siècles) voit la naissance d'une aristocratie guerrière, la classe des « samouraïs », guidée par un code de l'honneur, le « Bushido », dont l'influence perdure jusqu'au XIXe siècle.

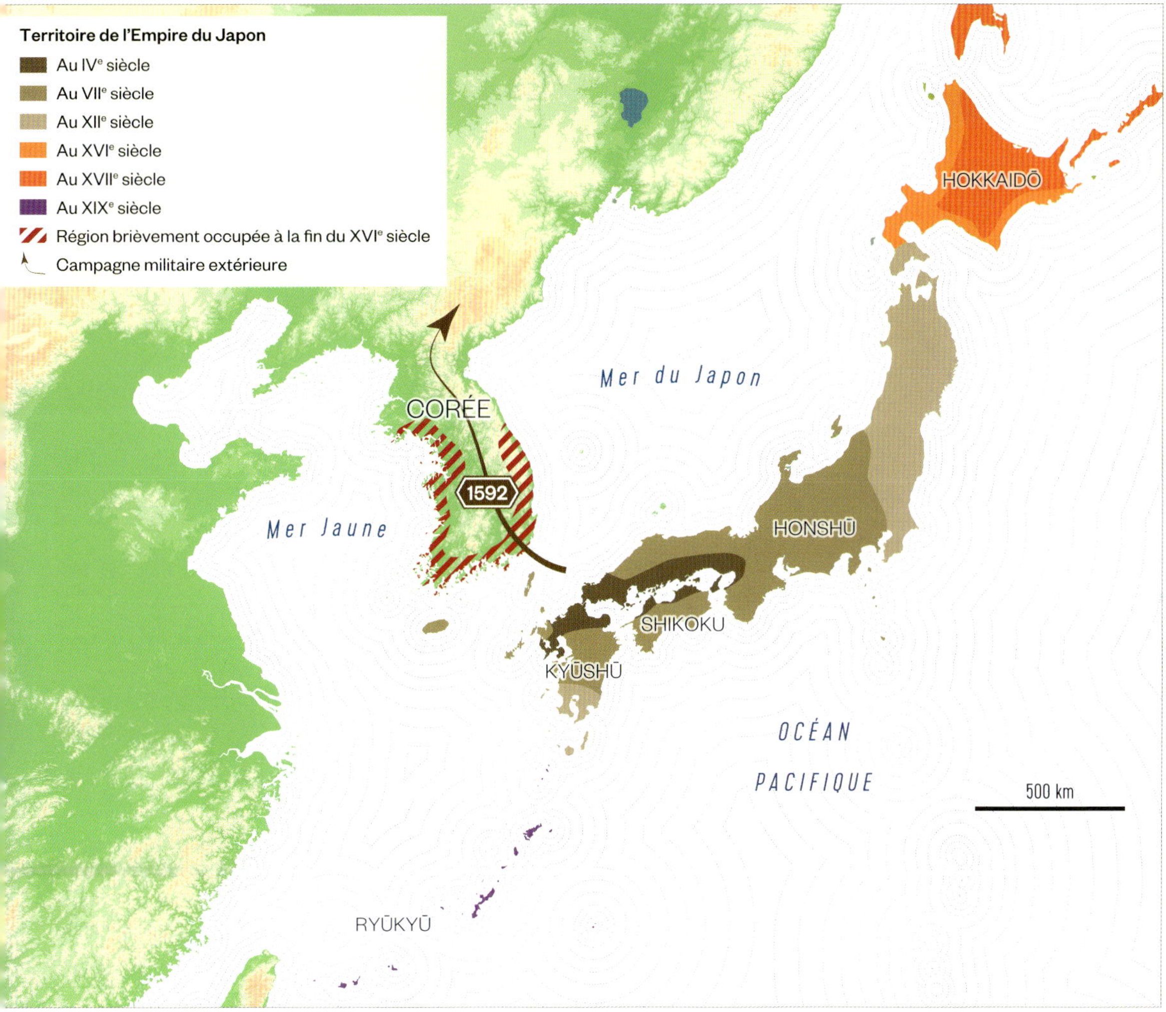

L'unification de l'archipel japonais (IVe-XIXe siècle)

Le Japon est au IVe siècle un modeste État centralisé occupant les rives des îles Honshū, Shikoku et Kyūshū. Le reste de l'archipel est aux mains de clans aux pouvoirs très localisés. Au VIe siècle, l'ouverture au monde chinois bouleverse l'ordre établi et inspire à l'empereur des ambitions hégémoniques. Au XIIIe siècle, au terme d'une succession de guerres de clans, l'intégralité des trois îles originelles est conquise. À l'ouest, les Japonais tentent en vain de prendre pied sur le continent en 1592 en envahissant la péninsule coréenne. L'île d'Hokkaidū fait l'objet d'une colonisation japonaise à partir de la fin du XVIe siècle et ne passe sous la bannière impériale qu'en 1868. L'archipel de Ryūkyū est le dernier territoire annexé en 1879.

L'Empire mongol de Gengis Khan

Au XIIe siècle, les clans mongols se concentrent autour du lac Baïkal, à l'extrême sud de la Sibérie. Il s'agit de petites communautés dispersées de chasseurs-cueilleurs de modestes conditions. Illettrés et de traditions animistes, ils possèdent un talent qui va leur procurer un avantage considérable : ce sont de redoutables cavaliers et des archers émérites. Sous l'égide d'un chef de guerre et meneur d'hommes admirable, Gengis Khan, ils vont asservir la quasi-totalité de l'Asie et terroriser les peuples d'Europe de l'Est.

Yesügei, chef du clan des Khamags, probablement le plus puissant de son époque, meurt prématurément en 1175, vraisemblablement empoisonné par ses rivaux. Sa famille est alors poussée à l'exil et condamnée à de longues années d'errance. Temüdjin, son premier fils et héritier, réapparaît en 1181 et bâtit des relations solides avec les anciens partisans de son père. Il impose peu à peu son autorité aux clans rivaux, les Tatars, les Naymans, les Tayidji'uts, les Keraïts et les Merkits, qu'il parvient à soumettre entre 1198 et 1205. Ses victoires lui valent d'être proclamé « Gengis Khan » (« souverain universel ») par l'ensemble des clans lors de l'assemblée des princes et notables mongols, le « qurultay », en 1206. Dès son avènement, il installe sa capitale à Karakorum, non loin de l'actuelle Oulan-Bator, il met en place une administration rigoureuse ainsi qu'un réseau de poste d'une grande efficacité. Son code politique et moral, le « Yassa », régentant le commerce, la guerre et la religion, s'impose rapidement comme le cadre légal du peuple mongol.

Des hordes déferlent sur l'Asie

À partir de 1209, il entreprend la conquête des royaumes du nord de la Chine et atteint Pékin en 1215. En 1220, ses regards se portent vers l'ouest, soumettant la Transoxiane (Turkestan), puis la riche cité de Samarcande, dont le siège difficile débouche sur un carnage ; les habitants survivants sont déportés ou enrôlés dans l'armée, où ils font office de boucliers humains. Les méthodes de Gengis Khan sur les territoires nouvellement conquis choquent. Toute cité qui résiste est impitoyablement saccagée et sa population massacrée. Dans une lettre à son fils Tolui, il élève cette violence au rang d'outil politique : « *La pitié est signe d'un caractère faible, seule la sévérité retient les hommes dans le devoir. Un ennemi simplement vaincu n'est jamais concilié et déteste toujours son nouveau maître.* » La progression vers l'ouest s'accompagne d'une résistance croissante qui attise la férocité des Mongols. Les grandes cités d'Asie centrale (Balkh, Merv, Bamian) sont mises à feu et à sang. Hors des villes, dans les montagnes particulièrement, la population est victime d'exécutions systématiques ordonnées par Gengis Khan pour tuer dans l'œuf toute tentative de résistance. À la fin de son règne, en 1227, l'Empire mongol s'étend de la mer Caspienne à la Mandchourie, en passant par le nord de l'Inde.

LA ROUTE DE LA SOIE

Née en des temps immémoriaux, la « route de la soie » reliant les villes d'Antioche (Turquie) et de Xi'an (Chine) se développe sous la dynastie Han (Ier siècle avant J.-C.- Ier siècle après J.-C.). Elle tient son nom de la précieuse cargaison qui y transite, la soie, prisée des Occidentaux. Au XVe siècle, la chute de Constantinople motive son abandon et mène à l'exploration de nouvelles routes maritimes entre l'Europe et l'Extrême-Orient.

Bataille entre Mongols et Minians, illustration extraite du *Livre des Merveilles* de Marco Polo, XIVe siècle, BNF.

L'Europe soumise à la terreur mongole

À sa mort, ses fils se partagent ses territoires. Ögedeï est nommé Khan. Djötchi reçoit les steppes de l'Oural et du Tourgaï (Sibérie), Djaghataï les territoires situés autour de la mer d'Aral tandis que Tolui mène campagne contre le royaume Jin du nord de la Chine. Les conquêtes se poursuivent et bientôt les Mongols soumettent la Perse, qui est unie au khanat des Ilkhans d'Houlagou (fils de Tolui). En 1234, l'État des Jin est annexé à l'Empire mongol. À l'ouest, Batu, héritier de Djötchi, lance en 1236 une offensive vers l'Europe à la tête d'une armée qu'il baptise la « Horde d'or ». Les Russes sont les premiers Européens à faire les frais de son agressivité. La ville de Riazan est réduite en cendres ; ses habitants endurent les pires sévices : certains sont encloués, d'autres empalés ou brûlés vifs. En 1239, Batu se porte au nord contre les principautés de la Rus', où les villes de Moscou, Vladimir, Rostov, Iaroslav, puis Kiev sont anéanties. Les Mongols ravagent la Hongrie et franchissent le Danube. À Legnica (Pologne) en avril 1241, une armée de 30000 à 40000 chevaliers réunis par Henri II le Pieux, duc de Silésie, est lourdement défaite par les Mongols. Plus rien n'empêche la Horde d'or de pénétrer dans le cœur de l'Europe… si ce n'est la mort d'Ögedeï, qui plonge l'Empire mongol dans une période d'instabilité et pousse Batu à rebrousser chemin.

Le morcellement du grand Empire mongol

À la mort du Khan Ögedeï, troisième fils de Temüdjin, le mouvement de conquête vers l'ouest marque le pas et l'Empire mongol entre dans une phase de renforcement de ses structures politiques. Les clans se fédèrent autour d'un État centralisé, soutenu par une bureaucratie chargée de lever les impôts dans

L'EMPIRE KHMER

En 1283, Koubilaï Khan se présente à la tête de son armée en terre khmère et impose un tribut à son peuple. L'Empire khmer est l'une des puissances dominant la péninsule indochinoise depuis sa formation au début du IXe siècle. Son territoire englobe la totalité du Cambodge et du Laos actuels, la partie orientale de la Thaïlande et le sud du Vietnam. Les vestiges de la civilisation khmère témoignent de sa richesse et de son raffinement. Sa majestueuse capitale, Angkor, fondée en 879 et bâtie jusqu'au XVe siècle, figure au patrimoine mondial de l'Unesco.

Gengis Khan, empereur mongol, son fils et la cour. Illustration extraite du *Jami al-tawarikh* de Rashid al-Din, début du XIVe siècle, Bibliothèque nationale, Paris.

chaque province. En 1260, l'avènement de Koubilaï marque le début d'une période de paix et de prospérité. Le nouveau Khan entreprend la conquête de la Chine, qu'il achève en 1279, et se fait proclamer empereur de Chine à la place du jeune Bing, dernier héritier de la dynastie Song. Pendant son règne et celui des membres de sa dynastie, les Yuan, le territoire mongol continue de s'accroître en Asie. En 1258, le roi Gojong de Corée se soumet ; son royaume sert de base à une invasion du Japon, déclenchée dix ans plus tard et qui s'achève par un échec cuisant. La présence mongole en Chine s'éteint en 1368, année de la déposition de l'empereur Togoontomor. Au début du XIVe siècle, Timur Lang (ou Tamerlan), émir de Transoxiane, province asservie à l'Empire mongol, repousse la Horde d'or et s'empare du khanat des Ilkhans. Le 8 septembre 1380, dans la plaine de Koulikovo (près de Toula, en Russie), le grand prince de Moscou Dimitri Ier inflige à son tour un cinglant revers aux cavaliers mongols, définitivement expulsés au-delà de l'Oural. À partir de cet instant, la puissance mongole s'éteint peu à peu, rongée par les querelles et les guerres civiles.

Bilan

Les Mongols, mosaïque de clans nomades, se placent au XIIe siècle sous la bannière du puissant Gengis Khan. Ils conquièrent la quasi-totalité de l'Asie, puis portent leur regard vers l'Europe de l'Est, où la Horde d'or dévaste et asservit les principautés russes. Au XIVe siècle, elle rencontre deux obstacles majeurs : l'unification des principautés russes et l'émergence d'un puissant empire en Asie centrale sous l'égide de Tamerlan. En Chine, la chute des Yuan et l'avènement de la dynastie Ming marquent le début d'un reflux des cavaliers mongols vers la Mongolie actuelle.

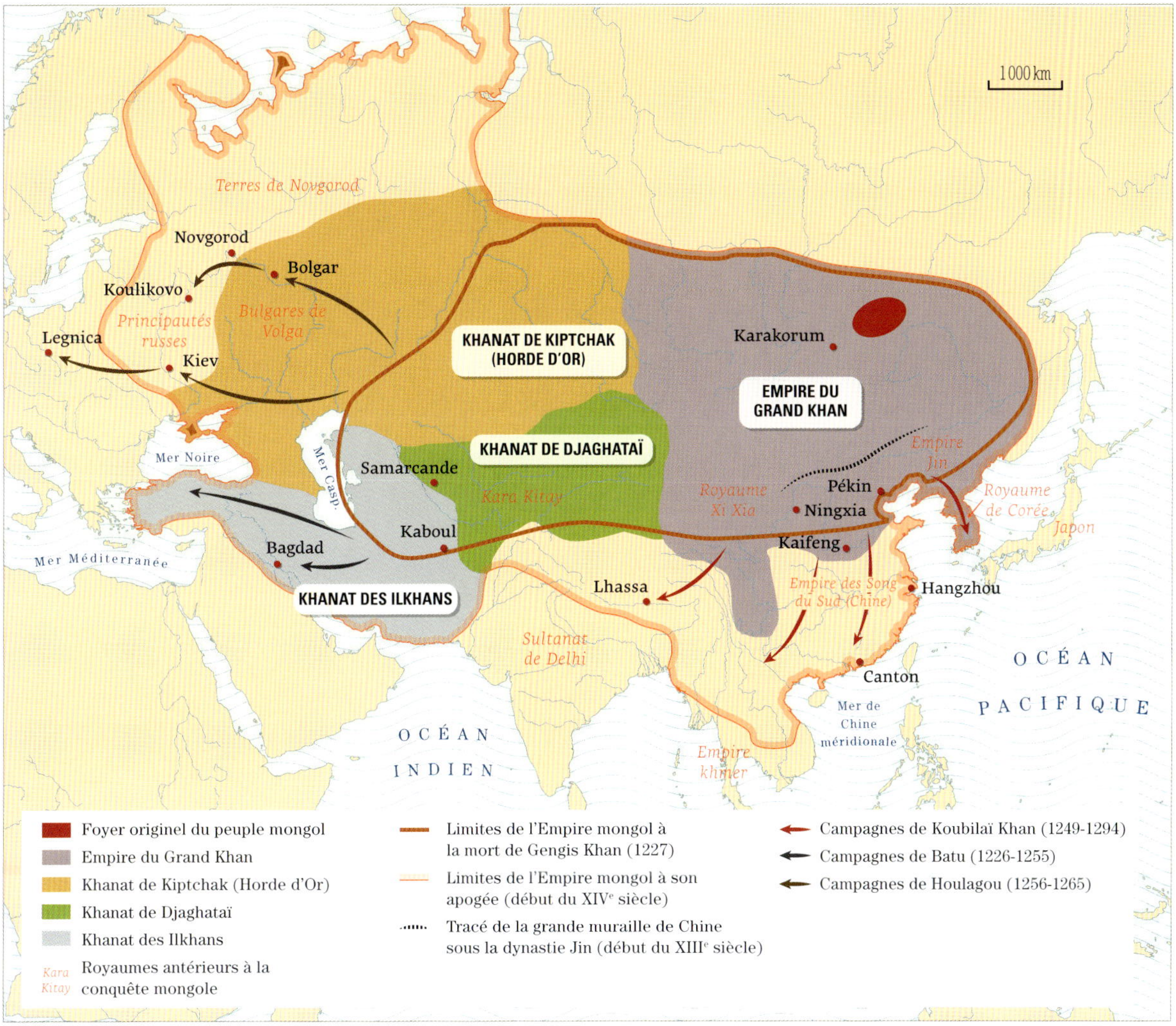

L'expansion de l'Empire mongol (XIIIe siècle)

L'union des clans mongols par Gengis Khan en 1206 est le point de départ d'une formidable épopée. Depuis son foyer originel du sud de la Sibérie, ce peuple de cavaliers nomades déferle sur l'Asie et renverse les dynasties régnantes de Chine et de Perse. À la mort du grand Khan en 1227, l'Empire se scinde en quatre territoires. Proclamé empereur de Chine, Koubilaï étend son influence vers l'Asie du Sud-Est. Houlagou s'empare de la Mésopotamie et de l'Asie Mineure qu'il réunit au sein du Khanat des Ilkhans. Enfin, Batu, à la tête de la « Horde d'Or », repousse les frontières de l'Empire jusqu'à la Volga, contraignant les principautés russes à la soumission. La terreur mongole en Europe de l'Est prend fin avec la défaite de Koulikovo en 1380.

L'éveil de la puissance russe

Territoire immense, encadré à l'ouest par les espaces byzantin et germanique, à l'est par le désert de Gobi et l'immensité de l'océan Pacifique, la Russie entame une difficile unification à partir du Xe siècle et se retrouve face à un dilemme capital pour son avenir : le pays doit-il intégrer l'espace politique européen ou se tourner prioritairement vers l'Asie centrale, sa terre d'expansion privilégiée ? L'orientation de l'Empire russe et sa montée en puissance reposent sur une succession de souverains éclairés : Vladimir Ier, Ivan le Terrible, Michel Romanov, Pierre Ier et Catherine II.

À la fin du Xe siècle, le grand-prince de Novgorod Vladimir Ier Sviatoslavitch s'approprie la Rus' de Kiev et réalise une première unification des peuples d'origine slave sous sa bannière. Le domaine territorial ainsi constitué est un ensemble multiethnique difficile à gouverner. Bientôt apparaît la nécessité de promouvoir une nouvelle religion afin de renforcer les liens sociaux autour du souverain. Dans ce but, le grand-prince sollicite une délégation de Bulgares musulmans de la Volga, des Allemands de l'Église chrétienne romaine, des Khazars juifs et enfin des Byzantins chrétiens orthodoxes, qu'il accueille en son palais. Il opte finalement pour le christianisme orthodoxe, dont le culte est jugé plus majestueux, et reçoit le baptême en 988 – la promesse d'une union avec la princesse byzantine Anna Porphyrogénète a également pesé dans sa décision. Le nouveau culte d'État s'impose très vite comme le dénominateur commun de tous les peuples assimilés à la principauté de Kiev. Par cette démonstration spectaculaire, Vladimir le Grand fait entrer la Rus' de Kiev, future Russie, dans le monde chrétien et affirme l'identité européenne de son territoire.

La naissance d'une dynastie

Dominée par les Mongols de la Horde d'or de 1240 à 1480, la Russie est libérée par une grande coalition réunie par Ivan III, grand-prince de Moscou, qui en profite pour accroître son influence. Le nouvel ensemble politique se dote pour la première fois d'une administration centralisée et d'une législation commune. En 1547, commence le règne d'Ivan IV dit « le Terrible », qui se fait proclamer « tsar de toutes les Russies ». Il renforce l'autorité du pouvoir central et étend son territoire vers l'est et le sud par la conquête des khanats d'Astrakhan et de Kazan. Au début du XVIIe siècle, au terme d'une longue période de troubles politiques qui voit plusieurs tsars assassinés et le territoire russe se contracter sous la pression de la Pologne et de la Suède, les grandes principautés et les autorités religieuses s'unissent en un grand « mouvement national ». En 1612, Moscou, occupée par les Polonais et les Suédois, est reprise. Les princes entreprennent alors de sceller l'unité russe en élisant un nouveau tsar. Lors des

SAINT-PÉTERSBOURG

En mai 1703, Pierre le Grand décide de transférer sa capitale politique sur les rives de l'embouchure de la Neva, sur la mer Baltique. À cet emplacement marécageux, jugé inhospitalier, est édifiée une imposante cité de style architectural européen – le maître d'œuvre étant l'Italien Domenico Trezzini. Parmi les nombreux monuments, la ville accueille la cathédrale Pierre-et-Paul, qui devient la nécropole des Romanov. La construction de Saint-Pétersbourg concrétise la volonté du tsar de faire de la Russie un pays moderne et tourné vers l'Europe.

Le tsar Pierre Ier le Grand (1672-1725), par Jean-Marc Nattier, 1717, musée national du château de Versailles.

états généraux de janvier 1613, ils s'accordent sur le nom de Michel Fedorovitch Romanov, un jeune homme de 16 ans, neveu d'Ivan le Terrible. Avec lui s'installe sur le trône impérial russe la dynastie la plus pérenne d'Europe. Le dernier tsar Romanov sera Nicolas II, déposé en mars 1917 par les bolcheviks et discrètement assassiné le 17 juillet 1918.

L'européanisation sous Pierre le Grand

Avec l'avènement de Pierre Ier, dit « le Grand », la Russie entre dans une nouvelle ère. À partir de 1695, le jeune tsar se rend compte du retard de son pays sur le reste du continent et s'entoure d'une équipe de conseillers issus de toutes les catégories sociales. Son règne débute par une intense phase de conquêtes militaires. En 1696, il remporte à Azov près de la mer Noire une victoire décisive sur les Ottomans. Plus tard, en 1700, opposé à la Suède de Charles XIII, Pierre Ier se joint à une coalition composée de la Saxe, de la Pologne et du Danemark. La guerre s'achève par une victoire à Poltava le 8 juillet 1709, qui permet à la Russie d'annexer la Livonie, l'Estonie et une partie de la Carélie. Pierre Ier initie un mouvement de modernisation de la société sur le modèle occidental : réforme de l'armée par l'adoption de la conscription obligatoire, création d'une artillerie et d'une marine de guerre modernes ; création d'un Sénat, instance suprême de l'État inféodée au tsar ; règlement ecclésiastique instituant un saint-synode directeur de douze prêtres sous contrôle de fonctionnaires laïcs ; instauration de la capitation (impôt par tête) et réforme de l'assiette ; ouverture de l'accès à la noblesse par le service de l'État ; développement des mines et des manufactures…

Catherine II et l'âge d'or de la Russie

À la mort de Pierre le Grand, la Russie est une mosaïque de nations guidée par un État fort et centralisé. C'est également un État entièrement tourné vers l'Europe. Entre 1741 et 1762, le règne d'Élisabeth Ire est marqué par un renouveau économique et intellectuel ainsi qu'une expansion territoriale, avec notamment l'annexion de la Finlande et la mise en échec des ambitions du roi de Prusse Frédéric II. Le véritable âge d'or de la Russie débute en 1762 avec le couronnement de Catherine II. L'impératrice manifeste des idées libérales et s'attire l'admiration des philosophes français Voltaire, d'Alembert et Diderot. En 1767, elle fait rédiger une « instruction », manifeste politique prônant un despotisme éclairé. Mais cette profession de foi n'est prolongée par aucune réforme ; la pratique du servage se maintient et est même étendue à l'Ukraine. La Révolution française de 1789 efface son rayonnement. La Russie de Catherine II brille avant tout par son poids sur la scène internationale. En 1783, grâce à deux guerres victorieuses contre les Ottomans, elle s'empare de la Crimée et de l'accès au détroit du Bosphore. À la même époque, la Pologne est dépecée entre la Russie, l'Autriche et la Prusse. À la veille des guerres napoléoniennes, l'Empire russe représente une puissance prodigieuse, capable de faire basculer l'équilibre européen.

LE SERVAGE

Pratique remontant au XIe siècle, le servage est une relation de dépendance féodale entre un paysan et son seigneur, détenteur exclusif des terres mises en cultures. En 1497, le code juridique du tsar Ivan III le généralise à tous les territoires sous son autorité. L'oukaze (décret impérial) de 1797 correspond à une émancipation des serfs : ceux-ci acquièrent un droit de recours leur permettant d'obtenir la condamnation de leur maître et leur affranchissement en cas de brutalités. Le servage est aboli par Alexandre III dans le cadre de la réforme agraire de 1861.

Catherine II la Grande, impératrice et autocrate de toutes les Russies, portrait par Dmitry Levistsky, huile sur toile, palais de Pavlovsk.

Bilan

Terre de contrastes, vaste espace regroupant des peuples de cultures, de langues et de religions diverses, la Russie fait son entrée dans le monde chrétien au début du Xe siècle avec le baptême de Vladimir Ier. Plus tard, l'avènement des Romanov apporte au régime les bénéfices d'une dynastie stable. Au XVIIe siècle, Pierre Ier, puis Catherine II entament une modernisation et une libéralisation de tous les secteurs de la société, faisant de la Russie une puissance européenne et moderne.

L'expansion de l'Empire russe depuis l'avènement de Pierre le Grand (1682)

Le règne de Pierre Ier ouvre une phase d'expansion territoriale sans précédent pour la Russie. Les rives orientales de la Baltique, investies au début du XVIIIe siècle, accueillent dès 1713 la nouvelle capitale du tsar, Saint-Pétersbourg. En Extrême-Orient, le Kamtchatka et les îles Kouriles sont occupés. Ces événements sont suivis par l'annexion des provinces de l'Amour, de Khabarovsk et de Primorié, jouxtant la Mandchourie chinoise. Au début du XIXe siècle, les Russes progressent dans le Caucase aux dépens de l'Empire ottoman et en Asie centrale face aux Kazakhs, finalement soumis en 1860. En Europe de l'Est, la Finlande et la Pologne sont prises par les armes. Enfin, l'Alaska, colonisée au XVIIIe siècle, est cédée aux États-Unis en 1867.

Les tribus celtes

Les Gaulois, nos ancêtres selon les livres d'histoire, s'appelaient entre eux les Celtes. Pendant l'âge de Bronze, les Celtes occupaient la Gaule (France) et une grande partie de l'Europe jusqu'en Asie mineure. Cette civilisation, bien que parlant des langues diverses, était unifiée par une mythologie et des rites similaires.

Du VIIIe siècle avant notre ère jusqu'au IIIe siècle, les Celtes se sont installés sur **un** vaste territoire : Irlande, Bretagne (l'Angleterre actuelle), pays de Galles, Gaule (la France actuelle), Europe centrale (Bohême, Moravie, Slovaquie, Serbie, Autriche, Hongrie, Roumanie), Allemagne, nord de la péninsule Ibérique et de l'Italie. Certains peuples celtiques sont même arrivés en Asie mineure (Turquie d'Asie actuelle). En réalité, cette civilisation se composait d'une multitude de tribus indépendantes, réunies par une langue, une religion et des rites communs. Les Celtes n'ont jamais connu d'unité, tout juste ont-ils scellé quelques alliances locales pour des raisons économiques ou politiques. Cette indépendance des tribus est probablement à l'origine de la disparition de la civilisation celtique au IIIe siècle, cette période marquant sa dissolution dans les populations plus organisées, les Germains et les Romains, entre autres. La guerre des Gaules et leur soumission à l'Empire romain au Ier siècle avant J.-C. semblent le point de départ du déclin des Celtes, partout sauf en Irlande, qui n'a jamais vu un soldat romain. Dès lors, le latin devient la langue officielle, de même que de la religion romaine et, plus tard, le christianisme.

Forts et villes fortifiées

Fortement attachés à la transmission orale, bien qu'ils aient connu l'écriture, les Celtes ont laissé peu de documents. On les connaît plutôt grâce aux textes des historiens grecs et romains, et en particulier aux récits de Jules César. L'histoire des Celtes est aussi partiellement connue par l'archéologie. On a retrouvé des constructions fortifiées, dénotant une certaine organisation locale. Ainsi en est-il des forts, de 1 à 3 hectares, érigés en hauteur et placés sur les voies de commerce. Ils semblent avoir servi

Vercingétorix est l'un des rares Celtes à avoir réussi à fédérer les tribus gauloises pour résister (monument érigé à Alise-Sainte-reine, Côte d'Or) .

de places de marché. Ce dynamisme commercial a incité les Celtes encore nomades à s'installer, créant de nouvelles dynasties et même une surpopulation par endroits. Plus tard, avec l'augmentation de la démographie, ce sont des oppida qui seront construits : véritables villes fortifiées, elles accueillent toutes les classes de la société, le roi, le druide, les guerriers, les artisans... Elles prouvent l'existence d'organisations locales prospères et parfois riches, comme en témoignent les tombes au mobilier fastueux disséminées tout autour. Les fouilles archéologiques, ordonnées le long des routes commerciales de l'époque, ont permis de mettre à jour de nombreux sites celtiques dans les îles britanniques, en Allemagne et dans le sud de la France. Mais le plus connu en France est bien l'oppidum d'Alésia, célèbre par la défaite du grand chef gaulois Vercingétorix vaincu par l'armée de César. Si l'existence d'Alésia ne fait aucun doute – de nombreux écrits l'attestent – sa localisation reste incertaine.

Ripailles et artisanat

Querelleurs, vantards et bons vivants : la réputation des Celtes, forgée par des écrivains romains contemporains, n'est pas démentie par les objets retrouvés sur les sites archéologiques. Vaisselle, vases, cruches, coupes, chaudrons témoignent de cet art de vivre où chaque victoire était dignement fêtée. Selon les Romains, ces barbares se livraient à de véritables concours de vantardise lors de vastes banquets (les symposions), exclusivement masculins, tandis que rôtissaient des porcs domestiques. Et si quelques bagarres survenaient, la cervoise, le vin et l'hydromel, coulant des cornes à boire ou des grandes pintes de bois ornées de bronze, réconciliaient les convives.

Outre les plaisirs de la chair, la civilisation celtique a développé très tôt un goût prononcé pour l'artisanat. Les forgerons travaillaient à merveille le bronze pour en faire de la vaisselle, des casques, des fourreaux d'épée, qu'ils décoraient avec d'autres métaux comme le cuivre ou l'étain. Les émailleurs décoraient aussi les pièces de bronze. Quant au fer, il était utilisé pour fabriquer des socs de charrues, des clous ou des clés. Et tandis que certains inventaient le tonneau, d'autres façonnaient jarres et vases en terre cuite. On a retrouvé la trace d'ateliers où l'on frappait de la monnaie. Les Celtes maîtrisaient également le tissage de la laine et la teinture, souvent de couleur vive, qui leur permettaient de créer tuniques, manteaux, et les fameuses braies (pantalons resserrés aux chevilles) portées par les hommes.

Enfin, l'art celtique est considéré comme le premier à s'être imposé en Europe. Unique en son genre, rarement figuratif, il utilise toutes les matières, os, fer, poteries, pierres, et représente des motifs épurés, stylisés, chargés de symboles religieux. Puisant dans leur ancienne origine indo-européenne, les artistes reprennent des éléments de l'art étrusque comme les palmettes ou les fleurs de lotus. Ils seront plus tard influencés par les styles grec, romain et chrétien. L'esthétique était donc une composante importante de leur société, tant pour les objets que sur leur aspect personnel : on sait qu'ils se teignaient les cheveux, se peignaient le corps et portaient quantité de parures et bijoux que l'on a retrouvés dans les sépultures des nobles. Sur les bijoux, pendentifs, torques (colliers), fibules (broches), ceintures, certains motifs reviennent fréquemment comme le triskel (symbole à 3 jambes) ou les entrelacs.

Druide, vate et barde

Seuls responsables du culte, les druides, dont le nom signifie « très savant » en langue celtique, sont des personnages essentiels dans l'organisation de la société. Ils sont les seuls à pouvoir communiquer avec les dieux et ils détiennent tous les pouvoirs et tous les savoirs : ils sont médecins, devins, magiciens, enseignent l'histoire et la généalogie et éduquent les enfants à la tradition dont ils sont les garants. Enfin, ils ont droit de vie et de mort sur tous, y compris sur le roi. Conseillers du roi dans les affaires courantes, sociales et politiques, on pense qu'ils ont joué un grand rôle dans la révolte de -52 qui a conduit à la reddition des Gaulois à Alésia. C'est également eux qui président aux cérémonies religieuses que l'on connaît partiellement. Les sacrifices, animaux ou humains, destinés à nettoyer la société de ses impuretés, étaient pratiqués couramment. Viennent ensuite les dépôts qui consistent à faire des offrandes dans un lieu sacré, lac, montagne... Enfin, le rituel des funérailles est essentiel, les Celtes pensant que la mort n'est qu'un passage d'un corps à l'autre. Incinérés dans la première période de leur installation en Europe, les Celtes seront ensuite inhumés, présentés comme des guerriers portant l'épée, avec un important mobilier funéraire, comme des chars de combat.

Dans le clergé celtique figurent aussi le vate et le barde. Le premier est plus spécialisé dans la divination et la médecine, disciplines acceptant les femmes, contrairement aux druides qui ne peuvent être que des hommes ayant étudié entre 12 et 20 ans selon les régions. Quant au barde, il compose des poésies chantées, faisant les louanges ou la satire des hauts personnages. Dans leurs textes, ils racontent l'histoire du peuple et de ses dirigeants, mais aussi les mythes fondateurs de cette culture.

Merlin l'Enchanteur et Toutatis

On sait peu de choses sur la religion celtique. Parce que les druides, seuls initiés aux cultes, subissaient une interdiction religieuse d'écrire. C'est donc par César, qui aborde le sujet dans *La Guerre des Gaules*, que l'on connaît en partie le panthéon gaulois, bien qu'il donne aux dieux celtiques les noms de leurs équivalents romains. Il semble, en réalité, que ce peuple composé de multiples tribus nommait ses dieux de façon différente d'un bout à l'autre de l'Europe. Et si la bande dessinée a popularisé Toutatis, Esus et Taranis chez les Gaulois, les Irlandais adoraient Lug, Dagda, Ogme, Nuada et quelques autres. Les Celtes sont de toute façon animistes et peuvent voir un dieu en toute chose (dieu-arbre, dieu-rivière, dieu-montagne…), mais n'édifient pas de temple, ne statufient pas leurs idoles, n'adorent aucune icône religieuse et honorent leurs dieux dans des lieux naturels tels les marais, les forêts ou les rivières. Il existe cependant un mythe fondateur commun à toute la civilisation : c'est le *Cath Maighe Tuireadh*, ou Bataille de Mag Tuired, qui raconte la lutte des dieux de l'Irlande contre les génies oppresseurs et destructeurs que sont les « Fomoires ».

Si la religion celtique nous est mal connue, la littérature, reposant sur les récits des bardes, nous est en revanche parvenue, largement transformée par le christianisme qui a cherché à relier les aventures des héros locaux aux récits de la Bible. Ainsi connaît-on aujourd'hui les légendes arthuriennes, écrites par Chrétien de Troyes au XIIe siècle de notre ère, qui reposent largement sur la mythologie celtique. La fée Morgane, qui à l'origine cherchait à protéger la Bretagne de l'influence grandissante du catholicisme, devient une méchante sorcière opposée à la gentille reine catholique Guenièvre… Merlin l'Enchanteur, la forêt mythique de Brocéliande, l'épée Excalibur qui rend son propriétaire invulnérable, sont tous issus du folklore celtique et adaptés à la pensée chrétienne. L'histoire de Tristan et Iseut trouve aussi son origine dans le mythe de Diarmaid et Grainne, deux héros de la mythologie celtique irlandaise.

Sur cet ornement figure un entrelacs, motif abstrait, très fréquent dans l'art celtique.

Les trois branches du triskel représentent soit le ciel, la terre et l'eau, soit les dieux.

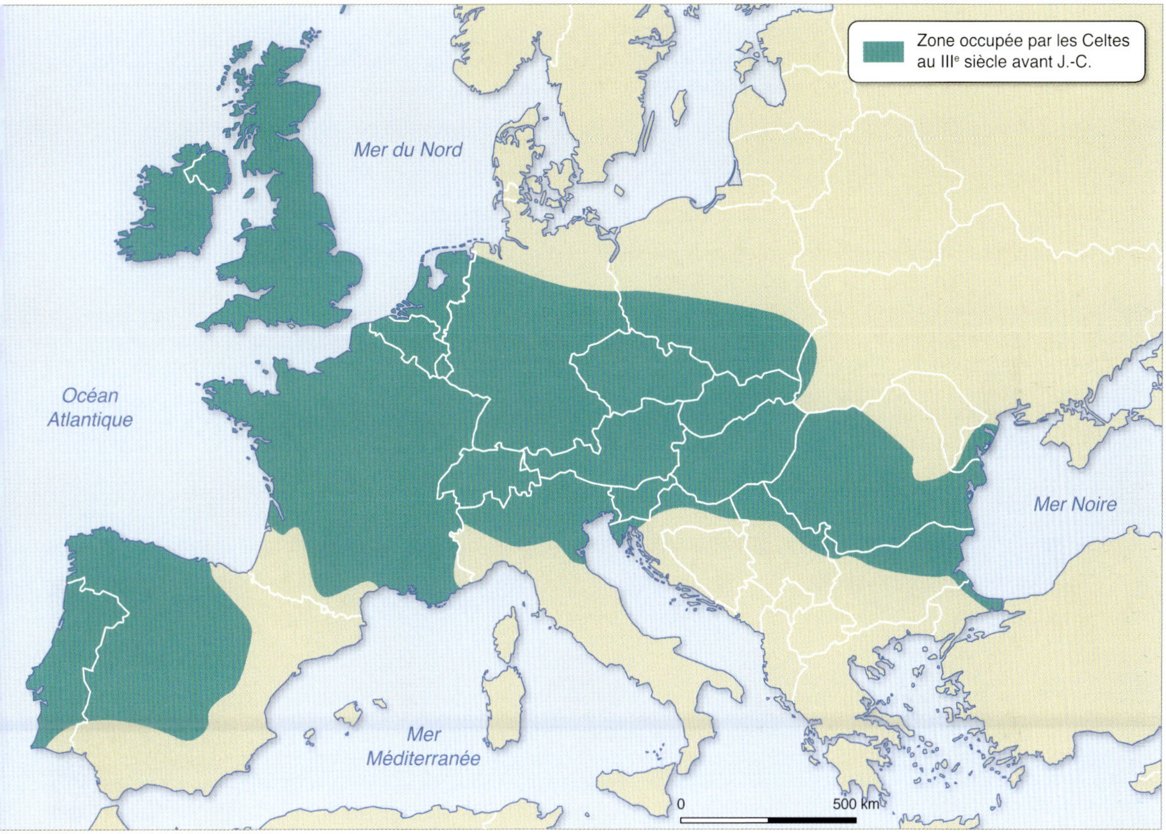

Les Celtes

Au IIIe siècle avant notre ère, les peuples celtes occupent la majeure partie de l'Europe de l'Ouest, à l'exception de l'Italie, du nord de l'Allemagne, du Danemark, de la Scandinavie, des Balkans et d'une portion importante de l'Espagne.

Le monde grec

La Grèce antique occupe une place de choix dans l'histoire de l'humanité. L'héritage politique, culturel et scientifique du monde grec, transmis par ses brillants philosophes, historiens et savants, forme le socle de l'identité européenne. L'évolution des cités-États grecques s'étale sur plusieurs périodes : l'âge du bronze, la période archaïque, la période classique, la domination macédonienne, puis la période hellénistique. Ces puissantes cités-États vont laisser au monde les traces des premiers modèles démocratiques.

Au IIe millénaire avant J.-C., l'espace égéen est peuplé d'une multitude de tribus. Deux civilisations, apparues à l'âge de bronze (3000 à 1000 avant J.-C.), s'épanouissent et organisent des échanges avec les civilisations de Méditerranée orientale. La première disparaît brutalement lors de l'éruption du volcan de Santorin en 1450 ; la seconde s'éteint lentement à la fin du XIIIe siècle sous l'influence d'événements indéfinis : facteurs naturels, invasions par le nord (Doriens), par la mer (« Peuples de la mer ») ou encore conflits internes. À partir du VIIIe siècle, on constate la concentration du pouvoir de décision entre les mains de puissances locales. Ce phénomène, baptisé « synœcisme », est le prélude à la naissance des grandes cités. Toutefois, la croissance démographique liée à cette mutation crée des tensions sociales canalisées en certains lieux par l'avènement de tyrans. Les cités d'Athènes et de Sparte suivent un développement plus singulier ; leur propension à la démocratie et à l'équilibre des pouvoirs va constituer le fondement de leur puissance.

L'émergence des cités-États

Au VIIIe siècle avant J.-C., à Sparte, Lycurgue définit les contours d'une nouvelle constitution, la « Grande Rhêtra », répondant ainsi à la pression d'une aristocratie militaire jalouse de ses prérogatives et qui redoute la libéralisation de la société au profit des esclaves, de plus en plus nombreux du fait de l'agrandissement constant du territoire administré par les Spartiates. Les termes de cette constitution resteront inchangés pendant les cinq siècles suivants, glorifiant l'excellence militaire, le dévouement absolu des citoyens à leur patrie et promouvant un accès restreint à la citoyenneté. Sparte détient en outre la particularité, unique dans le monde grec, d'être gouvernée par deux rois, aux compétences restreintes, issus des deux familles royales. En Attique, l'unification des tribus dominantes, attribuée au héros mythologique Thésée, débouche sur la création d'un conseil commun. Athènes entre alors dans une phase de mise en ordre législative grâce aux actions des législateurs Dracon (621), Solon (594-593) et Clisthène (508). La base du système politique repose sur les dèmes, correspondant aux dix tribus, qui servent de cadre à l'élection des magistrats administrant la cité. Seuls les citoyens, nés de père et de mère athéniens, ont le droit de

L'ILIADE ET L'ODYSSÉE

Composée par Homère, personnage dont l'origine est inconnue, *L'Iliade* est une épopée relatant la guerre entre les Achéens (Grecs) et les Troyens. La seconde œuvre, nommée *L'Odyssée*, retrace les aventures d'Ulysse, roi d'Ithaque, en route pour son royaume après la chute de Troie. Les deux œuvres sont issues d'une longue tradition orale, mode de transmission privilégié à l'époque. Ainsi, elles fournissent des données diverses concernant la situation politique de la période, les pratiques sociales, les rites funéraires, les pratiques économiques et religieuses.

© The Image Works/Roger-Viollet

Vase attique représentant un soldat prenant part à un rituel de divination avant le combat entre 490 et 480 avant J.-C.

posséder la terre; ils sont répartis par classes censitaires, qui conditionnent leur accès aux diverses charges.

Le péril perse et les guerres intérieures

Au début du Vᵉ siècle, l'agitation des peuples grecs d'Asie Mineure pousse le roi de Perse Darius Iᵉʳ à entreprendre la conquête de la Grèce. Le débarquement perse à Marathon en 490 s'achève par un succès athénien. Au printemps 480, une immense armée perse se heurte à la ligne de défense spartiate établie dans le défilé des Thermopyles. Au terme d'une résistance héroïque, le roi Léonidas et ses 300 guerriers succombent sous le nombre. Ce sacrifice permet la victoire à la bataille de Salamine quelques semaines plus tard. En 479, la bataille terrestre de Platées et l'engagement naval du cap Mycale marquent la fin des incursions perses en Grèce continentale et consacrent la puissance athénienne, qui s'empresse de bâtir une alliance militaire contre Sparte, la « ligue de Délos ». Lorsque la guerre avec Athènes éclate, en 431, les Spartiates, convaincus de leur suprématie sur terre, choisissent de laisser la maîtrise des mers à leurs ennemis. Ce choix est néfaste: acculés en Attique et obligés de se réfugier derrière les « Longs Murs » qui entourent leur cité, les Athéniens subsistent grâce aux ravitaillements convoyés par la mer. Sparte entreprend alors la création d'une marine de guerre et, en septembre 405, remporte une victoire décisive à Aigos Potamos, dans l'Hellespont (Dardanelles). L'écrasement de la flotte athénienne précipite la chute de la cité, qui est investie par le roi spartiate Agis II en avril 404.

L'épopée d'Alexandre le Grand

L'hégémonie de Sparte au début du IVᵉ siècle avant J.-C. est fragilisée par la révolte de Thèbes qui, guidée par un brillant stratège, Epaminondas, remporte une série de victoires à Leuctres en 370, puis à Mantinée en 362. Parallèlement, la cité lacédémonienne connaît un lent déclin démographique: Sparte se meurt de son

LA MYTHOLOGIE GRECQUE

La mythologie grecque s'est développée depuis l'époque mycénienne. Son impact sur la société de l'époque dépasse le cadre ordinaire de la religion: les aventures mythiques de ses personnages surnaturels, dieux, demi-dieux ou simples mortels, sont enracinées dans la tradition orale et interprétées par les historiens antiques comme des faits historiques. À partir du IIIᵉ siècle avant J.-C., elle influence considérablement la mythologie romaine, qui lui emprunte ses traits principaux.

manque de citoyens, résultat d'une politique d'accès à la citoyenneté trop restrictive. Bientôt, Philippe II, roi de Macédoine, bouleverse l'équilibre des forces. Son héritier, Alexandre, monté sur le trône en 336, achève la soumission des cités grecques, puis porte son regard vers l'Asie. Exploitant la supériorité tactique de ses phalanges, munies de longues lances (sarisses), et porté par son ambition de fusionner les cultures grecque et orientale au sein d'un État unifié, il conquiert l'immense Empire perse achéménide. En 331, il prend l'Égypte, dont il se proclame pharaon et remporte à Gaugamèles une bataille décisive sur le roi Darius III. Poursuivant son périple jusqu'au cœur de l'Asie centrale, il atteint les rives du fleuve Indus en 326. Sa mort à l'âge de 32 ans ouvre une tumultueuse succession, marquant le début de la période dite « hellénistique ». Ses généraux, les « diadoques », se livrent une guerre acharnée, qui débouche en 281 sur la constitution de grands ensembles : l'Égypte de Ptolémée, l'Empire oriental de Séleucos, la Thrace de Lysimaque et la Macédoine de Cassandre.

Détail d'une mosaïque représentant Alexandre le Grand affrontant le roi perse Darius III durant la bataille d'Issos, Ier siècle, musée national d'archéologie de Naples (Italie).

Bilan

Au VIIIe siècle avant J.-C., la démographie grecque connaît un rebond spectaculaire, vraisemblablement causé par de fortes migrations. Les tribus se regroupent en foyers de peuplement dominés par des puissances locales. Sparte et Athènes, d'abord unies contre l'envahisseur perse au Ve siècle, s'affrontent lors de la guerre du Péloponnèse, remportée par Sparte. Le déclin de l'hégémonie spartiate s'accompagne de l'émergence de l'Empire macédonien qui, sous l'égide d'Alexandre le Grand, s'étend au IVe siècle jusqu'aux confins de l'Asie.

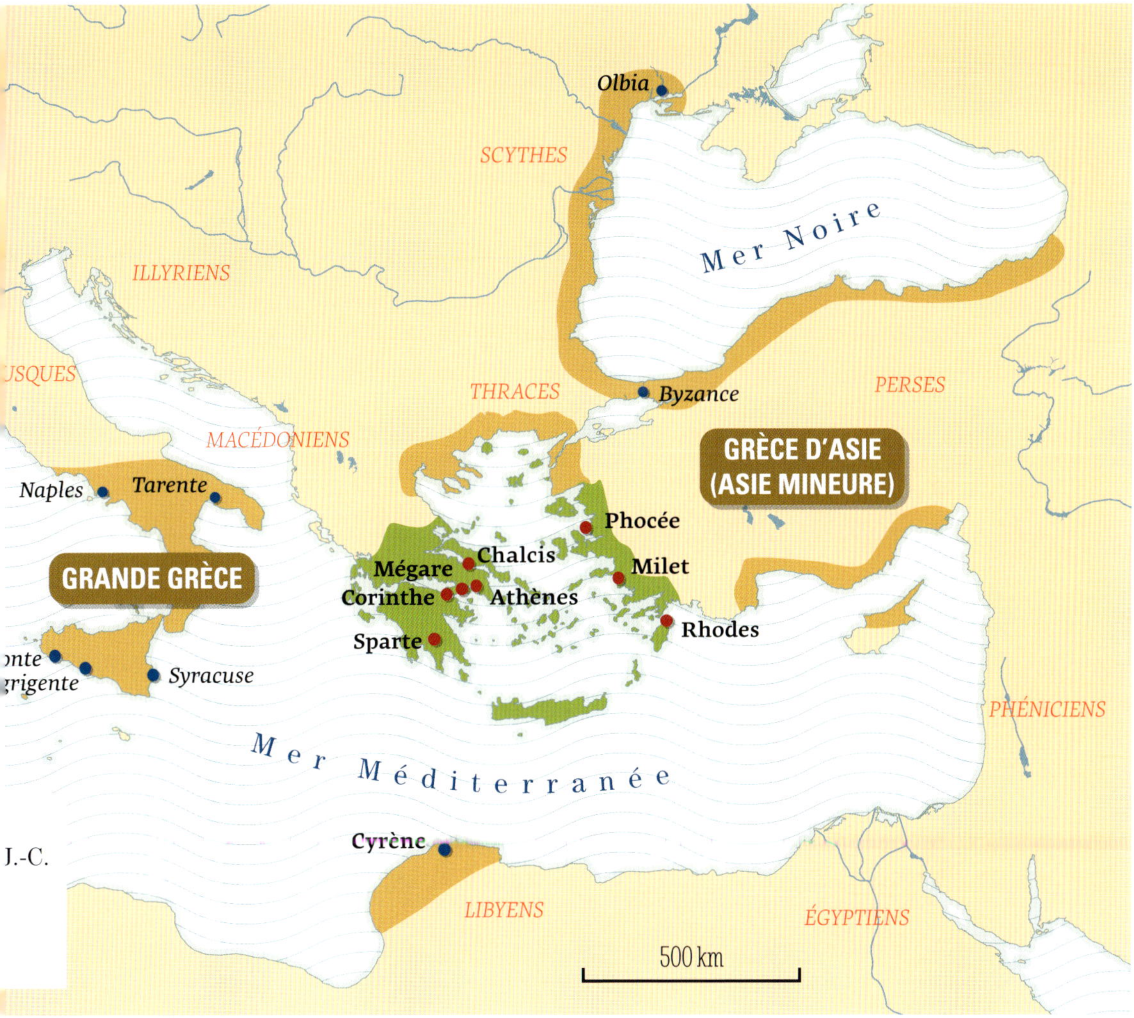

Le monde grec et son influence (IXe-VIe siècle avant J.-C.)

Territoire de cités-États, la Grèce entre à partir du IXe siècle dans un cycle d'expansion. La Grande Grèce, englobant le sud de la péninsule italienne et la Sicile, est la destination privilégiée des colons grecs. Sparte y fonde la cité de Tarente; Corinthe, Mégare et Cumes s'installent respectivement à Syracuse, Sélinonte et Naples. Les Phocéens établissent des colonies dans le sud de la Gaule: Agathé (Agde), Massalia (Marseille), Nikaïa (Nice) et Emporion (Ampurias). La Thrace devient le domaine exclusif d'Athènes. Les rivages de la mer Noire sont colonisés par les Milésiens, tandis que Byzance, future Constantinople, naît d'un peuplement mégarien. Enfin, la ville de Cyrène, sur le littoral libyen, est fondée par des citoyens de Théra (Santorin).

La Rome antique

Au début du IIIe siècle avant J.-C., tandis que l'empire du défunt Alexandre le Grand est en proie à la guerre civile, une extraordinaire puissance s'éveille à l'ouest. Dans la péninsule italienne, la cité de Rome dicte sa loi aux peuples vivant au sud du Pô et se heurte aux grandes cités-États de Méditerranée occidentale. Son hégémonie va s'étendre à l'ensemble du bassin méditerranéen, puis aux rivages de la mer du Nord et aboutir à la constitution du plus vaste ensemble politique de l'Antiquité.

La légende veut que Rome ait été fondée par la lignée d'un Troyen du nom d'Énée, rescapé de la destruction de Troie par les Grecs. Il s'installe au XIIe siècle avant notre ère dans le Latium, où son fils Ascagne (ou Iule) fonde la cité d'*Alba Longa*. C'est là qu'une de ses descendantes, Rhéa Silvia, donne naissance à des jumeaux, Romulus et Rémus, fils présumés du dieu Mars. Les nourrissons sont jetés dans le Tibre sur ordre de leur oncle, le roi Amulius, qui craint pour son trône. Recueillis et élevés selon la légende par une louve, ils décident, adultes, de fonder une ville sur le lieu de leur abandon. Cette entreprise devient source de rivalité entre les deux frères, qui se disputent le droit de gouverner. Selon l'historien Tite-Live, Rémus, en franchissant la limite sacrée de la ville (« *pomœrium* »), aurait provoqué la colère de Romulus, qui l'aurait tué dans un accès de rage. Désormais seul maître, Romulus commence la construction de sa cité, qu'il nomme « Rome » d'après son propre nom. L'archéologie offre une vision plus sobre des origines de Rome, qui serait une création étrusque datant du VIIIe siècle avant J.-C., issue de l'association des tribus occupant les sept collines – « *ruma* » signifiant « colline » en langue osque.

De la monarchie à la République

Rome est dans un premier temps gouvernée par des rois, dont Romulus est le premier. Six autres souverains lui succèdent, donnant à la ville ses institutions civiles et religieuses, son Sénat. Son expansion dans le Latium est marquée par l'asservissement des Sabins et la conquête d'*Alba Longa* vers le milieu du VIIe siècle, achevée par le combat à mort entre les Horaces et les Curiaces. En 509, le roi Tarquin, dit « le Superbe », se met à dos la population par son mépris des institutions et son arrogance. Sa déposition précède l'instauration d'une République, guidée par le Sénat qui, à partir de la fin du IVe siècle, nomme directement les magistrats. Rome s'affranchit de l'influence étrusque et s'allie avec d'autres villes du Latium. En 272, la cité contrôle la partie sud de la péninsule italienne. Mais vers le milieu du IIIe siècle, Carthage, ancienne colonie phénicienne, conteste la domination romaine

HERCULANUM ET POMPÉI

Le 24 août 79, les cités de Pompéi et Herculanum, dans la baie de Naples, sont balayées par une violente éruption du Vésuve. Leur souvenir disparaît jusqu'à leur découverte en 1709. Commencées entre 1738 et 1748, les fouilles archéologiques ont permis de restaurer le site et de révéler au monde leurs vestiges quasiment intacts, notamment des thermes, un théâtre et des fresques parfaitement conservées. Elles ont aussi permis d'exhumer des cadavres, pétrifiés dans les cendres et la boue…

Légion romaine en marche. Frise relevée sur la colonne Trajane, BNF.

en Méditerranée. En 218, le général Hannibal Barca traverse les Alpes et inflige une série de défaites humiliantes aux redoutables légions romaines. L'épisode des « guerres puniques » s'achève sur le sol africain, à Zama (actuelle Tunisie), où en 202 le général romain Scipion, dit « l'Africain », remporte un succès décisif sur Hannibal. Par cette victoire, Rome conforte son hégémonie en Méditerranée occidentale.

Expansion et assimilation de l'Empire

L'expansion romaine se poursuit : en 168, la Macédoine est conquise ; le royaume de Pergame, en Asie Mineure, devient la province d'Asie en 129 ; le sud de la Gaule est conquis en 118 et devient la Narbonnaise ; en 51, Jules César s'empare de l'ensemble de la Gaule après son succès sur Vercingétorix ; enfin, en 30, l'Égypte est soumise par Octave, qui triomphe à Actium de son rival Marc-Antoine, allié à la reine Cléopâtre. À son retour, Octave reçoit du Sénat le titre d'*imperator*, attribué aux généraux victorieux, puis en 27 les titres inédits d'*Augustus* et de *Princeps senatus* (premier magistrat) à vie. Sous l'Empire, Rome entre dans un âge d'or et devient le centre du monde connu. Auguste bâtit un nouveau forum (place publique) et érige des monuments somptueux tels que le temple de Mars. Ses successeurs poursuivent son œuvre : en 80 de notre ère, sous Vespasien, le Colisée, plus grand amphithéâtre du monde, est achevé. En 113, Trajan bâtit un nouveau forum, orné d'une imposante colonne à la gloire de ses succès militaires. Pendant cette période, l'Europe centrale et les Balkans passent sous domination romaine. Sous Tibère, les provinces de Commagène (Syrie) et de Cappadoce sont créées. Claude annexe la Bretagne (Angleterre) tandis que Trajan est crédité de la conquête de la Dacie, de l'Arabie et de l'occupation éphémère de la Mésopotamie, de l'Arménie et de l'Assyrie.

Le déclin et les invasions barbares

Le règne de Trajan (98-117) marque l'apogée de l'Empire romain ainsi que le début de son déclin. La cité du Latium exporte à travers l'empire son art de vivre et son architecture, fondements de son unité culturelle. Toutefois, à partir du règne de Marc Aurèle (161-180), les frontières danubiennes sont victimes des incursions des peuples d'Europe orientale. Au milieu du IVe siècle, les Huns, nomades des steppes d'Asie centrale, repoussent les Goths vers les limites de l'empire (limes). Ceux-ci se divisent alors en deux groupes ; tandis que les Ostrogoths fondent à travers les plaines hongroises et sont repoussés en Italie du Nord en 406, les Wisigoths obtiennent le droit de s'installer dans l'empire. Mais en 405, sous l'impulsion d'Alaric, ils prennent les armes et mettent Rome à sac en août 410. Les habitants, apeurés, quittent en masse la cité. Détrônée par Constantinople, Rome ne représente plus le cœur du monde latin. Cinquante ans plus tard, la conquête de l'Afrique du Nord par les Vandales, peuple de pilleurs, marque un ultime tournant. Affamée par la piraterie, Rome est de nouveau mise à sac en 455. En 476, le Germain Odoacre se fait proclamer roi d'Italie et transfère les insignes impériaux à Constantinople, signifiant ainsi la chute de l'Empire romain d'Occident.

L'HÉRITAGE LATIN EN EUROPE

L'Europe occidentale hérite des bienfaits de l'administration romaine. Bien après la chute de l'empire, les voies pavées sont préservées et demeurent les axes de communication principaux. Partout, des aqueducs conduisent l'eau vers les agglomérations, où ils alimentent les fontaines et les thermes. Les vestiges les plus remarquables se trouvent dans les environs de Nîmes (Pont du Gard, Maison carrée, arènes), d'Arles (arènes, théâtre), d'Orange (théâtre) et de Saint-Rémy-de-Provence (Glanum) ou encore à Vienne (Isère) (temple d'Auguste, théâtre).

Bilan

Cité légendaire de Romulus née en marge de la civilisation étrusque, Rome se distingue par un système politique abouti, la République, qui confère le pouvoir à un Sénat aristocratique. Le monde latin occupe bientôt les rives de la Méditerranée et progresse vers le cœur de l'Europe. L'Empire romain est proclamé en 27 avant J.-C. Mais, à partir du IVe siècle de notre ère, sous la pression des peuples germaniques, son unité se fissure, jusqu'à sa chute en 476. La culture latine demeure fermement ancrée ; elle est, de nos jours, un bien commun à toutes les nations européennes.

La constitution de l'Empire romain (IIIe siècle avant J.-C. – IIe siècle après J.-C.)

Rome, victorieuse de Carthage en 202 avant J.-C., entame une irrésistible expansion en Méditerranée occidentale, poussant sa présence jusqu'à la pointe sud-ouest de la péninsule ibérique. Au IIe siècle avant J.-C., la République romaine crée de nouvelles provinces : la Narbonnaise, la Tarraconaise et l'Afrique. En Méditerranée orientale, la Grèce, la Macédoine et l'Asie Mineure sont enlevées en dépit d'une âpre résistance. À l'image de César, victorieux des vaillants Gaulois, les empereurs du Ier siècle légitiment leur pouvoir par la conquête, repoussant sans cesse les marges de l'Empire. Dernier conquérant de l'histoire romaine, Trajan foule les sables d'Arabie et suit le cours du Tigre et de l'Euphrate sur les traces d'Alexandre le Grand.

L'Europe des Germains

Appelés Barbares par les Grecs et les Romains, les Germains sont un ensemble de tribus différentes. Celles-ci se sont installées en Europe au Ier siècle. Nomades et désorganisés, les Germains ont pourtant su résister à l'expansionnisme romain et conquérir de nombreux territoires, dont la France.

L'armement des guerriers germaniques se composait le plus souvent de la framée (courte lance) et de la francisque (hache à double tranchant).

Originaires d'Europe du Nord, les peuples germaniques, dont on retrouve des traces dès l'âge de bronze danois (1 800-500 avant J.-C.) se sont répandus, au fil des siècles, vers le sud, probablement chassés par le froid des contrées scandinaves. Vivant en tribus isolées et le plus souvent nomades, ils se sont fédérés au début de l'ère chrétienne pour répondre à la menace romaine. Parmi ces principaux peuples, on trouve au nord les Danois, les Goths et les Wisigoths, les Suédois, les Angles et les Saxons ; à l'est, les Francs et les Alamans englobant les Bataves, les Chérusques, les Ubiens ; l'Orient était le domaine des Vandales et des Burgondes. Vivant à la lisière de l'Empire romain, les Germains se sont trouvés brusquement menacés au Ve siècle par un peuple inconnu jusque-là : les Huns. C'est cet événement qui signera la fin de l'Empire romain. Les peuples germaniques ont en

Odin ou Wotan, le dieu des guerriers, accueille au Valhalla les morts sur le champ de bataille.

effet cherché à se mettre en sécurité sur le territoire des Romains, déclenchant ainsi les Grandes Invasions. L'Empire romain perd alors sa force et son autorité, ses ressortissants préférant souvent se soumettre aux nouveaux arrivés. Les Francs s'installent alors en France et en Belgique, les Vandales en Afrique du Nord, les Wisigoths en France et en Espagne, les Burgondes dans les Alpes, les Alamans en Suisse et en Alsace, les Danois, les Saxons et les Angles dans l'île de Bretagne, etc.

Vainqueurs et vaincus

Conquérants de l'Empire romain, les Germains seront à leur tour conquis par la culture romaine. Ils en adoptent la religion, le christianisme et la langue écrite, le latin. La culture germanique sombrera en grande partie dans l'oubli au Moyen Âge, sans disparaître totalement.

Ces populations nous sont surtout connues par les textes romains et notamment ceux de l'historien Tacite (Ier siècle) qui les décrit ainsi : « *Des yeux bleus et farouches ; des cheveux roux ; des corps d'une haute stature et vigoureux pour un premier effort, mais peu capables de travail et de fatigues, et, par un double effet du sol et du climat, résistant aussi mal à la soif et à la chaleur qu'ils supportent facilement le froid et la faim.* » Pourtant, les Germains connaissaient l'écriture et utilisaient un alphabet runique, mais la coutume imposait la transmission orale. C'est pourquoi peu de documents écrits par ces peuples eux-mêmes nous sont parvenus. Il faut attendre que les prêtres et les moines chrétiens d'origine germanique, qui utilisaient le latin en plus de leur langue maternelle, commencent à utiliser l'alphabet latin pour noter leur propre langue. Les langues germaniques parlées aujourd'hui sont l'anglais, l'allemand, le néerlandais et les langues scandinaves : suédois, danois et norvégien.

Une civilisation barbare

Loin de la stricte organisation grecque et romaine, les peuples germaniques ont un système de gouvernement plutôt souple et propre à chaque tribu, sans administration, et où la coutume a force de loi. Les rois, les chefs de guerre et les prêtres forment la classe sociale la plus élevée, les hommes libres composant l'essentiel des populations. Les esclaves n'ont d'autre position que celle de propriété de leur maître. Quant à la justice, elle se résume au *wergeld*, littéralement « prix de l'homme ». Il s'agit d'une réparation, le plus souvent en nature, demandée à une personne coupable d'un meurtre, ou d'un autre crime grave. Cette tradition exerçait un rôle important chez les Germains. Le montant du *wergeld* en cas de meurtre dépendait assez largement du rang social auquel appartenait la victime. Pour déterminer le montant du *wergeld*, la parentèle de la partie offensée et celle de la partie incriminée débattaient, encadrées par une

assemblée d'anciens. S'ils tombaient d'accord sur un montant, on considérait l'affaire comme réglée. Sinon, l'autre forme commune de réparation légale à cette époque était la revanche par le sang, appelée *faide*. Cette structure sociale, y compris le *wergeld*, persistera après les Grandes Invasions et la sédentarisation des peuples germaniques. Elles sont notamment à l'origine des royaumes médiévaux d'Europe et d'Afrique du Nord.
Avant leur installation sur les terres romaines, les familles vivaient assez éloignées les unes des autres dans des constructions de bois qui ont laissé peu de traces archéologiques. On sait toutefois qu'elles possédaient des caves protégeant les récoltes des pilleurs éventuels. Pasteurs et cultivateurs, chaque groupe vivait de ses récoltes, de céréales essentiellement, et de ses troupeaux, les échanges commerciaux étant peu répandus. Les disettes étaient donc fréquentes. Plus riches d'enseignement sont les sites funéraires. La crémation des morts était très fréquente : ils étaient brûlés sur des bûchers, leurs ossements calcinés déposés dans des urnes de terre cuite, ensevelies dans des cimetières parfois très vastes et utilisés pendant des générations. Des bijoux, des éléments de vêtements, des armes et d'autres accessoires étaient parfois insérés dans les urnes.
Les inhumations étaient aussi pratiquées. Des tombes garnies d'un riche mobilier funéraire – objets en or et argent, vaisselle importée des provinces romaines, verres de luxe – des objets en bois, tel des lits funéraires, des instruments de musique ou même des métiers à tisser ont ainsi été retrouvés.

Indispensable guerre

Peu portés sur le confort et les loisirs, les peuples germaniques ont développé un art de la guerre grâce auquel ils ont pu s'imposer en Europe occidentale. La guerre était même la seule activité des hommes, toutes les autres tâches étant laissées aux vieillards, aux femmes et aux esclaves. Selon César, les Germains considéraient comme de la paresse et de la lâcheté d'acquérir un bien par le travail s'ils pouvaient l'obtenir par le sang !
Les batailles constituaient donc la principale occupation de ce peuple, imposaient la participation de toute la famille, faisaient et défaisaient les chefs. Les épouses accompagnaient les hommes à la guerre, et les soutenaient de leurs cris et de leurs soins pendant le combat. Le chef de guerre rétribuait ses troupes en chevaux, armes et festins, et donnait l'exemple, jusqu'à la mort sur le champ de bataille. Peu équipés, les soldats, à pied ou à cheval, ne s'embarrassaient ni d'armure ni de casque. Ils allaient au combat, armés d'une framée (courte lance), d'un javelot qu'ils lançaient de très loin et parfois d'une longue pique.
Les Germains savaient aussi user de leur physique pour impressionner l'ennemi : généralement grands aux yeux bleus, ils coiffaient leurs cheveux en un chignon planté au sommet du crâne pour se grandir encore. Avant d'engager le combat, pour enflammer leur courage et effrayer l'ennemi, les guerriers entonnaient le *barritus*, cri de guerre au son rauque qu'ils amplifiaient avec leur bouclier placé devant la bouche en porte-voix. Tradition orale oblige, les hauts faits des héros étaient ensuite racontés en s'accompagnant d'une lyre.

La religion

Les Germains étaient polythéistes et leur panthéon comprenait de nombreux dieux. La religion nordique apparaît avant tout comme le culte des Ases. Ces divinités rappellent les dieux de l'Olympe grec mais avec une différence majeure : ils ne sont pas immortels. Ils représentent des puissances bienfaisantes en lutte permanente avec l'engeance maudite des Géants et qui succombent parfois pour renaître ensuite. Trois principaux dieux dominent ce panthéon : Odin ou Wotan, le plus puissant, dieu de la guerre, de la tempête, de la fécondité et de la sagesse. Donar ou Thor, dieu de la force, de la foudre et des saisons. Tyr, enfin, représente la justice. Les déesses sont aussi présentes, telle Frigg ou Freya, épouse d'Odin et déesse du mariage et de l'accouchement. Les dieux habitent Asgard, une montagne au centre de l'univers, protégée par les Valkyries et abritant le palais d'Odin, le Valhalla. C'est là qu'arrivent les âmes des guerriers morts au combat choisis par Odin.
Les Germains n'érigeaient pas de temples à leurs dieux, coutume due à leur origine nomade. Ils pratiquaient leurs cultes et apaisaient les forces de la nature par des sacrifices humains pratiqués dans des marais ou des bosquets. Ils sculptaient également dans du bois des idoles dont on a retrouvé des exemplaires.
La mythologie germanique se retrouve dans l'origine des noms allemands et anglais des jours de la semaine : ainsi le jeudi (jour de Jupiter pour les Romains), devient *Donnerstag* en allemand, et *Thursday* en anglais, c'est-à-dire le jour de Donar ou Thor. De même, vendredi (le jour de Vénus) devient *Freita* ou *Friday*, jour de Freya.
Le culte des Ases fut officiellement détruit lors de l'introduction du christianisme, en Angleterre et en Allemagne d'abord, puis en Scandinavie ; il se maintint en Islande jusqu'au milieu du XIe siècle, et c'est là que furent recueillis presque tous les documents qui ont servi à le reconstituer.
Outre les dieux, la terre recelait, pour les peuples germaniques, de multiples peuples et créatures, bienveillants ou hostiles. Les elfes, les géants, les nains et les trolls sont tous issus de ce folklore et trouvent encore leurs places dans les romans d'heroic fantasy. Les nains du conte des frères Grimm, *Blanche Neige*, sont inspirés des Nibelungen, nains légendaires qui possédaient de grandes richesses qu'ils tiraient de leurs mines.

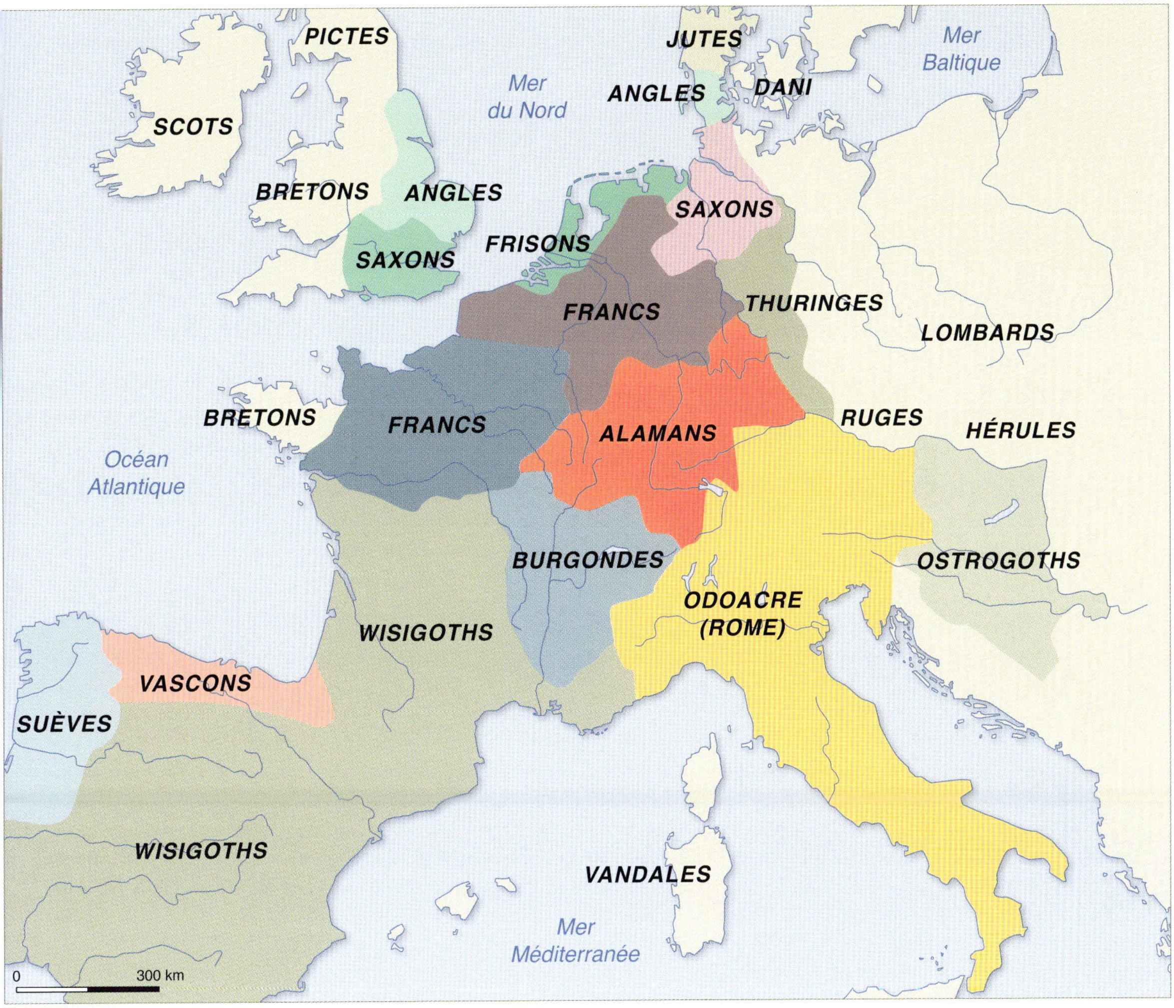

Les Germains
À partir du Ve siècle apr. J.-C., les peuples germains qui ont déferlé sur l'Europe se partagent les restes de l'Empire romain d'Occident et s'y taillent des royaumes.

Charlemagne et la restauration de l'empire d'Occident

Héritier d'une lignée de guerriers fondée par son grand-père Charles Martel, Charles devient roi des Francs en 768. Selon la coutume mérovingienne voulant qu'un souverain partage ses terres entre ses fils, il hérite d'une partie des possessions de son père Pépin le Bref, correspondant à un vaste croissant couvrant l'ouest et le nord du royaume, l'autre partie revenant à son frère Carloman. La mort de ce dernier en 771 donne à Charles – qu'on appellera après sa mort « *Carolus Magnus* » (« Charles le grand ») – un territoire immense, dont il va devenir le maître incontesté.

Charlemagne établit sa capitale à Aix-la-Chapelle. Il étoffe sa cour en s'attachant les services de personnages d'origines et de sensibilités diverses : Alcuin, un Anglais lettré agissant comme conseiller, Paul Diacre, transfuge de la cour lombarde, Théodulf, un Espagnol imprégné de culture mozarabe, et Éginhard, d'origine germaine. Il augmente progressivement le nombre de ses vassaux et met sur pied une véritable aristocratie guerrière liée à lui par un serment de fidélité. Ces hommes, nommés les « *missi dominici* », agissent en temps de paix comme des commissaires itinérants, portant les missives et les capitulaires (actes législatifs émanant de l'administration impériale) tout en veillant à la bonne marche des provinces. Dans les contrées nouvellement conquises, ils reçoivent la charge d'intégrer les pouvoirs traditionnels aux institutions centrales. Les diocèses catholiques constituent l'ossature du régime. Chaque réseau paroissial relaie les ordres du souverain et agit comme contre-pouvoir à l'autorité grandissante des seigneurs. Ces derniers possèdent pour leur part des attributions militaires, judiciaires et financières.

Souverain par la conquête

Charlemagne utilise la force pour unifier et pacifier son territoire. Ses nombreuses campagnes sont ainsi vouées à garantir la sécurité de ses frontières contre les raids des peuples nomades. À l'est, il soumet tour à tour les Avars, Slaves, Bulgares et Magyars. Il n'hésite pas à recourir à la plus extrême violence, comme en 778 lorsqu'il fait massacrer des centaines d'otages saxons. Au sud, l'influence grandissante du roi des Lombards, Didier, pousse Charlemagne à intervenir dans la péninsule italienne en 774. En Espagne, en revanche, son intervention se conclut par un désastre militaire retentissant : en août 778, l'arrière-garde de son armée est mise en déroute au col de Roncevaux par les Vascons. Charlemagne est élevé à la dignité impériale le 25 décembre 800 à Rome. Son couronnement par le pape Léon III alimente l'hostilité de l'Empire byzantin, qui ne voit

LA CHANSON DE ROLAND

Le 15 août 778, l'arrière-garde de l'armée franque, de retour du siège de Pampelune, est attaquée et décimée au col de Roncevaux, en Navarre actuelle. L'embuscade tendue par les Vascons (Basques) entraîne la mort de hauts dignitaires carolingiens. Roland, neveu de Charlemagne, fait partie des victimes. Si l'événement n'est que discrètement évoqué dans les chroniques de l'époque, l'épopée de Roland est célébrée à partir du XIe siècle dans une chanson de geste, œuvre majeure de la littérature médiévale.

Détail de la toile *Charlemagne traversant les Alpes*, par Eugène Roger, 1838, collections du château de Versailles.

en lui qu'un usurpateur. Mais l'arrêt de la progression de l'armée carolingienne en Italie ouvre la voie de l'apaisement. À sa mort, en 814, Charlemagne laisse à ses fils un empire doté d'un État centralisé au sein duquel cohabitent une multitude de peuples. Jamais depuis l'âge d'or de l'Empire romain, un souverain n'a régné sur un ensemble territorial aussi vaste, bordant la civilisation arabo-iranienne, des peuplades païennes nordiques et des steppes d'Europe centrale et orientale.

La renaissance carolingienne

Avec la naissance de l'Empire carolingien s'ouvre une période de renaissance culturelle et politique. L'Occident chrétien sort de la pénombre de la chute de l'Empire romain et des invasions barbares. On assiste à un renouveau des arts décoratifs et des arts somptuaires. Beaucoup des fresques, mosaïques et ornements en stuc ont disparu aujourd'hui ; seuls ont survécu quelques ivoires de la crucifixion du Christ et de rares œuvres d'orfèvrerie et enluminures préservées dans les églises. Homme d'une remarquable intelligence, mais n'ayant jamais appris à écrire, Charlemagne s'efforce jusqu'à la fin de sa vie de se cultiver, apprenant notamment le latin et le grec à un niveau poussé. Faisant preuve d'une grande piété, il initie un travail colossal autour des écritures saintes et entreprend de rendre la Bible plus claire et accessible. Des scribes et des enlumineurs venus de toute l'Europe développent sous son égide un style épuré, dit écritures « carolines ». L'art carolingien, synthèse des plus grandes écoles artistiques de l'époque, emprunte ainsi autant à l'Antiquité par les représentations tridimensionnelles et techniques illusionnistes, qu'à la culture graphique irlandaise, caractérisée par des enluminures grandioses en lettres dorées. Le

Détail du sarcophage de Charlemagne représentant l'empereur carolingien, l'archevêque Turpin (à gauche) et le pape Léon III, 1165-1215, cathédrale d'Aix-la-Chapelle (Allemagne).

résultat le plus admirable de ce spectaculaire renouvellement des codes esthétiques est le recueil d'Évangiles d'Ebbon, l'évêque de Reims.

Charlemagne, inventeur de l'école ?

La IIIe République (1871-1939) a proclamé Charlemagne inventeur de l'école gratuite obligatoire. Il convient toutefois de nuancer la portée de son œuvre éducative, dont les avancées sont avant tout dédiées à la formation des fonctionnaires impériaux. L'« école du Palais » ou « école palatine » d'Aix-la-Chapelle accueille les fils de l'aristocratie qui apprennent les métiers de scribes, chantres, notaires et copistes avec comme précepteurs les plus grands érudits de l'époque. Toutefois, par son « *admonitio generalis* » (« avertissement général ») en 789, l'empereur incite les ecclésiastiques et aristocrates à ouvrir des écoles accessibles à toutes les couches de la société franque. À sa mort, les écoles sont encore peu nombreuses et le clergé, affairé à assurer la défense de ses possessions, rechigne à s'impliquer dans l'éducation du bas peuple. L'embellie culturelle, aussi spectaculaire qu'éphémère, précède le lent déclin de la dynastie carolingienne. Pendant le IXe siècle, l'empire se fissure sous les coups des envahisseurs normands, hongrois et arabes. Les péripéties politiques de l'empire, disloqué entre les fils de Charlemagne, provoquent l'éclatement des centres artistiques, qui se reforment dans l'Ouest de l'espace franc sous la protection de mécènes laïcs et religieux, désormais seuls garants de l'ordre civil.

L'HÉRITAGE EUROPÉEN CAROLINGIEN

Charlemagne, père fondateur de l'Europe et premier unificateur des peuples d'Occident ? Cette vision récente, exaltée par Victor Hugo au XIXe siècle, correspond davantage à un idéal romantique qu'à une réalité. Toutefois, l'Empire carolingien, véritable pont entre l'Antiquité et le Moyen Âge, se trouve bien à l'origine d'une convergence culturelle, politique et religieuse inédite entre peuples latins et germaniques.

Bilan

Charles le Grand, connu des contemporains sous le nom de Charlemagne, est le digne héritier de ses prédécesseurs, son grand-père Charles Martel et son père Pépin le Bref, dont le charisme exceptionnel a permis à la lignée carolingienne de s'installer durablement sur le trône franc. Sous son impulsion, le royaume franc acquiert le statut d'empire, réunissant en son sein des peuples latins, celtes et germaniques. Souverain éclairé, il met en place un système éducatif efficace et favorise la renaissance des arts, ressuscitant l'éclat de l'Empire romain d'Occident.

Territoires et échanges dans le monde franc (IXᵉ siècle)

Souverain le plus admiré du Haut Moyen Âge, Charlemagne a marqué de son empreinte l'histoire de l'Europe. Par la conquête et la mise en ordre administrative, il réalise une improbable alliance entre les peuples de l'ancien monde romain (Gaulois, Celtes, Germaniques et Slaves) et bâtit entre 768 et 814 une extraordinaire puissance continentale. Pour affermir son pouvoir, il favorise un renouveau religieux et intensifie les échanges commerciaux avec le reste du monde connu. Le partage de son domaine entre ses héritiers au cours du IXᵉ siècle donne à l'Europe les bases de ses frontières actuelles : la Francie deviendra la France et la Germanie deviendra l'Allemagne, tandis que l'Italie, la Bourgogne et la Provence évolueront indépendamment.

L'Europe chrétienne

À la fin du IXe siècle, le phénomène de féodalisation du clergé a isolé le Saint-Siège de sa base. Les abbés et évêques sont devenus des seigneurs intégrés dans de complexes réseaux vassaliques, oubliant leur mission fondamentale : guider le peuple sur la voie du salut en assurant le prêche et l'instruction publique. L'Église romaine plonge dans la plus grave crise de son histoire. À partir du XIe siècle, elle connaît de profonds bouleversements qui vont lui permettre de pérenniser sa domination spirituelle sur le continent européen.

En 1049, le pape Léon IX engage l'Église dans une série de réformes, plus tard baptisée « réforme grégorienne » – du nom du pape Grégoire VII, l'un des artisans de la réforme. En repoussant fermement l'influence des puissants laïcs sur les nominations, la papauté garantit l'indépendance du clergé. Les empereurs germaniques, qui se considèrent comme les représentants de Dieu sur terre, entrent en conflit avec le pape sur ce point. C'est la « querelle des Investitures », qui culmine lors de l'affaire de Canossa en 1077, lorsque l'empereur Henri IV est contraint de faire publiquement pénitence pour obtenir la levée de son excommunication. Le célibat est imposé aux prêtres comme aux diacres de tous ordres et le mariage chrétien énoncé comme la seule union concevable entre laïcs. En 1089, Urbain II organise son pouvoir autour d'une structure centralisée, la curie pontificale, fixée dans la cité de Rome. À partir d'Innocent III (1198-1216), l'Église est considérée par tous comme une monarchie élective, universelle et absolue, vue comme la cité de Dieu sur terre.

Une rupture larvée entre Orient et Occident

Dès le IXe siècle, Rome, comprenant que l'Empire byzantin n'est plus capable de garantir l'intégrité de ses possessions en Italie, se tourne vers le monde franc. Le couronnement par le pape de Charlemagne en 800 cristallise la rancœur de l'empereur de Byzance, jaloux de son statut d'unique empereur chrétien. Les querelles dès lors se multiplient sur des sujets divers : place des images, des reliques ou encore de l'Esprit-Saint dans la liturgie. Chacune de ces querelles est étouffée, mais les destins des deux parties se dissocient inexorablement. Les relations se dégradent avec la mise à sac de Constantinople par les croisés en 1204. À partir de cette date, le monde chrétien est divisé par un schisme larvé ; l'évêque de Constantinople devient patriarche d'une Église dite « orthodoxe », affranchie de l'autorité du pape romain. Ce n'est qu'au XVIe siècle, lors des débats sur la question protestante, qu'est pour la première fois mentionné le « schisme grec ». Les anathèmes échangés par les légats du pape et le patriarche byzantin ne seront officiellement levés qu'en 1960 par le patriarche Athénagoras Ier et le pape Paul VI. Leurs successeurs respectifs s'efforceront de poursuivre le dialogue œcuménique, proscrivant l'adjectif « schismatique » du vocabulaire ecclésiastique.

La papauté à Avignon

En 1295, le roi de France Philippe le Bel (1285-1314) décide de lever un impôt exceptionnel sur les biens du clergé, la « décime », pour les besoins de la guerre en Flandre. Le pape Boniface VIII, dont les revenus originaires de France sont considérables, réplique en affirmant que tout prélèvement de cet ordre est soumis à l'approbation du Saint-Siège. Au début de l'année 1303, le roi français entend affirmer la supériorité du pouvoir temporel sur le pouvoir spirituel. Il convoque à Lyon un concile œcuménique dont le but est de juger les « crimes » de Boniface VIII et ne recule que devant les bonnes grâces du nouveau pape, Clément V. Le procès des Templiers en 1307 constitue un nouveau bras de fer. Philippe le Bel fait pression sur l'Église pour

Clément VI (1291-1352), quatrième pape d'Avignon, par Pierre Roger de Beaufort, collection Bertarelli (Milan).

qu'elle reconnaisse la validité des aveux, arrachés sous la torture, des dignitaires de l'ordre, et se joigne à la répression. Au concile de Vienne en 1311, Clément V prononce la dissolution de l'ordre du Temple, sans toutefois satisfaire la vindicte royale. Mais le prestige de l'institution pontificale est entamé. En 1314, fuyant la lutte entre les deux factions romaines des Guelfes et Gibelins, le pape fixe momentanément sa cour à Avignon. Son successeur, le Français Jean XXII, décide quant à lui de s'installer au palais d'Avignon. L'abandon de Rome marque une rupture dangereuse dans la continuité apostolique, jusqu'au retour des papes en Italie en 1378.

L'Inquisition

Au début du XIIe siècle, les communautés vaudoise et cathare, qui prônent un retour à la pureté originelle de l'Église, prospèrent dans un contexte de malaise social. En 1213, le pape

L'ABBAYE DE CLUNY

En 909, le duc d'Aquitaine fonde l'abbaye bénédictine de Cluny, placée sous l'autorité du pape. Les moines y suivent une règle de vie singulière : au lieu de partager leur temps entre travail et prière, comme l'exige la règle de saint Benoît, ils occupent leurs journées à prier au cours d'offices splendides. Au XIe siècle, les édifices de l'ordre comptent parmi les plus majestueux de la chrétienté. Son influence spirituelle est favorisée par l'intense activité de son scriptorum et par les innombrables ouvrages théologiques et scientifiques qui y sont produits.

Innocent III émet le vœu de traquer l'hérésie par le biais d'enquêtes (*inquisitio* en latin), confiées à des commissions ecclésiastiques compétentes. Le but est alors de remettre les chrétiens « égarés » dans le droit chemin. L'Inquisition, créée en 1231 par Grégoire IX, est une procédure judiciaire méthodique et formaliste diligentée par des moines, pour la plupart des Dominicains et des Franciscains, nommés par le pape. Les condamnations capitales, tels l'emmurement et le bûcher, sont rares. À partir de 1480, l'Espagne est le théâtre d'un épisode de répression religieuse particulièrement violent. Les rois catholiques espagnols, désirant purger la péninsule de ses éléments « déviants » (protestants, juifs), favorisent la création d'un « Saint-Office », police politique à la solde de la monarchie. Les condamnations à mort, bien que minoritaires, font l'objet d'exécutions publiques spectaculaires, les « autodafés » (*auto da fé* en portugais, littéralement « actes de foi »). La justice de Dieu revêt une dimension égalitaire inédite : nobles, bourgeois, roturiers et ecclésiastiques comparaissent indifféremment. L'Inquisition espagnole sera définitivement abolie par la reine Marie-Christine en 1834.

Le Tribunal de l'Inquisition, présidé par saint Dominique de Guzman, assistant à un autodafé, par Pedro Berruguete, musée du Prado de Madrid (Espagne).

LA PAIX DE DIEU

À la fin du Xe siècle, les « guerres privées » entre les puissants seigneurs féodaux se multiplient. À partir de 1016, l'ordre clunisien prend en main la diffusion de la « paix de Dieu » avec l'appui du pape, menaçant les fautifs d'excommunication. En 1021, le concile de Verdun-sur-le-Doubs débouche sur la signature de la « paix bourguignonne », dont les termes incitent à limiter les pillages, préserver les édifices religieux, prémunir les paysans contre les spoliations, garantir la sécurité des marchands et des voies de communication.

Bilan

Plongée dans la crise par le clientélisme, l'Église catholique se redresse de manière spectaculaire à partir du XIe siècle grâce à la réforme grégorienne, ensemble de mesures encadrant le culte, les institutions et le clergé. L'Inquisition, justice ecclésiastique, découle de ce désir de purification des mœurs. Au même moment, la mise à sac de Constantinople éloigne durablement les communautés occidentale et orientale, qui se scindent en deux entités distinctes. Au XIVe siècle, l'installation de la papauté à Avignon crée une nouvelle division au sein de l'Église d'Occident.

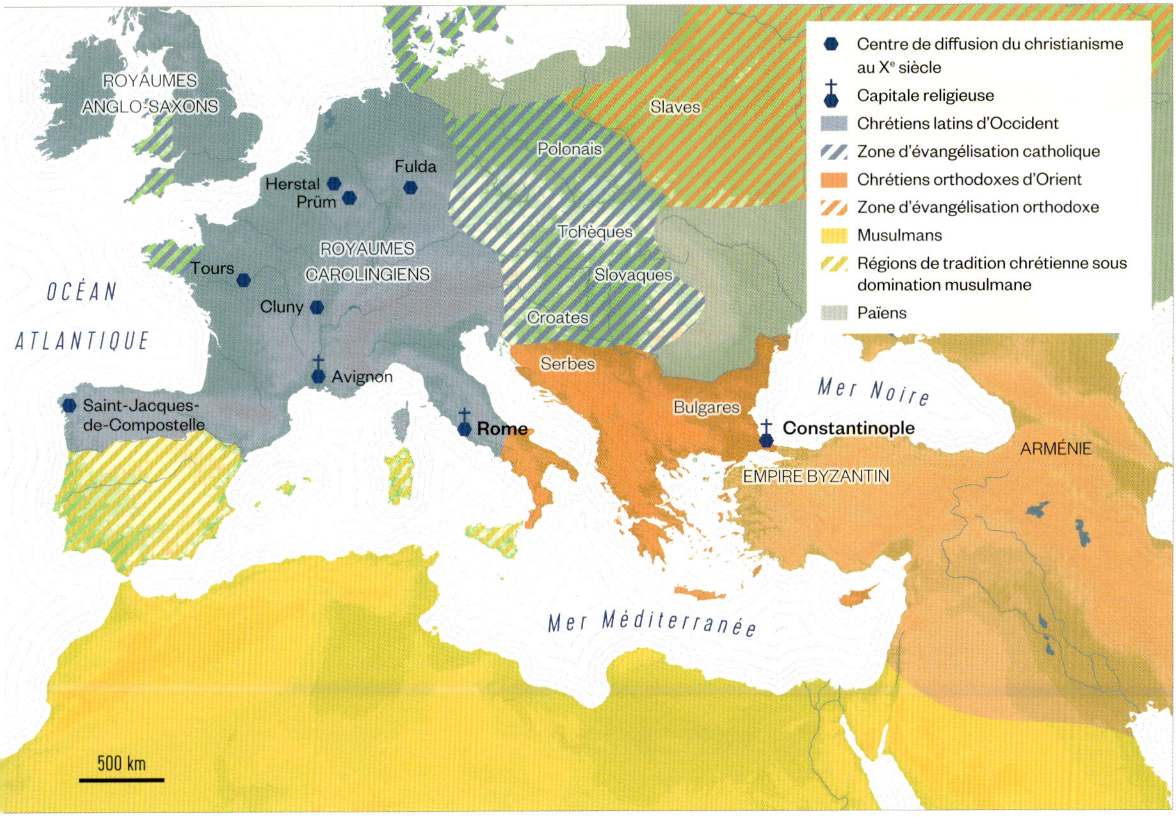

Le monde chrétien au début du XIe siècle

Religion principale de l'Empire romain depuis le IVe siècle, la chrétienté poursuit son expansion au Moyen Âge. À partir du IXe siècle, la rupture entre Occidentaux et Orientaux la scinde en deux factions : les catholiques, obéissant à l'autorité du pape romain et les orthodoxes, fidèles au patriarche de Constantinople. À partir du Xe siècle, les territoires païens situés au-delà du Danube deviennent des zones d'expansion : Polonais, Tchèques, Slovaques et Croates sont évangélisés par les catholiques ; les peuples slaves par les orthodoxes. L'Espagne arabe, peuplée majoritairement de chrétiens, devient un point de friction avec le monde musulman, à l'instar des îles de Méditerranée occidentale : les Baléares, la Sardaigne, la Sicile et Malte.

La Reconquista

Au début du VIIIe siècle, les Arabes musulmans, qui ont conquis le Maghreb, profitent des divisions au sein des clans wisigoths pour intervenir en Espagne. En 711, le calife omeyyade al-Walid, encouragé par la réussite d'un premier raid sur les côtes espagnoles en 710, ordonne la conquête de la péninsule Ibérique. En quelques décennies, les Arabes y exercent une domination sans partage, dépassant la barrière des Pyrénées pour s'infiltrer dans l'espace franc. Cette présence musulmane aux portes du monde chrétien est intolérable pour la papauté. À partir du XIe siècle commence un mouvement de reconquête, soutenu par les grands monarques chrétiens.

Les Arabes débarquent au printemps 711 dans la baie de Gibraltar (« djabal al-Tariq », littéralement « montagne de Tariq »). Le roi wisigoth Rodéric, alerté, ne tarde pas à venir à leur rencontre avec toute son armée. Le 19 juillet sur le rio Barbate, les envahisseurs remportent une victoire décisive, facilitée par la défection d'une partie de l'armée wisigothe. En Andalousie, les juifs et paysans pauvres se rallient aux envahisseurs. Cordoue et Tolède sont investies sans difficultés ; Séville et Mérida tombent peu de temps après. Pendant l'été 711, Rodéric est battu par Musa ibn Nusayr près de Cadix. À partir de ce jour, la dynastie wisigothe disparaît et la conquête s'accélère. Saragosse, au nord-est, cède en 714 et, dans les années qui suivent, les armées arabes dépassent les Pyrénées et implantent des communautés dans le Languedoc et le Roussillon. L'Aquitaine, région riche et fertile, subit des razzias répétées. En 732, Charles Martel, qui entend mettre un terme à ces incursions, mène son armée à Poitiers, où il inflige une cinglante défaite à l'armée d'Abd al-Rahman. Les Arabes se replient alors sur leurs établissements du Languedoc et du Roussillon.

Islamisation et tolérance religieuse

Dans cette nouvelle Espagne, nommée al-Andalus, la population rurale s'accommode du nouvel ordre civil ; les conquérants se montrent tolérants envers les juifs et chrétiens, en ne cherchant pas à imposer leur foi tout en favorisant le développement de l'islam. Ils édifient des ensembles monumentaux, joyaux de l'architecture médiévale méditerranéenne : la grande mosquée de Cordoue, l'Alhambra de Grenade ou encore l'Alcazar de Séville. Au Xe siècle, Cordoue est l'une des cités les plus prospères et les plus peuplées d'Occident, avec entre 250 000 et 500 000 habitants. À la même époque, Aix-la-Chapelle, ancienne capitale de l'Empire franc, n'en compte que 10 000. Parallèlement, les communautés chrétiennes conservent leur liberté ainsi que leur gouvernement, en la personne de leur évêque métropolitain, installé à Tolède. Les opposants chrétiens se concentrent dans les poches de résistance des Asturies et des Pyrénées occidentales et obtiennent leurs premiers succès. Peu enclins à épuiser leurs forces militaires dans ces régions inaccessibles et préférant administrer leurs conquêtes, les musulmans délaissent les réduits chrétiens ; autant de points de départ de la Reconquête.

LE ROYAUME WISIGOTH

L'État des Wisigoths, peuple germanique implanté en Espagne lors de la chute de l'Empire romain d'Occident au Ve siècle, a connu une existence éphémère, de 418 à 711. Son existence a cependant permis la préservation de la culture romaine et de son héritage chrétien, grâce notamment aux recueils savants d'Isidore de Séville. La culture wisigothe, premier élément de la conscience nationale des peuples de la péninsule Ibérique, se trouve à la base du mouvement de reconquête espagnole.

Le Cid combattant contre les Sarrasins au siège de Valence en 1086.

Au début du XIIIe siècle, la péninsule Ibérique est un territoire morcelé sur lequel cohabitent d'importantes communautés de chrétiens latins et arabes (les mozarabes), musulmans et juifs.

La Reconquista, une nouvelle croisade

Al-Andalus, province englobant toutes les terres espagnoles du califat almohade, est rapidement réduite au tiers inférieur de la péninsule sous la pression des royaumes chrétiens. Ceux-ci demeurent pourtant divisés : Catalogne, Aragon, Castille, Portugal et Léon, en conflit permanent, ne parviennent pas à trouver les termes d'une alliance militaire. La situation profite aux Almohades qui, en 1195, grâce à une offensive vigoureuse, menacent de renverser le rapport de force. L'archevêque de Tolède, Rodrigo Jimenez de Rada, homme lettré, historien

La cour des Lions, édifice d'art hispano-mauresque construit sous la dynastie nasride, Alhambra de Grenade (Espagne).

réputé, appelle à la croisade et entreprend une médiation entre les puissants. Une alliance est conclue en 1206 à Guadalajara (Castille) et, en juin 1212, une puissante armée espagnole, commandée par Alphonse VIII de Castille, Pierre II d'Aragon et Sanche VII de Navarre, quitte Tolède et prend la direction du sud. Elle est augmentée de quelques contingents étrangers venus de toute l'Europe – ceux-ci, ne comprenant pas la clémence des rois espagnols envers les prisonniers musulmans, quittent rapidement l'armée. Les chrétiens poursuivent à travers la sierra Morena, échappant à la surveillance des unités mobiles arabes en empruntant des sentiers isolés. Arrivés au hameau de Las Navas de tolosa, ils se retrouvent face aux forces du calife Muhammad an-Nâsir, venu expressément du Maroc.

LE PALAIS DE L'ALHAMBRA

Acropole médiévale la plus majestueuse du monde méditerranéen, située sur le plateau de la Sabika dominant la ville, l'Alhambra est un ensemble palatial témoignant de huit siècles de présence musulmane en Espagne. Elle se compose de quatre parties, incluses dans son enceinte fortifiée : l'Alcazaba (citadelle primitive) ; les Palais nasrides ; le Généralife (palais d'été des princes nasrides) et les jardins du Partal, et enfin, édifié après le retrait musulman, le palais de Charles Quint.

Bilan

Province romaine passée aux mains des Wisigoths en 418, la péninsule Ibérique subit au début du VIIIe siècle une nouvelle invasion venue du Maghreb. Les principautés musulmanes désignées par le terme d'« al-Andalus » sont des sociétés prospères qui réalisent une synthèse inattendue entre musulmans, chrétiens et juifs. À partir du Xe siècle, les royaumes chrétiens du Nord gagnent du terrain et engagent avec l'appui de la papauté un mouvement de reconquête (« *Reconquista* »), qui s'achève en 1492 avec la chute de Grenade.

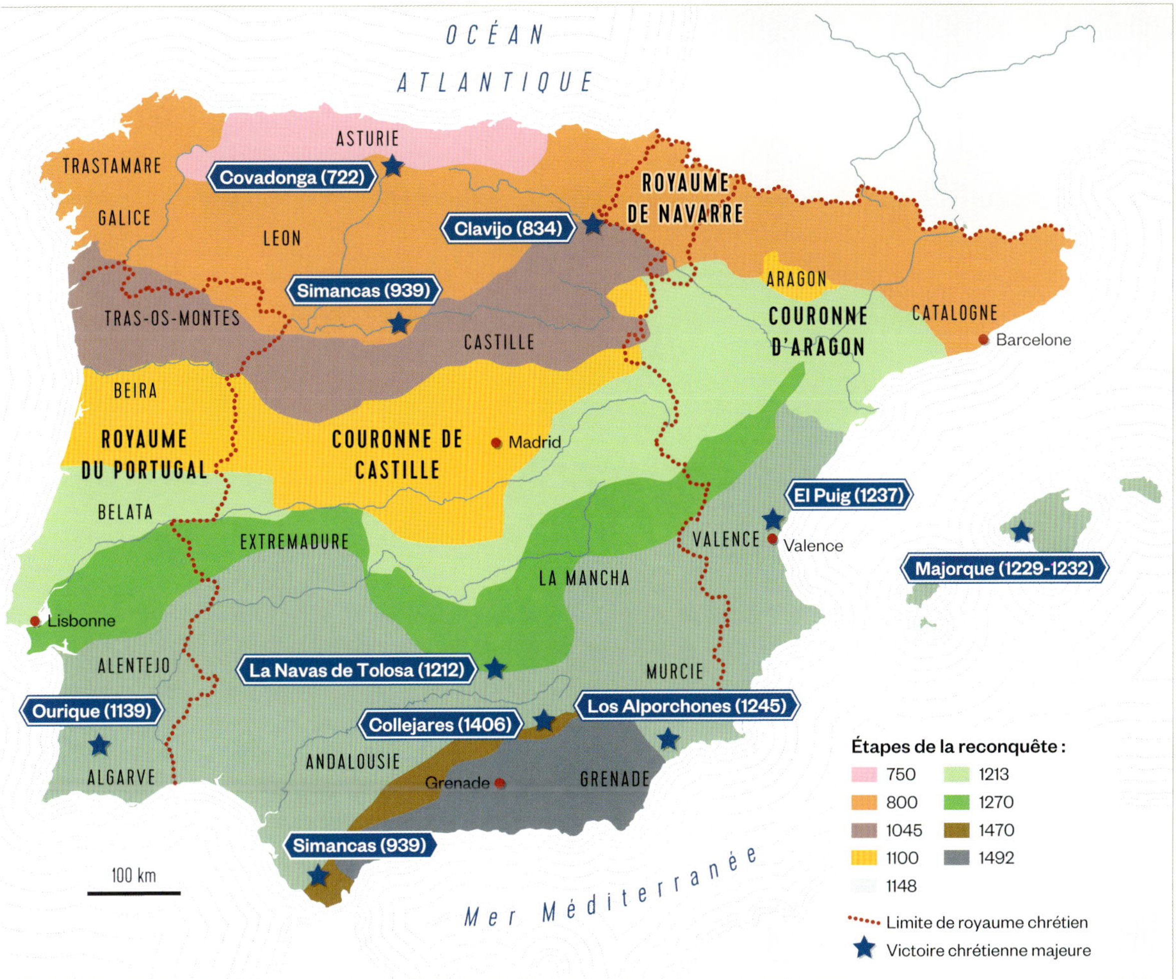

La reconquête chrétienne de l'Espagne (722-1492)

Envahie par les troupes arabo-berbères à partir de 711, l'Espagne tombe sous domination musulmane et devient en 755 l'émirat de Cordoue. La reconquête débute dans la province des Asturies, grâce à l'appui militaire et logistique des puissances chrétiennes, notamment de la France frontalière. Le reflux arabe permet la création de royaumes militarisés : la Navarre, la Castille et l'Aragon, qui au XVIe siècle s'uniront sous la bannière de la couronne d'Espagne, ainsi que le Portugal, qui demeurera un État indépendant. En 1212, grâce à la victoire de Las Navas de Tolosa, les Musulmans se replient sur l'émirat de Grenade. Ce dernier bastion ne tombe qu'en 1492 grâce à l'action conjointe des « rois catholiques », marquant la fin de la Reconquista.

La Réforme religieuse

Les hérésies du XIIIe siècle, fondées sur des croyances eschatologiques (prédication de la fin des temps), ont porté les premiers coups à l'autorité de l'Église. À la fin du Moyen Âge, le schisme occidental brouille le message religieux et les excès des membres du clergé incitent à la désobéissance. Des pensées réformatrices apparaissent dans les universités européennes. Celles de l'Anglais John Wyclif, du Hongrois Jan Hus et du Saxon Martin Luther sont les plus remarquables. Mêlant philosophie et théologie, elles répondent à l'anticléricalisme ambiant et trouvent un écho immédiat auprès des croyants.

John Wyclif étudie puis enseigne la philosophie et la théologie à l'université d'Oxford à partir de 1358. Ses premiers écrits, parus en 1375, développent une pensée frondeuse à l'encontre de la hiérarchie ecclésiastique, dont il réclame la confiscation des richesses afin de lui rendre sa pureté. Il y affirme l'absolue liberté de Dieu, la prédestination des âmes et rejette la réalité de la transsubstantiation (transformation du pain et du vin). Il voit en l'Écriture sainte et la parole du Christ les seuls fondements de la foi. Ainsi, il juge nécessaire de traduire la Bible, alors exclusivement en latin, en langue « vulgaire » pour qu'elle soit accessible à tous. Dans les années 1380, son mouvement, les « Lollards » (« ceux qui marmonnent »), attire de nombreux fidèles. Mais le durcissement de son conflit avec le roi nouvellement couronné Henri V en 1414 déclenche une procédure inquisitoriale qui aboutit à la dissolution de la communauté. La pensée de Wyclif marque néanmoins les esprits et pose les premiers jalons de l'émancipation de l'Église d'Angleterre au XVIe siècle.

Les racines de la Réforme protestante

Jan Hus, professeur à l'université de Prague et prêtre catholique, s'inscrit dans la lignée d'un courant réformateur très actif en Bohême depuis le milieu du XIVe siècle. S'il affirme qu'il faut lutter contre l'autorité d'une Église tombée dans l'erreur et le péché, il reste attaché à la validité spirituelle de l'épiscopat et du sacerdoce. Le soutien de l'aristocratie lui permet de dénigrer publiquement l'action du haut clergé et d'afficher sa tolérance envers les hérétiques. Mais appelé à s'expliquer lors du concile œcuménique convoqué à Constance par l'empereur germanique Sigismond sur pression du pape en 1415, il refuse de se soumettre et périt sur le bûcher. La mort de Jan Hus déclenche un soulèvement contre les autorités en Bohême. En 1419, les hussites diffusent un programme en quatre points : libre prédication des Écritures saintes, utraquisme (extension de l'Eucharistie par le vin aux laïcs), sécularisation des biens du clergé et réforme morale. Grâce à l'appui de la noblesse, ils parviennent à

LES ORIGINES DE L'ANTISÉMITISME

L'enracinement de la chrétienté en Europe s'accompagne d'une montée de l'hostilité envers la communauté juive : membres du clergé et théologiens font endosser à celle-ci la culpabilité de la mort de Jésus-Christ. Luther lui-même montre à la fin de sa vie des positions équivoques ; en 1543, il publie *Des Juifs et de leurs mensonges*, contribuant à l'existence d'un sentiment antisémite en Allemagne. En Espagne, les juifs séfarades, accusés de collusion avec les musulmans, sont expulsés en 1492 par les rois catholiques et se dispersent dans le bassin méditerranéen.

déjouer les cinq croisades lancées contre eux entre 1420 et 1433. La plupart des hussites de Bohême rejoignent au XVIe siècle le mouvement luthérien, créé en 1517 par le moine saxon Martin Luther, à l'origine de la Réforme protestante.

Le luthéranisme

Né à Eisleben, en Saxe, en 1483, Martin Luther est ordonné prêtre en 1507. Il est envoyé en mission à Rome en 1510 et y découvre une Curie romaine rongée par la corruption et accaparée par le commerce des indulgences, infâme marchandage entretenu par l'Église – en échange de dons importants, les puissants obtiennent la rémission de leurs péchés. À la suite de ce voyage, il énonce à Wittenberg ses 95 thèses replaçant la Bible et le sacrifice du Christ au cœur du dogme et accordant une importance primordiale à la liberté de conscience. Pour ses positions anticléricales, il est excommunié par le pape Léon X le 3 janvier 1521, puis est convoqué par l'empereur du Saint-Empire, Charles Quint, devant la diète de Worms (assemblée des États germaniques). Face aux accusations, le théologien s'obstine et refuse de rentrer dans le rang. Il est mis au ban des lois de l'empire, mais bénéficiant d'un soutien populaire considérable, il obtient la protection de l'électeur Frédéric III de Saxe. Dans les années qui suivent, sa doctrine, baptisée « luthéranisme », fait de nombreux émules en Suisse, aux Pays-Bas et en France. En 1523, il entame une traduction de la Bible en allemand, dans le but de favoriser la proximité du peuple, incapable de lire le latin, avec les Saintes Écritures. En 1544, le royaume de Suède est le premier État à instaurer le luthéranisme comme religion d'État.

Le protestantisme en France

Au XVIe siècle, le relâchement des mœurs du clergé catholique encourage l'émergence d'idées réformatrices. En France, elles sont portées par le théologien Jean Calvin, émule de Martin Luther. La « Réforme » reçoit le soutien de personnalités de premier plan, dont Marguerite d'Angoulême, sœur du futur roi François Ier. En 1560, la France compte deux millions de protestants, soit 10 % de la population, en majorité dans les provinces du Béarn et de l'Armagnac. Le 1er mars 1562, le massacre de civils protestants à Wassy plonge le royaume dans la guerre civile. À Paris, dans la nuit du 23 au 24 août 1572, jour de la Saint-Barthélemy, les protestants de la ville sont impitoyablement massacrés. L'onde de choc se propage à toutes les villes de France, où des scènes similaires se déroulent pendant plusieurs semaines. Le bilan de cette période charnière de l'histoire de France est terrifiant : le nombre de victimes avoisine les 15000 dans tout le royaume. À Rome, le pape Grégoire XIII se réjouit publiquement tandis que les principautés allemandes et les cantons suisses manifestent leur consternation. Décapité, le parti protestant de France reprend les armes ; les guerres de Religion ne s'achèvent que le 30 avril 1598, avec la signature à Nantes de l'édit de tolérance par le roi Henri IV.

Portrait de Jean Calvin, par Ary Scheffer, 1858, musée de la Vie romantique (Paris).

L'INVENTION DE L'IMPRIMERIE

Les premiers procédés d'impression de motifs sur tissu ont été relevés en Chine au IIe siècle avant J.-C. La gravure sur bois, puis l'impression manuelle se perfectionnent en Extrême-Orient et dans le monde musulman jusqu'au XIIIe siècle. À partir de 1450, l'Allemand Johannes Gutenberg révolutionne l'impression en combinant une presse mécanique avec des caractères mobiles métalliques. En 1452, il imprime son premier ouvrage, la Bible. L'invention de l'imprimerie permet une plus large diffusion des écrits théologiques, autrefois réservés aux seuls aristocrates.

Scène du massacre de la Saint-Barthélémy, 25 août 1572, par Alexandre-Evariste Fragonard, musée du Louvre (Paris).

Bilan

Confrontée à une grave crise morale au XIIIe siècle, l'Église catholique vacille face aux multiples courants doctrinaires qui sapent son autorité en dénonçant ses errements. L'Angleterre est le premier foyer de contestation, par la voix de John Wyclif et ses « lollards », qui sont réprimés à la fin du XIVe siècle. Quelques décennies plus tard, en Bohême, Jan Hus paye de sa vie son vœu de tolérance envers les hérétiques. Enfin, le protestantisme, initié par Luther puis repris par Calvin, déclenche la guerre civile la plus violente de l'histoire de France.

L'Europe des religions à la fin du XVIe siècle

Au cours du XVIe siècle, la réforme du culte catholique se popularise en Europe. Elle a pour origine plusieurs places fortes : l'Angleterre, patrie des Lollards de John Wyclif ; la Bohême, foyer du mouvement hussite ; Wittenberg, où Martin Luther énonce ses 95 thèses en 1517 ; et, enfin, Genève, terre d'asile du théologien français Jean Calvin. La réforme progresse sans heurts en Europe centrale et en Scandinavie. En France, par sa progression spectaculaire dans le sud-ouest du pays et son adoption par les hauts dignitaires de la cour de Navarre, elle crée une fracture au sein de la noblesse. Le massacre de Wassy en 1562 et la nuit de la Saint-Barthélemy, du 23 au 24 août 1572, plongent le pays dans les « guerres de religions » jusqu'en 1598.

Le modèle constitutionnel anglais

Au début du XIIIe siècle, le royaume d'Angleterre est en proie à des désordres civils récurrents. Mise en difficulté sur le continent par l'action hardie du roi de France Philippe Auguste, la monarchie britannique est contestée en son sein par les grands seigneurs féodaux, qui réclament un droit de regard sur les affaires de l'État. Cette ambition perdure jusqu'au XVIIIe siècle, âge des révolutions anglaises, et débouche sur un modèle constitutionnel qui devient progressivement un modèle pour les monarchies de l'époque moderne.

En 1215, les barons anglais, excédés par les exigences militaires et financières de Jean sans Terre, entrent en rébellion et poussent le roi à signer un texte limitant ses propres pouvoirs. Dix ans plus tard, son successeur Henri III promulgue une version plus courte de 37 articles. La « *Magna Carta* » (« Grande Charte ») garantit le droit à la liberté individuelle en établissant le principe juridique d'« *habeas corpus* », qui empêche notamment l'emprisonnement sans procédure judiciaire. Les droits féodaux sont consolidés et les libertés des communautés urbaines contre l'arbitraire royal sont garanties. Le « Grand Conseil du royaume », composé de grands barons et des représentants des milieux bourgeois de Londres, est le seul habilité à fixer l'assiette et le montant de l'impôt. Définitivement adopté en 1267, le texte pose les fondements de la légalité constitutionnelle anglo-saxonne. La *Magna Carta*, premier document à limiter légalement le pouvoir d'un roi anglais, est renouvelée aux XVIIe et XVIIIe siècles par les dynasties régnantes des Tudors puis des Stuart. Son esprit influencera plus tard les constitutions modernes.

La première révolution anglaise

Au début du XVIIIe siècle, l'accession des Stuart au trône d'Angleterre scelle l'union avec l'Écosse. Jacques Ier, premier souverain de la nouvelle dynastie régnante, scandalise les barons par la légèreté de ses mœurs et sa volonté de renforcer l'autorité royale. Son fils et successeur, Charles Ier, manifeste peu d'aptitudes dans l'exercice du pouvoir et ne se montre guère plus libéral que son prédécesseur. L'omniprésence dans l'entourage du gouvernement de son épouse, Henriette Marie, sœur du roi de France Louis XIII et fervente catholique, détonne dans un pays où la religion anglicane domine. Pour faire taire les critiques, il retire avec autorité la souveraineté du Parlement en matière de fiscalité et impose une conception absolutiste du pouvoir royal. Peu à peu, le roi s'éloigne de ses sujets les plus éminents. En avril 1640, engagé dans une guerre contre l'Écosse, qui refuse l'assimilation religieuse, il se résout enfin à convoquer le Parlement pour obtenir des crédits. Mais les onze années de tyrannie ont alimenté les rancœurs. Les parlementaires se déchaînent contre le monarque et exigent

LES DROITS DE L'HOMME

Avant d'être consacrés par la déclaration d'indépendance américaine de 1776 et la Déclaration des droits de l'homme française de 1789, les droits individuels ont connu quelques avancées significatives : le code de loi du roi de Babylone Hammourabi au XVIIIe siècle avant J.-C., le décret sur la liberté religieuse du roi indien Asoka au IIIe siècle avant J.-C., le décret de Gratien définissant le droit d'asile au XIIe siècle et les « *Leyes nuevas* » de Charles Quint en faveur des Indiens du Nouveau Monde.

la réparation de leurs préjudices. L'arrestation le 4 janvier 1642 des chefs de l'opposition précipite le pays dans la guerre civile. Oliver Cromwell prend la tête des insurgés, surnommés les « *roundheads* » (« têtes rondes ») en raison de leurs cheveux courts.

Le roi décapité

À Naseby, le 14 juin 1645, l'armée royale est écrasée et Charles Ier est fait prisonnier. Après un procès expéditif, il est exécuté en public le 30 janvier 1649. La mort de Charles Ier laisse les mains libres à Cromwell, qui proclame le Commonwealth (République). Nommé « Lord protecteur d'Angleterre, d'Écosse et d'Irlande » en 1653, il se comporte en souverain absolu et mène une politique puritaine et austère. À sa mort, le général George Monck, gouverneur d'Écosse, marche sur Londres et rétablit la lignée des Stuart sur le trône anglais. Charles II, fils de Charles Ier, est couronné le 23 avril 1661 sans rencontrer la moindre opposition au Parlement. Mais bientôt, ses rêves de grandeur, sa sensibilité catholique, connue de tous, et son admiration pour son cousin Louis XIV de France inquiètent au plus haut point. Agité par la rumeur d'un assassinat du roi au profit de son frère le duc de York, un fervent catholique, le Parlement se divise en deux factions : les « *Tories* » (nom donné aux brigands irlandais) soutiennent York, et les « *Whigs* » (nom donné aux paysans puritains rebelles écossais) veulent exclure le duc de la succession royale. Souhaitant éviter une nouvelle guerre civile, le baron Ashley, comte de Shaftesbury, remet au goût du jour une vieille disposition juridique, l'*Habeas Corpus*.

La « Glorieuse Révolution »

L'*Habeas Corpus*, formule latine signifiant littéralement « que tu aies ton corps », garantit les individus contre toute arrestation et détention arbitraires. Il confirme les usages en vigueur depuis la *Magna Carta* imposée à Jean sans Terre en 1215. Mais cette fois, il s'agit d'un texte juridique très technique, qui définit en détail et sans équivoque les contours de la loi et représente une avancée fondamentale dans l'histoire de l'humanité, celle de la reconnaissance inconditionnelle des libertés individuelles. Charles II, pressé par les *Whigs*, qui agitent devant ses yeux le souvenir du châtiment de son père, accepte d'y apposer sa signature. Par cet acte, il abandonne à des juges civils le pouvoir de châtiment et la restriction des libertés individuelles dont les rois anglais du XVIIe siècle disposaient sur leurs sujets. La couronne perd ainsi une grande partie de son autorité au bénéfice du Parlement, qui détient les rênes du gouvernement. En 1688, une ultime fronde, bap-

Oliver Cromwell renvoyant du « Long Parlement » des députés de l'opposition royaliste en décembre 1648, BNF.

LA FRONDE CONTRE LE ROI DE FRANCE

Après la mort de Louis XIII en 1643, la monarchie française est affaiblie par la régence d'Anne d'Autriche et du très impopulaire cardinal Mazarin. Encouragés par la révolte des barons anglais, les grands seigneurs français, écartés du pouvoir depuis deux décennies, manifestent au Parlement leur opposition à la politique fiscale du royaume de France. L'arrestation du prince de Condé, chef de file de la contestation, en janvier 1650, déclenche un soulèvement baptisé « Fronde des princes ». Le couronnement du jeune Louis XIV met un terme aux débordements et fait de la France une monarchie absolue.

Charles Ier d'Angleterre, par Anton van Dyck, musée du Louvre (Paris).

tisée la « Glorieuse Révolution », chasse du trône le très catholique duc de York, devenu roi sous le nom de Jacques II. La couronne d'Angleterre, d'Irlande et d'Écosse revient à Marie II, qui s'engage à respecter les règles du droit. Ainsi, elle pérennise la monarchie parlementaire britannique, qui force l'admiration des grands philosophes du XVIIIe siècle, tels Montesquieu et Voltaire.

Bilan

L'Angleterre féodale du XIIIe siècle, dominée par de puissants seigneurs terriens, s'accommode peu d'un pouvoir central fort. La *Magna Carta*, prémunissant les sujets anglais contre l'arbitraire royal, constitue un premier compromis, renversé au XVIIe siècle par la maison Stuart, admiratrice de la monarchie absolue de Louis XIV de France. Une série de révolutions violentes aboutissent à la signature de l'*Habeas Corpus*, qui place le Parlement représentatif de la noblesse au centre de l'échiquier politique britannique.

La Grande-Bretagne pendant la première révolution anglaise (1642-1651)

Le bras de fer entre Charles Ier et le parlement dégénère en 1642 en un conflit armé. Le roi anglais, chassé de Londres, se réfugie dans les Midlands de l'Est, province qui lui est restée loyale à l'instar du Pays de Galles et des régions du nord de l'Angleterre. Les parlementaires insurgés, menés par Oliver Cromwell et soutenus par la population, prennent l'ascendant sur les troupes royales. Défait à Edgehill en 1642, à Marston Moor en 1644 et à Naseby en 1645, Charles Ier se réfugie en Écosse d'où il tente en 1647 une nouvelle invasion de l'Angleterre, sans succès. Livré par le parlement écossais à ses ennemis, il est jugé, puis condamné à la décapitation en 1649. Son exécution marque le triomphe des insurgés, qui instaurent la république.

La Révolution française

La France des années 1780 se trouve dans une situation financière préoccupante, héritée en partie de sa participation à la guerre d'Indépendance américaine. Ce contexte est aggravé par l'obsolescence de son ordre social, reposant sur trois ordres aux droits et aux devoirs inégaux : la noblesse, le clergé et le tiers état. La Révolution de 1789, prenant exemple sur la monarchie parlementaire anglaise et sur la Constitution américaine, rédigée quelques années auparavant, découle avant tout d'un rejet des structures sociales de l'Ancien Régime et d'une volonté d'instaurer un État de droit.

Le royaume de France, forgé par Louis XIV, repose sur l'absolutisme, système de gouvernement dans lequel tous les pouvoirs sont concentrés entre les mains du roi, qui détient son pouvoir de Dieu. La société française de la fin du XVIIIe siècle est sclérosée par des conflits permanents entre la bourgeoisie d'affaires, riche, mais dépourvue de pouvoir politique, et la noblesse, influente et jouissant de nombreux privilèges ancestraux basés sur la possession de terres agricoles. Mais en 1788, les paysans, accablés par la désastreuse récolte de l'été, réclament l'abolition des droits seigneuriaux et menacent l'équilibre déjà précaire du modèle socio-économique français. Sur le plan intellectuel, l'influence sur les consciences de la philosophie de Diderot, Montesquieu, Voltaire, Rousseau, ainsi que la propagation des connaissances scientifiques dictent de nouveaux comportements. L'époque des « Lumières » est celle du triomphe de la raison sur la foi et la croyance, celle de la liberté individuelle et du contrat social.

Les états généraux et la Première République

Confronté à la banqueroute imminente de l'État, Louis XVI accepte de convoquer une assemblée des trois ordres du royaume, les « états généraux », à Versailles, le 1er mai 1789, auxquels le tiers état se présente avec des revendications inédites : l'égalité des droits et l'établissement d'une monarchie parlementaire. Le 20 juin, confrontés au refus du roi d'engager toute réforme de libéralisation du régime, 300 députés du tiers état, réunis dans la salle du Jeu de paume, se proclament « Assemblée nationale » et promettent de ne se séparer qu'après avoir donné une constitution à la France. L'écho de leur fronde résonne dans les rues de Paris où, le 14 juillet, des émeutiers enfoncent les portes de la prison de la Bastille et saccagent ce symbole de l'absolutisme. Redoutant un soulèvement général, Louis XVI accède aux demandes des députés. L'assemblée constituante, désormais dépositaire du pouvoir législatif, vote le 26 août 1789 la « Déclaration des droits de l'homme et du citoyen ». Conservant la prérogative de promulguer lois et décrets, le roi est contraint de s'installer au palais des Tuileries sous la surveillance des révolutionnaires. Mais sa tentative de

NAPOLÉON BONAPARTE

Fils de petite noblesse corse, Napoléon gravit tous les échelons de la hiérarchie militaire, tremplin vers sa formidable destinée. Politicien habile, remarquable meneur d'hommes et redoutable stratège, son portrait passe à la postérité et devient source d'inspiration pour des générations de militaires et hommes d'État.
Le bonapartisme, courant politique majeur de la première moitié du XIXe siècle, trouve son aboutissement dans l'accession au pouvoir de Napoléon III en 1852.

Denis Diderot (1713-1784), écrivain français, par Louis-Michel Van Loo, 1767.

fuite, stoppée à Varennes le 21 juin 1791, puis ses actes délibérés pour entraîner la France dans la guerre, aboutissent à un durcissement de ses conditions de captivité. Le 21 janvier 1793, il est condamné à mort et guillotiné.

La Terreur et la normalisation du régime

En avril 1793, la France est encerclée par les armées étrangères, entrées en guerre suite à l'exécution de Louis XVI. La faction montagnarde, majoritaire à l'Assemblée, appelle à la mobilisation générale et instaure un « Comité de salut public », organe exécutif de 9 membres, dominé par Maximilien Robespierre. L'événement est le point de départ d'une vague de répression sans précédent, la « Terreur », dirigée contre les « ennemis intérieurs de la Révolution » ; jusqu'en juillet 1794, les tribunaux révolutionnaires prononcent 35 000 exécutions. Les excès de Robespierre, surnommé le « tyran », précipitent sa chute. Destitué par l'Assemblée nationale, il est guillotiné le 28 juillet 1794. À sa mort, le pays subit de nouvelles purges : la « réaction thermidorienne » contre les montagnards, puis la « terreur blanche » orchestrée en province par les royalistes contre les jacobins. Une nouvelle constitution, votée le 17 août 1795, établit le Directoire. Échouant à réaliser une difficile synthèse entre les sensibilités jacobine et royaliste, ce régime se distingue par sa corruption et son impuissance à redresser la situation financière du pays. Le 18 brumaire (9 novembre 1799), Napoléon Bonaparte, général le plus populaire de l'armée française, réalise un coup d'État et instaure le Consulat.

LE CLIMAT, FACTEUR DES BOULEVERSEMENTS

Du début du XIVe siècle à la fin du XIXe siècle, l'Europe et l'Amérique du Nord connaissent un épisode de refroidissement climatique, surnommé le « Petit Âge glaciaire ». Le 8 juin 1783, le volcan islandais Laki entre en éruption jusqu'en février 1784, provoquant sécheresses et hivers rigoureux ; pendant l'été, des orages violents ravagent les cultures. En 1788, les paysans européens déplorent des récoltes en céréales catastrophiques, privant le peuple de ses moyens de subsistance.

Le Serment du Jeu de paume, le 20 juin 1789, par Jacques-Louis David, musée Carnavalet (Paris).

L'impact de la Révolution française

La Révolution française s'achève en 1799 avec l'instauration d'un régime fort incarné par un chef politique à l'autorité indiscutable. Napoléon Ier, sacré empereur des Français le 2 décembre 1804, établit un État policier ; la presse est muselée par la censure ; le corps législatif n'a que peu d'emprise sur les décisions politiques. Néanmoins, le Premier Empire établit une continuité avec les acquis révolutionnaires dans le domaine du droit (création du Code civil, du Code de commerce, des Prud'hommes) et de l'enseignement (création des universités, ouverture des lycées, maintien du Concordat). Ce modèle libéral, méprisé lors de la Restauration par Louis XVIII, Charles X, puis Louis-Philippe Ier, va peu à peu s'imposer sous la pression du peuple, au prix de deux révolutions, celle de 1830, puis celle de 1848. Dans le monde, la Révolution française suscite un enthousiasme chez les partisans de la démocratie en Europe. Des soulèvements sans lendemain ont lieu aux Pays-Bas autrichiens, en Rhénanie, en Savoie et en Hongrie. L'engouement perdure dans les États soumis à l'influence française entre 1789 et 1815, qui conservent des constitutions inspirées du modèle français. Les systèmes administratifs y sont rationalisés, le Code civil adopté, l'État est laïcisé… Enfin, les Français ont diffusé une idée novatrice pour l'époque : le droit des peuples à disposer d'eux-mêmes, à l'origine des principaux bouleversements du XIXe siècle.

Bilan

La Révolution française a détruit l'édifice d'une des plus vieilles maisons régnantes d'Europe, réputée inébranlable. Les différends entre une bourgeoisie laborieuse et une noblesse privilégiée éclatent lors des états généraux de 1789, dans un contexte de banqueroute des finances royales et de grogne sociale. Les gouvernements révolutionnaires successifs, assaillis par les vieilles monarchies d'Europe, parviennent à se maintenir pendant deux décennies. Au XIXe siècle, malgré la chute de l'Empire napoléonien, le principe du droit des peuples à disposer d'eux-mêmes se diffuse dans le monde.

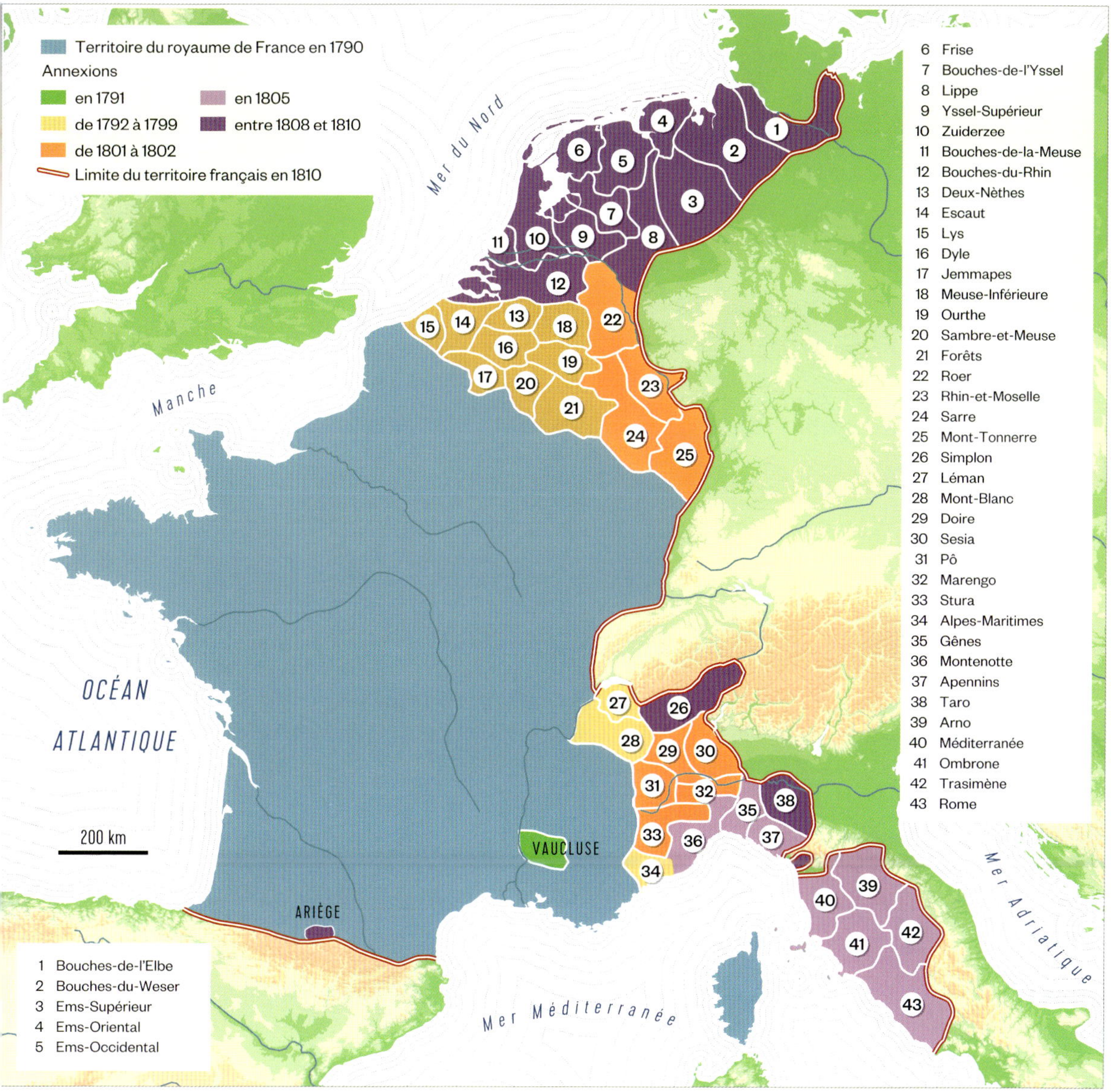

L'extension du territoire français pendant la Révolution (1789-1815)

En 1792, la monarchie parlementaire issue de la Révolution de 1789 procède à sa première annexion, celle du Comtat Venaissin, ancienne possession de l'Église qui devient le département du Vaucluse. À partir de 1792, le territoire français ne cesse de s'accroître par les armes. La Belgique, la Savoie et les Alpes-Maritimes sont prises à la Coalition. Par la suite, Napoléon Ier, maître de l'Europe, divise la Rhénanie, le Piémont, la Lombardie et la Toscane en départements français. Les Pays-Bas, érigés en un État satellite confié en 1806 à Louis Bonaparte, sont absorbés par la France en 1810. À cette date, le territoire métropolitain occupe sa superficie maximale, avant que la défaite de Napoléon en 1815 ne le ramène à ses frontières de 1789.

La révolution industrielle

Le XIXe siècle établit une rupture dans la progression des techniques, constante depuis la Renaissance. La « révolution industrielle » repose essentiellement sur l'invention de la machine à vapeur, qui favorise le passage de sociétés agraires et artisanales à des sociétés commerciales et industrielles. Touchant tout d'abord l'Angleterre, le nord de la France et la Suisse, elle s'étend vers le milieu du XIXe siècle à l'Allemagne et aux États-Unis. Sa diffusion induit des changements considérables dans les modes de vie, de consommation, et bouleverse l'équilibre économique planétaire.

En 1788, l'ingénieur écossais James Watt achève la conception de sa machine utilisant la vapeur à haute pression pour créer un mouvement mécanique. Cette découverte ouvre des perspectives économiques intéressantes dans les domaines de la machinerie industrielle et des transports terrestres. L'ère du rail débute en 1825, après de multiples essais infructueux, avec l'inauguration de la première ligne commerciale entre Stockton et Darlington, au Royaume-Uni. À la fin du siècle, les principales puissances industrielles mondiales disposent de réseaux ferroviaires consacrés au transport de marchandises et de passagers. En 1869, la première ligne transaméricaine, reliant la côte atlantique à la côte pacifique, est inaugurée. Le transport maritime profite également de cette technologie à partir des années 1830. Grâce au percement de canaux aux dimensions pharaoniques dans l'isthme de Suez en 1869, Corinthe en 1863, puis Panama en 1914, les navires commerciaux, rendus plus rapides grâce à la propulsion à vapeur, voient leurs rayons d'action considérablement accrus.

Le règne du fer et du charbon

L'Angleterre, foyer de la révolution industrielle, impose dès le début du XIXe siècle sa domination économique et technique sur le reste du monde. La concentration des moyens de production et des emplois autour des centres urbains modifie les structures sociales et les répartitions démographiques. Dès la fin du XVIIIe siècle, James Hargreaves et Richard Arkwright mettent au point les premières machines à tisser mécaniques, poussant les cadences de production à des niveaux inégalés. En quelques décennies, la production de biens de consommation passe de l'artisanat à l'industrie. Des procédés nouveaux apparaissent dans la métallurgie et accélèrent le travail des métaux : utilisation de coke au lieu du charbon de bois, puddlage (brassage) et laminage. Pour prouver son avance technologique, le Royaume-Uni organise en 1851 la première Exposition universelle au Hyde Park de Londres, où les visiteurs du monde entier sont accueillis avec émerveillement sous une imposante structure de métal et de verre, le *« Crystal Palace »*. Sur le continent, la France et la Belgique accroissent leur production de charbon, de même que l'Allemagne, qui se spécialise dans l'industrie chimique. Partout, l'émergence d'une classe ouvrière, travaillant dans des conditions difficiles, crée des déséquilibres sociaux à l'origine de la création des premiers syndicats (« *trade unions* » en Angleterre).

La transformation de l'agriculture

L'application de la machine à vapeur à l'agriculture propulse sur le devant de la scène un pays jusqu'alors négligé : les États-Unis. Ses vastes terres vierges, mises en valeur par des défrichements massifs, s'avèrent être de formidables terrains d'expérimentations. De nouvelles cultures plus productives, notamment de blé et de maïs, viennent remplacer celles du coton, du riz et du tabac, héritées de la colonisation. En 1831, l'industriel McCormick commercialise une moissonneuse mécanique. Cette machine révolutionnaire est rapidement complétée par un véritable arsenal : batteuses, faucheuses et

Louis Pasteur dans son laboratoire, par Albert Gustaf Edelfelt, 1885, musée d'Orsay.

semoirs sont produits en masse. L'élevage connaît également une envolée de sa production grâce à la généralisation des croisements entre les races bovines. Enfin, le développement des conserveries favorise une commercialisation longue des aliments, améliorant la rentabilité. En 1840, le pays devient la première puissance agricole du monde et exporte massivement ses produits. Au même moment, l'Europe délaisse à son tour son modèle traditionnel pour se tourner vers une agriculture moderne ; Français et Allemands se distinguent par l'usage d'engrais artificiels qui augmentent la productivité. Mais la mondialisation des cours des denrées expose les économies rurales à des crises d'un nouveau genre. Face à la montée de la concurrence internationale, les gouvernements ont recours à des mesures protectionnistes.

Des découvertes scientifiques majeures

Le XIXe siècle est celui des découvertes qui vont changer à jamais le quotidien de l'humanité ainsi que son rapport à la réalité : le télégraphe, le téléphone, la radio, la photographie et le cinématographe… Dans le domaine médical a lieu en 1886 la première vaccination contre la rage. L'essai, concluant, est réalisé par Louis Pasteur, pionnier de la microbiologie dont les recherches permettront la généralisation de la vaccination à d'autres maladies : la tuberculose en 1921, la diphtérie et le tétanos en 1924, la fièvre jaune en 1927, puis la poliomyélite en 1954. Autre invention majeure, la lampe à incandescence est mise au point en 1878 par Joseph Swan et Thomas Edison. Économique et facile d'utilisation, elle représente la première

LA PHOTOGRAPHIE

En 1826, l'ingénieur Joseph Nicéphore Niepce réalise le premier cliché photographique. Il s'associe ensuite avec Louis Daguerre pour le développement d'un appareil photographique. Mort en 1833, il n'assiste pas aux premiers essais du daguerréotype en 1837, qui permet l'obtention d'un cliché à l'aide d'une plaque d'argent exposée à la lumière. La photographie se substitue au dessin et à la gravure en offrant une description fidèle et incontestable du réel.

Locomative à vapeur d'une puissance de 40 chevaux, fabriquée par les sociétés Marshall, Sons & Co. Ltd et Britannia Iron Works, photographie de 1890. Collection privée.

application concrète de l'électricité, dont les propriétés et les modes de conduction sont connus depuis le début du XVIIIe siècle. Le raccordement de tous les foyers à la « fée électricité » va mobiliser les ressources des pays développés jusqu'au milieu du XXe siècle. Le développement de l'automobile est l'aboutissement de cette ère industrielle. Inventée en 1885 par l'Allemand Carl Benz, elle est pour la première fois produite en série en 1891 par les Français Panhard et Levassor, suivis en 1896 par l'Américain Henry Ford. L'aviation connaît également ses balbutiements avec l'envol des appareils du Français Clément Ader entre 1890 et 1897.

LES PREMIERS FORAGES PÉTROLIERS

Le 27 août 1859, l'Américain Edwin Drake achève un puits à pétrole, baptisé « derrick », près de Titusville en Pennsylvanie. Le gisement qu'il découvre provoque une véritable ruée vers l'or noir aux États-Unis. Le pétrole est utilisé à l'époque comme combustible d'éclairage et de chauffage. L'extension de son usage avec l'apparition du moteur à combustion à la fin du siècle amorce la deuxième phase de la révolution industrielle.

Bilan

Le miracle anglais, lié à l'emploi massif de la machine à vapeur, bouscule l'équilibre économique mondial. Il induit également de profondes mutations sociales : les campagnes se dépeuplent au profit de vastes agglomérations concentrant tous les moyens de production. L'agriculture connaît également un bond technologique sans précédent, dont profitent en premier lieu les États-Unis. Le XIXe siècle est également celui des grandes découvertes scientifiques, symbolisées par la « fée électricité », qui va progressivement s'introduire dans tous les foyers.

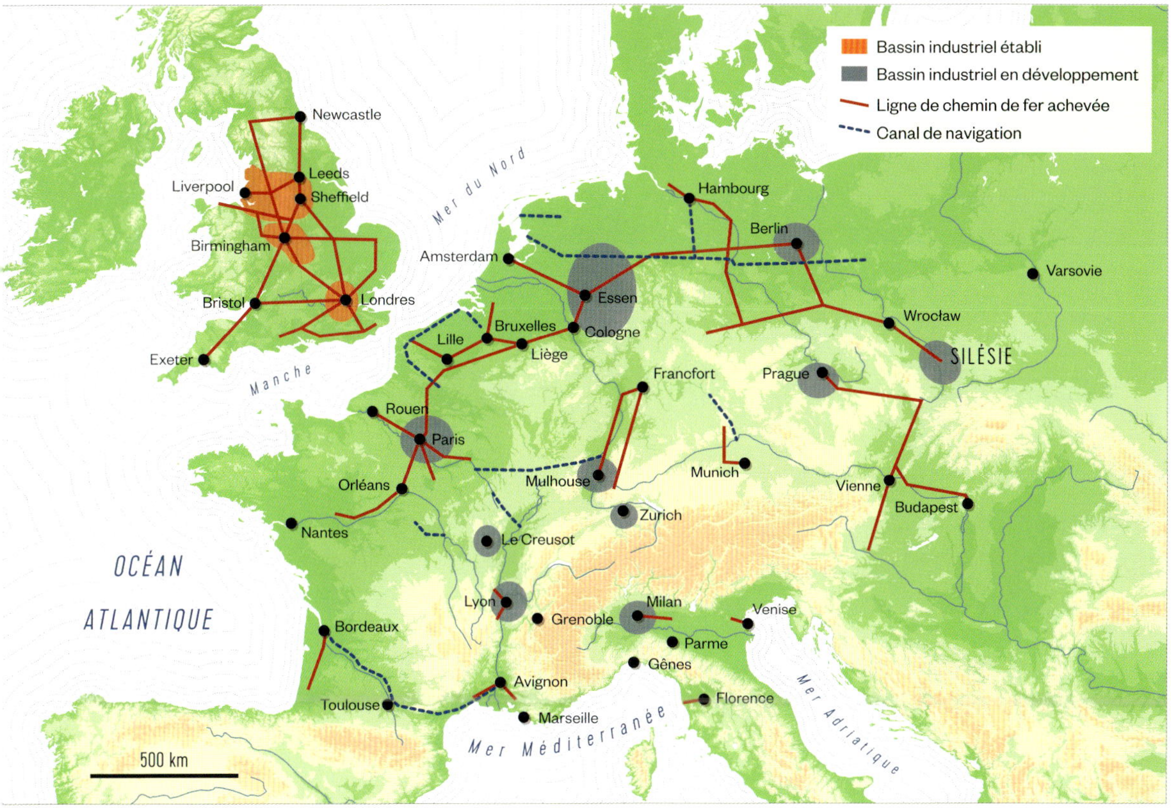

Les réseaux de transport européens en 1850

Au milieu du XIXe siècle, l'Angleterre possède une avance considérable sur le continent européen dans les domaines industriel et technologique. Entrée dans l'ère de l'industrialisation dès la fin du XVIIIe siècle, elle possède en 1850 un réseau ferroviaire commercial dense et éprouvé, reliant entre elles les régions productives de Londres, Birmingham, Liverpool, Sheffield, Bristol, Exeter et Newcastle. La France possède quatre régions manufacturières en cours d'industrialisation : Lyon, Le Creusot, Mulhouse et Paris. Cette dernière est reliée par chemin de fer à la Ruhr, cœur industriel de l'Allemagne. Les nations continentales jouissent cependant d'un réseau fluvial développé et de canaux aménagés pour assurer le transit de marchandises.

Une Europe fragilisée par les deux guerres mondiales

Au lendemain de la Seconde Guerre mondiale, le monde et surtout l'Europe, théâtre majeur des opérations, sont traumatisés, meurtris par les horreurs que l'homme a été capable de commettre. L'intensité de la guerre, sa durée (du 1er septembre 1939 au 2 septembre 1945), l'importance des pertes humaines, en font le conflit le plus tragique de l'histoire, dont le souvenir est encore très présent aujourd'hui. Le monde qui émerge de ce conflit est radicalement différent et répond désormais à de nouvelles règles édictées par les grands vainqueurs de la guerre, le bloc occidental et les membres du Pacte de Varsovie unis derrière l'Union des Républiques Socialistes Soviétiques.

La mainmise de l'Allemagne nazie sur l'Europe commence en 1933 avec l'annexion de l'Autriche au Reich (Anschluss). La Tchécoslovaquie est amputée 3 ans plus tard de la région des Sudètes où vit une importante communauté allemande. En mars 1939, le reste du pays est complètement occupé. Le 1er septembre 1939, la Pologne est à son tour envahie et, en vertu du Pacte germano-soviétique, occupée, à l'ouest par les Allemands, à l'est par les Soviétiques. Le 9 avril 1940, l'Allemagne envahit et occupe le Danemark et la Norvège. Un mois plus tard, après 8 mois d'une « drôle de guerre », la Wehrmacht passe à l'attaque. En 6 semaines, les Pays-Bas, la Belgique, le Luxembourg, puis la France sont occupés. Le 22 juin 1940, quand le gouvernement français demande l'armistice, toute l'Europe de l'Ouest est conquise, à l'exception de la Grande-Bretagne qui refuse toute paix de compromis. Au printemps suivant, venue en aide à son allié italien embourbé dans les Balkans, la Wehrmacht occupe la Grèce et la Yougoslavie. Enfin, le 22 juin 1941, les troupes allemandes pénètrent en Union soviétique et, en décembre, les avant-gardes de la Wehrmacht sont aux portes de Moscou. Le IIIe Reich est à son apogée.

Pour contrôler leur nouvel « empire », Hitler et les siens vont pouvoir s'appuyer à la fois sur leurs alliés et sur les régimes qu'ils ont contribué à mettre en place dans les territoires conquis. Le reste des territoires occupés est soumis à une administration allemande directe.

Alliés et satellites

Dans toute l'Europe, les nazis s'appuient sur des régimes alliés qui, mis à part l'Italie de Mussolini, jusqu'à sa chute en juillet 1943, ne sont en fait que des satellites aux ordres de Berlin. Attaquée par Staline fin 1939, la Finlande rejoint le camp allemand au début de l'invasion de l'URSS. Les Finlandais combattent contre l'Armée rouge, mais, en septembre 1944, menacés d'invasion, ils signent la paix et se retournent contre les nazis.

Réunion du Comité du Plan Marshall à Paris. David Bruce, William Averell Harriman et Charles Bohlen. Octobre 1949.

À l'Est, alors que la Pologne a cessé d'exister en tant qu'État, les Allemands bénéficient du soutien de la République slovaque, née de la scission de la Tchécoslovaquie en mars 1939, et dirigée par Monseigneur Tiso jusqu'en avril 1945. Dès le milieu des années 1930, l'Allemagne noue une alliance avec la dictature hongroise de l'amiral Horthy, renversée par les nazis en 1944. Dans les Balkans, la Roumanie est amputée de la Bessarabie par l'URSS à l'été 1940. En octobre, un coup d'État renverse le roi Carol II et le nouveau leader du pays, le maréchal Antonescu, instaure un régime fasciste. Il autorise la Wehrmacht à utiliser son territoire pour envahir la Yougoslavie, puis s'allie aux nazis pour récupérer les territoires perdus en 1940. En août 1944, Antonescu est arrêté et la Roumanie rejoint le camp allié. Dernier allié de l'Allemagne depuis 1941, la Bulgarie se contentera de grappiller quelques territoires sur la Grèce, la Roumanie et la Yougoslavie, et abandonnera la partie quand l'Armée rouge franchira ses frontières en septembre 1944.

DISCOURS DE CHURCHILL À FULTON, 5 MARS 1946

« De Stettin sur la Baltique à Trieste sur l'Adriatique, un rideau de fer s'est abattu sur le continent. Derrière cette ligne se trouvent toutes les capitales des anciens États d'Europe centrale et orientale. Varsovie, Berlin, Prague, Vienne, Budapest, Belgrade, Bucarest et Sofia ; toutes ces villes célèbres et leurs populations sont désormais dans ce que j'appellerais la sphère d'influence soviétique, et sont toutes soumises, sous une forme ou une autre, non seulement à l'influence soviétique mais aussi au contrôle très étendu et, dans certains cas, croissant de Moscou. »

La collaboration à l'Est et dans les Balkans

Quand l'armée allemande envahit l'URSS en juin 1941, elle pénètre rapidement en Ukraine et dans les pays baltes. Ces derniers avaient été annexés sans coup férir par Moscou en 1940. Quant à l'Ukraine, elle avait subi les horreurs du Stalinisme. Ainsi, les soldats allemands sont d'abord accueillis en libérateurs. Très vite, ils reçoivent l'aide des éléments nationalistes locaux les plus extrémistes qui fournissent des contingents d'exécuteurs de basses œuvres pour l'assassinat des populations juives.

Mais l'obsession de Hitler de ne voir dans les Slaves que des êtres inférieurs et les exactions commises par les Allemands finirent par retourner une grande partie de ces populations contre l'occupant. Dans les Balkans, l'Italie et l'Allemagne créent l'État indépendant de Croatie, dont on confie le trône au duc de Spolète. Mais la réalité du pouvoir est exercée par Ante Paveli´c (1889-1959), qui prendra la tête de l'État en 1943. Fondateur des oustachis, parti nationaliste fasciste, antisémite et hostile à une Yougoslavie multiethnique, Paveli´c instaure une dictature impitoyable. Il met en œuvre une politique raciale identique à celle des nazis. Ainsi, outre les crimes orchestrés contre les Serbes et les Bosniaques tombés sous son autorité, le régime mène sa propre politique d'élimination des populations juives et tziganes en créant, en août 1941, le camp de Jasenovac, qui devient, à l'image d'Auschwitz, un camp d'extermination où périront plus de 85 000 personnes.

L'Europe de l'Ouest

À l'Ouest, les années 1930 sont marquées par l'apparition d'une multitude de partis nationalistes. Partisans d'un régime autoritaire, admirateurs du national-socialisme ou imitateurs du fascisme, ces partis n'arriveront jamais, en dépit de certains succès électoraux, à prendre le pouvoir. L'occupation allemande change la donne et bon nombre de « führers » locaux sont propulsés sur le devant de la scène. En Norvège, après le départ du roi et du gouvernement en exil, Vidkun Quisling (1887-1945), fondateur du Nasjonal Samling (Parti d'union nationale), se proclame Premier ministre. Impopulaire, il est chassé dès le mois de mai 1940 avant de revenir au pouvoir en février 1942 et de collaborer activement avec l'occupant.

Au Pays-Bas, le NSB (Mouvement national-socialiste des Pays-Bas) est le seul parti autorisé par l'occupant. Son chef, Anton Mussert (1894-1946), ne réussira pourtant jamais à se nommer à la tête du pays.

En Belgique enfin, deux mouvements collaborationnistes « cohabitent ». En Flandre, le VNV (Bloc National Flamand) voit d'abord l'occupation comme l'opportunité de créer une Flandre indépendante, puis milite pour le rattachement de la Flandre au Reich.

En Wallonie, la collaboration est marquée par la figure dominante de Léon Degrelle (1906-1994). Journaliste, il est le fondateur du rexisme, parti fascisant qui obtient quelques succès électoraux dans les années 1930. Pendant la guerre, il collabore avec les nazis au point de rejoindre la Waffen-SS au sein de la Division Wallonie.

LE PLAN MARSHALL MIS EN PLACE EN 1947

C'est tout autant la crainte de voir une Europe ruinée par la guerre cesser de s'approvisionner auprès de leurs entreprises, que la perspective de voir le communisme progresser sur le Vieux continent, qui incite les autorités américaines à proposer un plan d'assistance économique aux pays européens afin de les aider à financer leur reconstruction. Ce plan d'envergure, auquel le nom du secrétaire d'État George Marshall reste attaché, est à l'origine de la restauration économique de l'Europe : entre 1948 et 1952, plus de 12 500 millions de dollars sont consacrés au financement de ce plan.

La collaboration en Europe

Le 17 juin 1940, le nouveau et dernier président du Conseil de la IIIe République, Philippe Pétain, annonce à la radio qu'il entend chercher à négocier avec l'ennemi et appelle les soldats français à cesser le combat – un discours sans précédent dans l'histoire et qui amplifie encore l'effondrement des armées françaises. Contrairement aux gouvernements de Pologne, de Belgique ou de Hollande, le gouvernement français fait le funeste choix de ne pas partir en exil, mais de rester en place et de traiter avec l'occupant. Il rejoint ainsi la triste liste des pays qui collaborent avec l'Allemagne, à commencer par de nombreuses dictatures d'Europe centrale, comme la Slovaquie (État fantoche créé par les Allemands après le démantèlement de la Tchécoslovaquie et l'instauration du « protectorat » en Bohême-Moravie), la Hongrie ou la Roumanie. En Norvège, théoriquement neutre mais envahie par les Nazis en 1940, les Allemands ont un allié de poids en la personne de Vidkun Quisling, leur collaborateur zélé. Il le paiera de sa vie en 1945 et son nom deviendra un synonyme de « traître » dans le monde anglophone et dans son pays.

La collaboration en Europe

Dans toute l'Europe occupée, les nazis sauront trouver des hommes et des partis prêts à collaborer avec eux pour instaurer « l'ordre nouveau » sur tout le continent. Pourtant, à de très rares exceptions, ces mouvements pro-allemands, voire parfois carrément pro-nazis, n'arriveront jamais à leurs fins, dans la mesure où ils n'obtiendront ni le soutien des populations locales ni celui des autorités d'occupation allemandes.
Dès lors, la plupart de ces groupuscules ne seront au mieux que des collaborateurs zélés de l'occupant ou des recruteurs pour la Waffen-SS, au pire les complices actifs de la répression des mouvements de résistance ou des crimes perpétrés par les nazis contre les populations juives.

La mainmise de l'Allemagne nazie sur l'Europe commence en 1933 avec l'annexion de l'Autriche au Reich (Anschluss). La Tchécoslovaquie est amputée 3 ans plus tard de la région des Sudètes où vit une importante communauté allemande. En mars 1939, le reste du pays est complètement occupé. Le 1er septembre 1939, la Pologne est à son tour envahie et, en vertu du Pacte germano-soviétique, occupée, à l'ouest par les Allemands, à l'est par les Soviétiques. Le 9 avril 1940, l'Allemagne envahit et occupe le Danemark et la Norvège. Un mois plus tard, après 8 mois d'une « drôle de guerre », la Wehrmacht passe à l'attaque. En 6 semaines, les Pays-Bas, la Belgique, le Luxembourg, puis la France sont occupés. Le 22 juin 1940, quand le gouvernement français demande l'armistice, toute l'Europe de l'Ouest est conquise, à l'exception de la Grande-Bretagne qui refuse toute paix de compromis. Au printemps suivant, venue en aide à son allié italien embourbé dans les Balkans, la Wehrmacht occupe la Grèce et la Yougoslavie. Enfin, le 22 juin 1941, les troupes allemandes pénètrent en Union soviétique et, en décembre, les avant-gardes de la Wehrmacht sont aux portes de Moscou. Le IIIe Reich est à son apogée.
Pour contrôler leur nouvel « empire », Hitler et les siens vont pouvoir s'appuyer à la fois sur leurs alliés et sur les régimes qu'ils ont contribué à mettre en place dans les territoires conquis. Le reste des territoires occupés est soumis à une administration allemande directe.

Alliés et satellites

Dans toute l'Europe, les nazis s'appuient sur des régimes alliés qui, mis à part l'Italie de Mussolini, jusqu'à sa chute en juillet 1943, ne sont en fait que des satellites aux ordres de Berlin. Attaquée par Staline fin 1939, la Finlande rejoint le camp allemand au début de l'invasion de l'URSS. Les Finlandais combattent contre l'Armée rouge, mais, en septembre 1944, menacés d'invasion, ils signent la paix et se retournent contre les nazis. À l'Est, alors que la Pologne a cessé d'exister en tant qu'État, les Allemands bénéficient du soutien de la République slovaque, née de la scission de la Tchécoslovaquie en mars 1939, et dirigée par Monseigneur Tiso jusqu'en avril 1945. Dès le milieu des années 1930, l'Allemagne noue une alliance avec la dictature hongroise de l'amiral Horthy, renversée par les nazis en 1944. Dans les Balkans, la Roumanie est amputée de la Bessarabie par l'URSS à l'été 1940. En octobre, un coup d'État renverse le roi Carol II et le nouveau leader du pays, le maréchal Antonescu, instaure un régime fasciste. Il

Guerre 1939-1945. Campagne de Russie. Soldats allemands dans la citadelle de Kiev (Ukraine).

autorise la Wehrmacht à utiliser son territoire pour envahir la Yougoslavie, puis s'allie aux nazis pour récupérer les territoires perdus en 1940. En août 1944, Antonescu est arrêté et la Roumanie rejoint le camp allié. Dernier allié de l'Allemagne depuis 1941, la Bulgarie se contentera de grappiller quelques territoires sur la Grèce, la Roumanie et la Yougoslavie, et abandonnera la partie quand l'Armée rouge franchira ses frontières en septembre 1944.

La collaboration à l'Est et dans les Balkans

Quand l'armée allemande envahit l'URSS en juin 1941, elle pénètre rapidement en Ukraine et dans les pays baltes. Ces derniers avaient été annexés sans coup férir par Moscou en 1940. Quant à l'Ukraine, elle avait subi les horreurs du Stalinisme. Ainsi, les soldats allemands sont d'abord accueillis en libérateurs. Très vite, ils reçoivent l'aide des éléments nationalistes locaux les plus extrémistes qui fournissent des contingents d'exécuteurs de basses œuvres pour l'assassinat des populations juives.

Mais l'obsession de Hitler de ne voir dans les Slaves que des êtres inférieurs et les exactions commises par les Allemands finirent par retourner une grande partie de ces populations contre l'occupant. Dans les Balkans, l'Italie et l'Allemagne créent l'État indépendant de Croatie, dont on confie le trône au duc de Spolète. Mais la réalité du pouvoir est exercée par Ante Pavelić (1889-1959), qui prendra la tête de l'État en 1943. Fondateur des *oustachis*, parti nationaliste fasciste, antisémite et hostile à une Yougoslavie multiethnique, Pavelić instaure une dictature impitoyable. Il met en œuvre une politique raciale identique à celle des nazis. Ainsi, outre les crimes orchestrés contre les Serbes et les Bosniaques tombés sous son autorité, le régime mène sa propre politique d'élimination des populations juives et tziganes en créant, en août 1941, le camp de Jasenovac, qui devient, à l'image d'Auschwitz, un camp d'extermination où périront plus de 85 000 personnes.

L'Europe de l'Ouest

À l'Ouest, les années 1930 sont marquées par l'apparition d'une multitude de partis nationalistes. Partisans d'un régime autoritaire, admirateurs du national-socialisme ou imitateurs du fascisme, ces partis n'arriveront jamais, en dépit de certains succès électoraux, à prendre le pouvoir. L'occupation allemande change la donne et bon nombre de « führers » locaux sont propulsés sur le devant de la scène. En Norvège, après le départ du roi et du gouvernement en exil, Vidkun Quisling (1887-1945), fondateur du *Nasjonal Samling* (Parti d'union nationale), se proclame Premier ministre. Impopulaire, il est chassé dès le mois de mai 1940 avant de revenir au pouvoir en février 1942 et de collaborer activement avec l'occupant. Au Pays-Bas, le NSB (Mouvement national-socialiste des Pays-Bas) est le seul parti autorisé par l'occupant. Son chef, Anton Mussert (1894-1946), ne réussira pourtant jamais à se nommer à la tête du pays.

LES PARTIS PRO-NAZIS ANGLO-SAXONS

En 1939, 3 millions de personnes d'origine allemande vivent aux États-Unis. C'est parmi eux que recrute la Ligue populaire germano-américaine, fondée par Fritz Julius Kuhn. En dépit de sa popularité, Kuhn est désavoué par les nazis eux-mêmes, puis arrêté en 1939 pour malversations financières.

En Grande-Bretagne, le British Union of Fascists d'Oswald Mosley connaît un succès populaire certain avant d'être interdit et ses dirigeants internés une partie de la guerre.

Léon Degrelle (1904-1994), fondateur du rexisme, collaborateur du régime nazi, entouré de dignitaires allemands (5 mars 1944).

En Belgique enfin, deux mouvements collaborationnistes « cohabitent ». En Flandre, le VNV (Bloc National Flamand) voit d'abord l'occupation comme l'opportunité de créer une Flandre indépendante, puis milite pour le rattachement de la Flandre au Reich.

En Wallonie, la collaboration est marquée par la figure dominante de Léon Degrelle (1906-1994). Journaliste, il est le fondateur du rexisme, parti fascisant qui obtient quelques succès électoraux dans les années 1930. Pendant la guerre, il collabore avec les nazis au point de rejoindre la Waffen-SS au sein de la Division Wallonie.

ANDREÏ VLASSOV (1900-1946)

En 1941, lors de l'invasion allemande, le général Vlassov défend Kiev et participe à la bataille de Moscou. Capturé en 1942, il rejoint les Allemands et fonde le Comité russe de libération et l'Armée russe de libération. Méfiant, Hitler ne lui confie le commandement que de deux divisions, qui ne combattront jamais l'Armée rouge.

Capturés par les Américains, Vlassov et son armée sont livrés à Staline. Reconnu coupable de haute trahison, le général est pendu le 1er août 1946.

Bilan

À la fin de la guerre, les collaborateurs nazis connaîtront des destins différents. Dans les pays de l'Est, ils seront pourchassés sans merci par les Soviétiques. Les plus chanceux seront déportés en Sibérie, mais la plupart seront exécutés dans les mois suivants la fin du conflit.

À l'Ouest, certains subiront le même sort. Quisling et Mussert sont fusillés en 1945 et 1946. Mais beaucoup passent entre les mailles du filet. Bénéficiant du soutien de réseaux d'évasion, on les retrouvera notamment, tels Degrelle ou Pavelić, en Espagne, où ils bénéficieront de l'accueil bienveillant du régime franquiste, ou encore en Amérique latine.

La collaboration en Europe

Le 17 juin 1940, le nouveau et dernier président du Conseil de la IIIe République, Philippe Pétain, annonce à la radio qu'il entend chercher à négocier avec l'ennemi et appelle les soldats français à cesser le combat – un discours sans précédent dans l'histoire et qui amplifie encore l'effondrement des armées françaises. Contrairement aux gouvernements de Pologne, de Belgique ou de Hollande, le gouvernement français fait le funeste choix de ne pas partir en exil, mais de rester en place et de traiter avec l'occupant. Il rejoint ainsi la triste liste des pays qui collaborent avec l'Allemagne, à commencer par de nombreuses dictatures d'Europe centrale, comme la Slovaquie (État fantoche créé par les Allemands après le démantèlement de la Tchécoslovaquie et l'instauration du « protectorat » en Bohême-Moravie), la Hongrie ou la Roumanie. En Norvège, théoriquement neutre mais envahie par les Nazis en 1940, les Allemands ont un allié de poids en la personne de Vidkun Quisling, leur collaborateur zélé. Il le paiera de sa vie en 1945 et son nom deviendra un synonyme de « traître » dans le monde anglophone et dans son pays.

L'assassinat des juifs d'Europe

Auschwitz, Treblinka, Sobibor, Shoah… Autant de noms qui résonnent comme le glas dans les ténèbres qui se sont abattues sur l'Europe tombée sous le joug nazi. Entre 1933 et 1945, pour la première fois dans l'histoire de l'humanité, un État va mobiliser toutes les ressources administratives et économiques dont il dispose dans la poursuite d'une politique barbare visant à exterminer un peuple tout entier. Au nom d'une obsessionnelle conception « racialiste » du monde, Hitler et les siens vont s'appliquer à détruire méthodiquement le peuple juif. Massacrés, fusillés, gazés, battus à mort : plus de 6 millions de juifs seront assassinés par les nazis et leurs séides. Leur seul crime : être nés.

Dès sa création, le parti nazi fait de l'antisémitisme la pierre angulaire de sa profession de foi. Dans le « *Programme des 25 points* » (février 1920), puis dans *Mein Kampf* (*Mon combat*), écrit en 1924-1925, Hitler pose les bases d'un véritable antisémitisme d'État. À côté de considérations raciales, Hitler développe un antisémitisme basé sur des analogies délirantes entre judaïsme, capitalisme et marxisme.

Dès l'accession des nazis au pouvoir, en janvier 1933, les 523 000 juifs allemands sont victimes de discrimination et de persécutions. Le tournant a lieu le 15 septembre 1935 avec la promulgation des « *Lois de Nuremberg* », un corpus de lois établissant l'identité juive, interdisant le mariage entre « aryens » et juifs et privant ces derniers de la citoyenneté allemande. Le but est alors de pousser les juifs à émigrer vers la Palestine, l'Europe ou les États-Unis… Un nouveau pas vers l'horreur est franchi fin 1938. Le 7 novembre, Herschel Grynszpan, jeune juif d'origine allemande tire sur le premier secrétaire de l'ambassade allemande à Paris, Ernst vom Rath. Dès le lendemain, par la voix de Goebbels, le régime, encourage les premiers pogroms. Le 9 novembre, le décès de Vom Rath donne lieu à un véritable déchaînement de violence. Synagogues incendiées, boutiques et habitations saccagées et pillées, cimetières profanés… la « Nuit de cristal » fait plus de 2 000 victimes et près de 20 000 juifs sont déportés en camp de concentration. Les juifs sont désormais des étrangers dans leur propre pays.

La Shoah par balles

Quand la Wehrmacht envahit la Pologne, le 1er septembre 1939, les troupes de combat sont suivies par des unités spéciales chargées de « nettoyer » leurs arrières. Baptisées *Einsatzgruppen* (« groupes d'intervention »), ces unités composées de policiers et de SS sont chargées d'éliminer les membres de l'intelligentsia polonaise et certains juifs. Par ailleurs, à partir d'octobre 1940, on crée plusieurs ghettos dans lesquels sont enfermés dans des conditions effroyables plusieurs centaines de milliers de juifs polonais. À la veille, de l'invasion de l'URSS, les SS et l'armée s'accordent pour organiser l'élimination des membres de l'intelligentsia soviétique ainsi qu'une partie de la population juive. En juin 1941, quatre Einsatzgruppen, relevant du RSHA, suivent l'armée et procèdent à des milliers d'exécutions sommaires. Devant l'avance rapide de l'armée, des zones entières sont provisoirement épargnées. On y regroupe les populations juives qui seront massacrées quand les SS auront reçu des renforts policiers et l'aide d'auxiliaires baltes et ukrainiens. Cette « Shoah par balle » aboutit à la mort de plus d'un million de personnes, avec la bénédiction de certains hauts-responsables de la Wehrmacht. Mais les exécutions ne vont pas assez vite au goût des nazis et la sauvagerie des massacres commence à « user » les bourreaux. Il faut trouver de nouveaux modes d'exécution, d'autant qu'à la fin de l'été, le Führer a donné l'ordre à Himmler de procéder à l'éradication totale des juifs d'Europe.

Juifs polonais attendant dans une rue de Varsovie avant d'être déportés (1944).

La Solution finale

Le 20 janvier 1942, à la conférence de Wannsee, les représentants des ministères se réunissent autour de Reinhard Heydrich. En 2 heures, on décide de mobiliser toutes les ressources nécessaires au traitement de la « question juive ». Seront créés en Pologne, 6 camps d'extermination, confiés aux SS : Sobibór, Chełmno, Belzec, Treblinka, Auschwitz-Birkenau et Majdanek. Les déportés, raflés dans toute l'Europe, sont acheminés vers les camps dans des convois de wagons à bestiaux. À l'arrivée, ceux qui ont survécu aux conditions de voyage inhumaines abandonnent leurs effets personnels. On sépare les hommes des femmes et des enfants. Dans les usines de mort de Treblinka, Sobibór, Belzec et Chelmno, les déportés sont envoyés vers des chambres à gaz, vastes pièces closes où l'on introduit du monoxyde de carbone ou du Zyklon B. Les corps sont ensuite incinérés dans des fours crématoires ou enterrés dans des fosses communes par les déportés des *Sonderkommandos*, ces quelques « privilégiés » qui survivent quelques mois pour faire fonctionner les camps. Auschwitz-Birkenau et Majdanek sont des camps « mixtes », à la fois centres d'extermination et camps de travail forcé. On effectue un tri parmi les déportés. Ceux jugés inaptes au travail sont gazés. Les autres s'entassent dans des baraquements et travaillent dans des usines situées à l'intérieur ou à proximité des camps. Soumis au sadisme de leurs gardiens, cobayes d'« expériences » scientifiques, les détenus mourront par centaines de milliers. Entre 1942 et 1945, près de 5 millions de juifs et 250000 Tziganes seront ainsi assassinés dans les camps de la mort.

L'Europe et la France

Les nazis appliquent leurs plans d'extermination à toute l'Europe. Partout, avec ou sans le concours des autorités locales, les communautés juives sont traquées et déportées. Les nazis font même pression sur leurs alliés italiens ou hongrois pour les obliger à participer à leur politique.
En France, les nazis s'appuient sur la Préfecture de police pour organiser, à partir de 1941, plusieurs rafles destinées à regrouper les juifs dans des camps d'internements à Pithiviers, à Beaune-la Rolande (Loiret) et à Drancy. Les premiers convois partent pour Auschwitz en mars 1942. À l'été, un accord passé entre le secré-

LE GHETTO DE VARSOVIE

Le 12 octobre 1940, les nazis créent le ghetto de Varsovie, un gigantesque camp de concentration de 4 km² où s'entassent bientôt près de 500 000 personnes. La vie y est insupportable ; famine et épidémies font des milliers de victimes. En juillet 1942, les nazis commencent à déporter ses « habitants » vers le camp d'extermination de Treblinka. Révolte du désespoir, le 18 janvier 1943, quelques centaines de juifs désarmés se révoltent et résistent aux assauts allemands jusqu'au 16 mai.

© Ullstein Bild / Roger-Viollet

Officiers SS sélectionnant des juifs hongrois à leur descente du train dans le camp de concentration d'Auschwitz-Birkenau en Pologne (été 1944).

taire général de la police de Vichy, René Bousquet, et son homologue allemand débouche sur l'arrestation de tous les juifs étrangers. Ainsi, les 16 et 17 juillet, la rafle du Vel' d'Hiv permet l'arrestation et l'internement de 13000 apatrides, bientôt rejoints à Drancy par les gens raflés en zone libre. Entre juillet et septembre 1942, 34 convois partent vers Auschwitz avec leurs sinistres cargaisons. Devant les réticences du gouvernement Laval à livrer les juifs français, les Allemands dénoncent l'accord de 1942. Aidés notamment par la Milice, ils pourchassent leurs proies sur l'ensemble du territoire et ce jusqu'après le débarquement en Normandie puisque le dernier convoi de déportés part le 15 août 1944. Au total, 77 convois emmènent vers la mort 76000 personnes, dont seules 2500 reviendront. En comptant les personnes exécutées et ou mortes dans les camps d'internement, près de 86000 juifs de France seront victimes de la barbarie.

L'AKTION T4

En 1939, au nom de la pureté de la race, le régime met en place le programme « Aktion T4 ». Il s'agit d'euthanasier les personnes souffrant de handicaps lourds, de tares génétiques, de maladies mentales… Sous la tutelle du gouvernement et des SS, des médecins établissent alors des listes de patients à exécuter. En 1941, l'indignation de la population et du clergé pousse l'État à mettre fin à l'Aktion T4. Pourtant, entre décembre 1939 à 1945, environ 250 000 patients, seront assassinés.

Bilan

Il n'y a pas de mot assez fort pour décrire l'horreur de la Shoah. Les images tournées par les Alliés à la libération des camps, les témoignages des rares survivants ne suffisent parfois pas à appréhender ce que fut le destin des juifs d'Europe.
Et face à la tragédie de l'Holocauste, il faut rendre hommage à ces milliers d'anonymes qui ont refusé de se soumettre à la barbarie nazie. Religieux, diplomates, mais surtout simples citoyens, ces hommes et ces femmes ont, au péril de leur vie, aidé de nombreux juifs à échapper à leurs bourreaux. « Justes parmi les nations », leurs noms sont gravés dans le marbre du mémorial de Yad Vashem à Jérusalem.

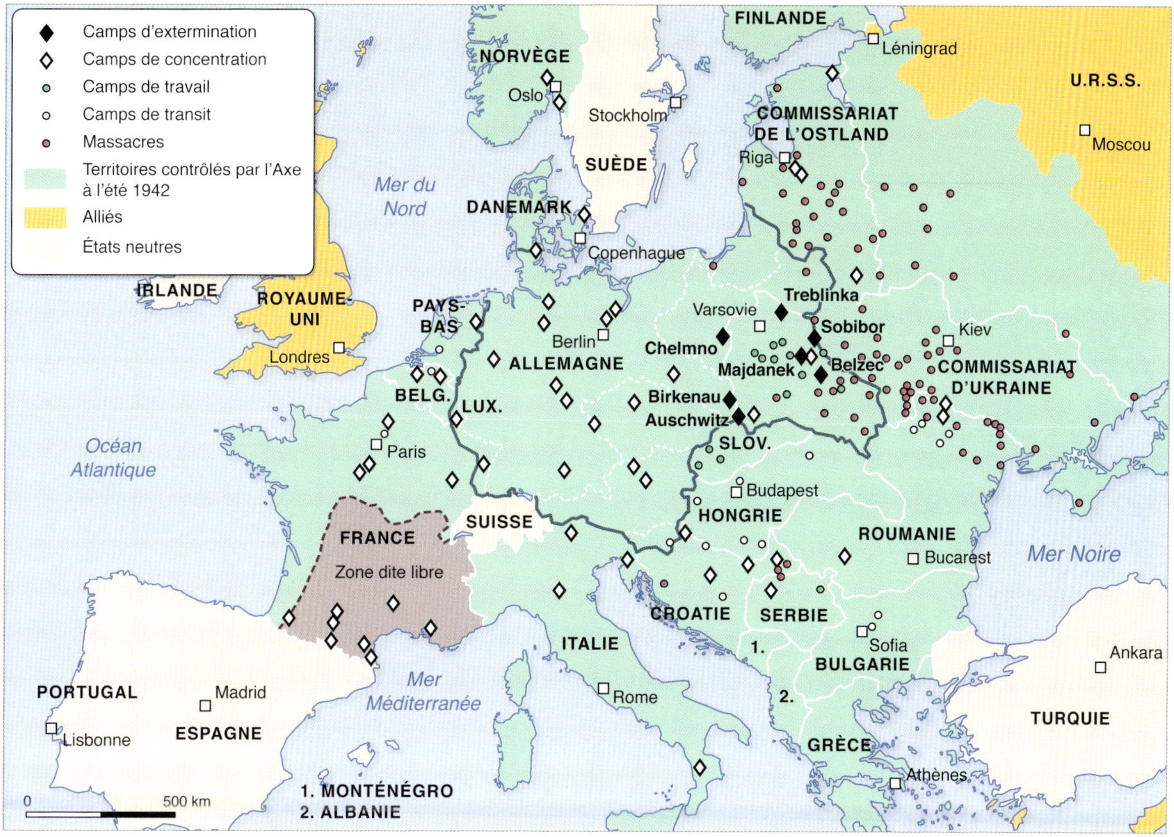

L'extermination des juifs d'Europe

Si le nazisme allemand partage avec le fascisme italien une tendance autoritaire nette et une vision organique de la société, le NSDAP (ou Nationalsozialistische Deutsche Arbeiterpartei) a la particularité supplémentaire de faire de la pureté raciale une question centrale de sa pensée. Les Juifs, comme d'autres catégories de personnes (les Tziganes, les Slaves – des « sous-hommes » - ou encore les handicapés), sont considérés comme des éléments nocifs pour le peuple allemand. Il faut donc en purger l'Allemagne et le monde pour que la race des seigneurs, celle des Aryens de culture germanique, puisse y prospérer. Les premiers camps de concentration ont été ouverts dès 1933, année de l'arrivée au pouvoir des Nazis en Allemagne, où ont été parqués les opposants au régime. Mais ce n'est qu'en janvier 1942, à la conférence de Wannsee, qu'il est décidé de procéder à la « solution finale à la question juive ». À cette date, les massacres de Juifs ont déjà commencé en Russie, notamment. Mais la destruction des Juifs d'Europe prend désormais un tour systématique, industriel. Aux camps de concentration qui pullulent déjà et où les prisonniers meurent par milliers, viennent s'ajouter des camps d'extermination pourvus de chambres à gaz où sont assassinés les déportés les plus faibles, avant d'être incinérés. Au final, selon les études du grand historien du génocide Raul Hilberg, on estime qu'entre 5 et 6 millions de Juifs ont été exterminés, dans des camps ou par balles, soit les deux tiers de la population juive d'Europe.

La guerre de l'espace : les ambitions spatiales françaises

Les activités spatiales débutent dans les années 1950 et 1960, au sein d'un climat de compétition entretenu par la guerre froide : les deux superpuissances font de l'espace un domaine technologique dans lequel elles s'efforcent d'afficher leur supériorité. Le lancement du premier Spoutnik en 1957 et le vol de Youri Gagarine en 1961, d'une part, le pari, initié par le président Kennedy et réussi en 1969, d'envoyer des Américains sur la Lune avant 1970, d'autre part, ont illustré cette volonté de reconnaissance internationale. L'espace est perçu, de la même manière que l'énergie nucléaire, comme une ressource décisive pour l'indépendance du pays dans les domaines à la fois civil et militaire.

Les crises des deux dernières décennies, dans le Golfe et en Afghanistan, ont montré le rôle essentiel que jouent les moyens spatiaux. La maîtrise de l'espace, de ses techniques et des façons d'y accéder est désormais capitale pour participer au débat public sur les questions de sécurité et de défense. Le statut de puissance spatiale devient aussi indispensable que celui de puissance nucléaire. Les principaux facteurs de crises, de risques et de menaces perdurent depuis la fin du monde bipolaire. La problématique démographique représente un moteur de transformation majeur. L'accélération des mutations Sud-Nord, mais aussi Sud-Sud, provoque des tensions et des importations de conflits entre des communautés déplacées ou immigrées. Les nations européennes ont pris, depuis 1995, la mesure de l'effort spatial militaire qu'elles doivent fournir pour rester dans la course. Le Livre blanc sur l'espace adopté à Bruxelles en 2003 stipule : « *L'Europe a besoin d'une politique spatiale permettant d'exploiter les bénéfices particuliers associés aux technologies spatiales.* » La France, pays européen précurseur dans le domaine spatial, a très tôt développé ces technologies.

La politique spatiale française

Le 19 décembre 1961, le gouvernement crée le Centre national d'études spatiales (Cnes). Il faut cependant attendre le 14 avril 1964 pour qu'un arrêté ministériel décide de la construction d'une nouvelle base spatiale à Kourou, en Guyane française. Le 26 novembre 1965, la France accède au 3e rang des puissances spatiales grâce au lancement de la fusée Diamant depuis le pas de tir d'Hammaguir, dans le Sahara algérien. La même année, le Cnes s'installe à Kourou. En 1968, la fusée-sonde Véronique (issue de la fusée allemande V2) est opérationnelle. La mise en commun de moyens financiers, grâce à la création de l'Agence spatiale européenne, en 1975, permet le développement du projet Ariane. Plusieurs versions de la fusée verront le jour : Ariane 1, le 24 décembre 1979 ; Ariane 3, le 4 août 1984 ;

La fusée européenne « Ariane », exposée au 33e salon du Bourget, juin 1979.

L'industrie spatiale

Le chiffre d'affaires (CA) de l'industrie spatiale européenne a été de 4,4 milliards d'euros (Md€) en 2005, dont 1,5 Md€ pour les télécommunications, 1,1 Md€ pour les lanceurs,0,2 Md€ pour la navigation et 1,1 Md€ pour l'observation. Premier contributeur institutionnel en Europe, la France joue ici un rôle clé, avec 39 % des emplois et la maîtrise des compétences technologiques. Le secteur spatial européen s'articule autour de deux grands pôles : le franco-italien Thales Alenia Space (6 500 employés, 1,5 Md€ de CA en 2005), et l'européen EADS Astrium (6 200 personnes, 1,6 Md€ de CA en 2005).

Ariane 4, le 15 juin 1988 ; Ariane 5, le 4 juin 1996. Le 23 septembre 1997, la base spatiale de Kourou fête le 100e lancement d'Ariane, avant d'affréter, le 10 décembre 1999, le premier vol commercial d'Ariane 5. Dans le domaine militaire, les moyens spatiaux prennent des fonctions stratégiques de prévention, de projection, de protection et de dissuasion.

Le système français de défense spatiale

Pour la France, la maîtrise de l'espace a des avantages. C'est un facteur de puissance, garantie d'une autonomie stratégique. C'est ensuite un facteur d'anticipation, grâce auquel il est possible de gérer et d'évaluer les crises. Il peut servir également en tant qu'appui au renseignement, aux opérations, aux manœuvres et à la protection. C'est enfin un facteur de cohésion avec les politiques de défense des autres États européens, des moyens spatiaux communs de télécommunication et d'observation de la Terre étant déjà mis en place. En France, le système Syracuse, initié dès 1985, permet d'assurer l'ensemble des communications militaires entre la métropole et les unités déployées sur les théâtres d'opérations et contribue aux communications entre les unités. Trois versions se sont succédé pour répondre aux besoins des armées : Syracuse I, avec sa constellation de trois satellites Telecom 1, arrivé à son terme normal de vie en 1994 ; Syracuse II, basé sur une constellation de quatre satellites Telecom 2, et encore opérationnel aujourd'hui ; le programme Syracuse III, lancé en novembre 2000, et qui comporte deux satellites de grande capacité protégés contre le brouillage.

Chercheurs du CNES et la maquette du futur système de lancement Ariane-Hermès, 1984.

Le système spatial de navigation

La radionavigation par satellite revêt depuis le début des années 1990 une importance stratégique croissante dans les domaines civil et militaire. Son emploi militaire s'est généralisé à l'ensemble des systèmes d'armes (avions, navires, véhicules terrestres, armes de précision). Lorsque le GPS est déclaré opérationnel dans l'US Air Force, en 1994, il offre une couverture mondiale. Dans le cadre d'un accord multilatéral, les forces armées de 46 pays utilisent le signal GPS crypté, et le GPS est le moyen officiel de radionavigation de l'Otan. La France fait partie des pays utilisateurs avec, en outre, la capacité de fabriquer sur son territoire des récepteurs GPS militaires dont les puces cryptologiques sont acquises aux États-Unis, ce qui confère au pays une compétence technique qui accroît son indépendance dans ce domaine. Du côté de la surveillance de l'espace, la France dispose du démonstrateur radar Graves, capteur automatique de veille satellitaire. Il gère un catalogue regroupant les satellites évoluant entre 400 et 1 000 km d'altitude et ayant une inclinaison de 35° à 145°, permettant à la fois la navigation, la localisation, la synchronisation et la surveillance de l'espace.

L'Agence spatiale européenne

L'ASE (ou ESA) est une organisation indépendante en relation étroite avec l'Union européenne. En 2006, elle réunissait 17 membres européens, auxquels s'ajoute le Canada en tant qu'État coopérant. En 2006, son budget s'élevait à 2,8 Md€. Elle emploie 1 900 personnes et son siège est à Paris. L'ASE et l'Union européenne ont jeté les bases d'une politique spatiale entrée en vigueur en 2004 et répondant à trois objectifs : développer les activités spatiales en Europe, accroître les connaissances scientifiques et faire bénéficier les marchés des applications dérivées de l'utilisation de l'espace.

Bilan

Grâce à sa position unique proche de l'équateur, particulièrement adaptée aux lancements, la base spatiale française de Kourou est devenue le port spatial de l'Europe et est partiellement financée, à ce titre, par l'Agence spatiale européenne. Depuis les années 1950, le monde est entré, parallèlement au nucléaire, dans une ère spatiale qui a révolutionné l'art de la guerre, rendant chaque parcelle terrestre vulnérable. De nouvelles politiques de défense ont été envisagées afin de répondre à des risques et menaces inédits. Aujourd'hui, l'espace fait partie intégrante de la sphère militaire.

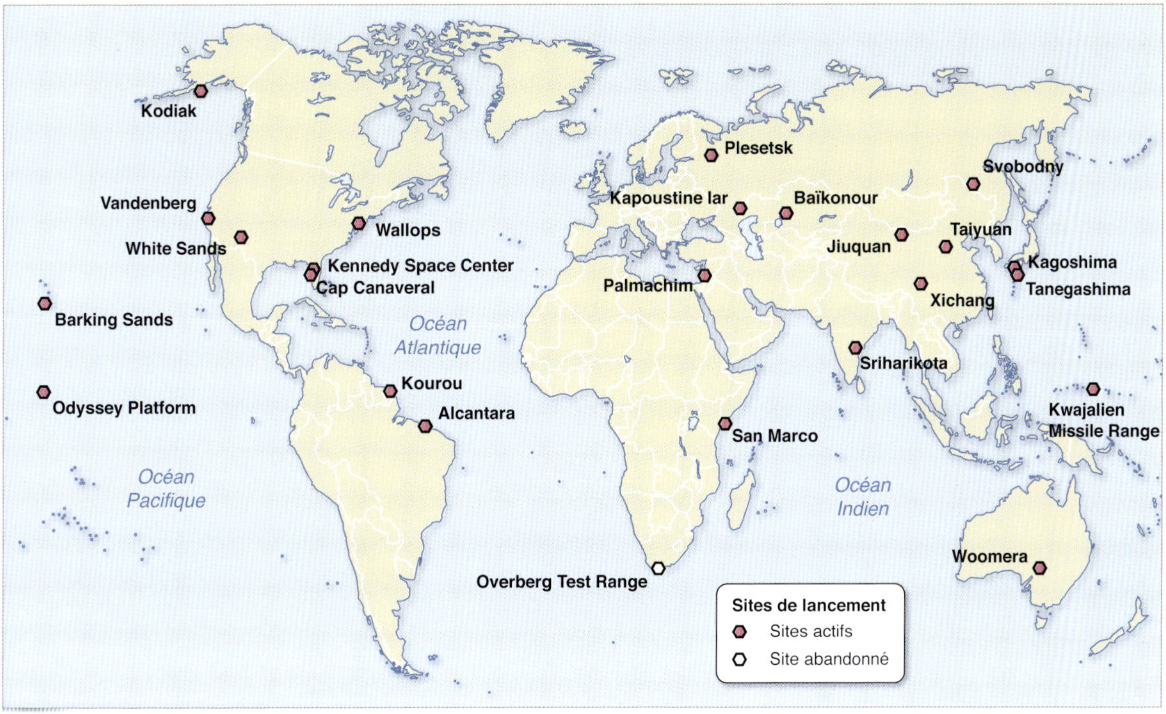

La guerre de l'espace

La course vers l'espace est lancée avant même la fin de la Seconde Guerre mondiale. Les Allemands ont, dans le domaine des fusées, acquis une avance considérable, notamment en travaillant sur les moteurs à réaction dont celui des fusées V2, conçues pour frapper la Grande-Bretagne. Lorsque la guerre se termine, Soviétiques et Américains se partagent le butin : les Américains rentrent chez eux avec les scientifiques ayant développé ces programmes de missiles balistiques, quant aux Russes, ils repartent avec des plans et des modèles de fusées qu'ils vont étudier. La course à l'espace débute aussi comme la course à des missiles intercontinentaux pourvus d'ogives nucléaires et capables de frapper le sol de l'ennemi. Et ce sont les Russes qui les premiers parviennent à placer un objet en orbite, le Spoutnik, en octobre 1957. Le premier vol habité a lieu en novembre, avec la chienne Laïka, au moment même où les Américains lancent leur premier satellite, Explorer 1. Suivent alors, côté russe, les vols habités Vostok, bientôt imités par les programmes Gemini puis Apollo aux États-Unis. Ce sont les Américains qui les premiers parviennent à poser des hommes sur la lune, en juillet 1969. À cette date, d'autres travaillent à de possibles programmes spatiaux et en 1975, naît l'agence spatiale européenne qui va elle aussi développer son programme et lancer des fusées depuis la base de Kourou, en Guyane, bientôt suivis par les Chinois et les Indiens.

Les origines du christianisme

En avril 30 de notre ère (avril 33 selon la tradition), un juif de Palestine du nom de Jésus de Nazareth meurt crucifié sur la colline du Golgotha, près de Jérusalem. La parole et le calvaire de celui qui se proclame fils de Dieu, incarné sur terre pour sauver l'humanité de ses péchés, vont servir à la fondation d'une nouvelle religion. Sa vie dépasse le cadre strictement religieux : pour les non-croyants, la naissance du Christ marque l'année 0 du calendrier international.

La vie de Jésus est très mal connue en dehors des Évangiles et des écrits apostoliques (qui émanent des apôtres), qui relatent des scènes et retranscrivent des paroles choisies pour refléter sa foi. L'homme est un juif galiléen né à Bethléem ; sa famille est originaire de Nazareth. L'année de sa naissance est incertaine, les estimations oscillant entre 9 et 2 avant J.-C. La date du 25 décembre, communément retenue, est purement conventionnelle et ne repose sur aucune source historique ; elle a été choisie en Occident au IVe siècle pour coïncider avec le solstice d'hiver, fêté depuis le IIIe siècle par les célébrations romaines de « *Sol Invictus* ». Jésus est connu comme le fils de Joseph, un modeste charpentier, lointain descendant d'Abraham et du roi des Juifs David, selon les Évangiles, et de son épouse Marie – dont la virginité perpétuelle sera décriée dès le Ier siècle par les non-chrétiens, qui évoqueront un adultère dissimulé. Les premiers croyants défendront quant à eux la vertu de la Vierge Marie, « Immaculée Conception », et présenteront cet événement comme l'accomplissement de la prophétie annonçant l'arrivée du fils de Dieu sur terre.

La Judée au Ier siècle

L'enfant est dès sa naissance exposé aux plus grands périls. Selon Mathieu, il échappe de justesse au « massacre des Innocents », meurtre de tous les nouveau-nés ordonné par le roi de Judée Hérode Ier le Grand qui, apprenant la naissance d'un enfant divin, prend peur pour son trône. La jeunesse de Jésus nous est totalement obscure, supposant que l'enfant ait grandi caché des autorités par crainte qu'il ne soit tué. La Judée traverse alors une grave période de turbulences. L'occupation romaine depuis l'année 63 avant notre ère, puis la mort du roi Hérode en 4 avant J.-C., combinée avec d'importantes difficultés économiques, menacent de faire basculer la province dans la guerre civile. À 30 ans, le jeune homme se fait baptiser par un prédicateur juif, Jean le Baptiste, dans les eaux du fleuve Jourdain. Dès cet instant, il commence à prêcher la parole divine, s'entourant de disciples, dont le nombre est traditionnellement fixé à 12. Reproduisant des gestes thérapeutiques connus, Jésus se fait rapidement connaître comme un guérisseur réputé, auteur d'un nombre inhabituel de miracles. L'enseignement de Jésus, prônant l'amour du prochain et le pardon, acquiert une grande popularité auprès de la population et suscite la méfiance des occupants romains et des collaborateurs judéens.

Le calvaire du « fils de Dieu »

Lorsque la parole de Jésus, annonçant l'instauration du royaume de Dieu parmi les hommes, se fait connaître, les autorités romaines pressentent l'imminence d'un soulèvement de la Judée. Cependant, en refusant d'investir le terrain politique, Jésus aurait perdu le soutien de la population, en attente d'un libérateur. Il est en outre condamné à la clandestinité par la vindicte des milieux sacerdotaux conservateurs de Jérusalem. Présent dans la ville sainte pour célébrer la Pâque juive, il livre un dernier sermon à ses disciples réunis pour un ultime repas, la Cène. Dans la soirée, il est trahi par l'un d'eux, Judas, et livré aux

La Cène, le dernier repas du Christ, par Léonard de Vinci, fin du XVe siècle, église Santa Maria delle Grazie, Milan.

autorités romaines. Le gouverneur Ponce Pilate, sous la pression des grands prêtres du Temple, le condamne au supplice du crucifiement, habituellement réservé aux brigands. Le calvaire du Christ est relaté dans les quatre Évangiles canoniques écrits par les disciples (Mathieu, Marc, Luc et Jean) entre la mort de Jésus et la fin du Ier siècle. Flagellé et tourné en dérision par les soldats qui l'affublent d'une couronne d'épine, le « roi des Juifs » porte sa croix dans les rues de la ville sous les quolibets d'une population hostile. Crucifié sur la colline du Golgotha, il expire au terme d'interminables souffrances. Sa résurrection miraculeuse trois jours après sa mort est célébrée par la fête de Pâques.

La diffusion du christianisme en Occident

Avec la dispersion des apôtres, porteurs de la parole du Christ, des communautés chrétiennes voient le jour dans les grandes cités du bassin méditerranéen. Mais cette minorité, qui refuse d'honorer le statut divin de l'empereur, se heurte à l'hostilité des autorités. Ainsi, lors de l'incendie de Rome en 64, Néron se décharge de sa responsabilité et accuse les chrétiens d'avoir allumé les premiers feux. Des centaines d'entre eux sont portés au bûcher. En 177 à Lyon, une émeute entraîne la condamnation à mort de l'évêque Pothin et d'une cinquantaine de croyants, parmi lesquels une esclave, Blandine, élevée au rang

MARIE MADELEINE

Marie de Magdala, ou Marie Madeleine, est un personnage omniprésent dans les Évangiles. Elle est le premier témoin de la résurrection de Jésus. Après la mort de Jésus, elle aurait quitté la Judée pour se rendre en Provence, sur la montagne Sainte-Baume. Son tombeau est le troisième plus fréquenté de la chrétienté. L'interprétation de certains textes apocryphes (dont l'authenticité n'est pas établie) voit en Marie Madeleine l'épouse et la mère des enfants de Jésus. Au XXe siècle, la littérature européenne fait d'elle le symbole de la féminité, diabolisée par une Église essentiellement masculine.

La crucifixion de saint Pierre, par Le Caravage, 1600-1601, église Santa Maria del Popolo de Rome (Italie).

LE CHRISTIANISME EN ORIENT

S'il se répand de manière irrésistible en Occident, le christianisme peine à s'implanter durablement en Afrique du Nord et au Proche-Orient, région qui est pourtant sa terre originelle. À la fin de l'Antiquité, plusieurs mouvements y coexistent : les chalcédoniens, les monophysites et les nestoriens. L'expansion de l'Empire perse, puis la conquête byzantine au VIIe siècle entretiennent ces divergences. La montée de l'islam, qui se traduit par la perte des grandes villes saintes, Alexandrie, Antioche et Jérusalem, marginalise les communautés chrétiennes et porte les germes des croisades.

de martyr. Au IIe siècle, Septime Sévère interdit la conversion des citoyens romains ; cette loi est appliquée de manière brutale dans les provinces de l'empire. Certains croyants parviennent à échapper aux persécutions en reniant publiquement leur foi ; les autres subissent les pires châtiments. La « grande persécution » orchestrée par Dioclétien entre 302 et 305 est le point culminant de la répression. L'empereur procède à une épuration de la société, ordonne la destruction des églises et des livres saints. Pourtant, le christianisme a conquis à cette époque près de 50 % de la population de l'empire. Constantin met un terme aux supplices en 313 avant que Théodose fasse du christianisme sa religion d'État en 380.

Bilan

La perception de la vie de Jésus relève davantage de la foi que des sciences historiques, tant les informations objectives sur son existence sont parcellaires. Dès sa naissance, il suscite la peur des milieux conservateurs de Judée, craignant que la prophétie messianique annonçant l'arrivée sur terre du fils de Dieu ne fragilise leur pouvoir. Son immense popularité, jugée subversive par les autorités, précipite sa chute. Après sa mort, les apôtres diffusent sa parole et créent des communautés persécutées avant d'être assimilées à l'Empire romain au IVe siècle.

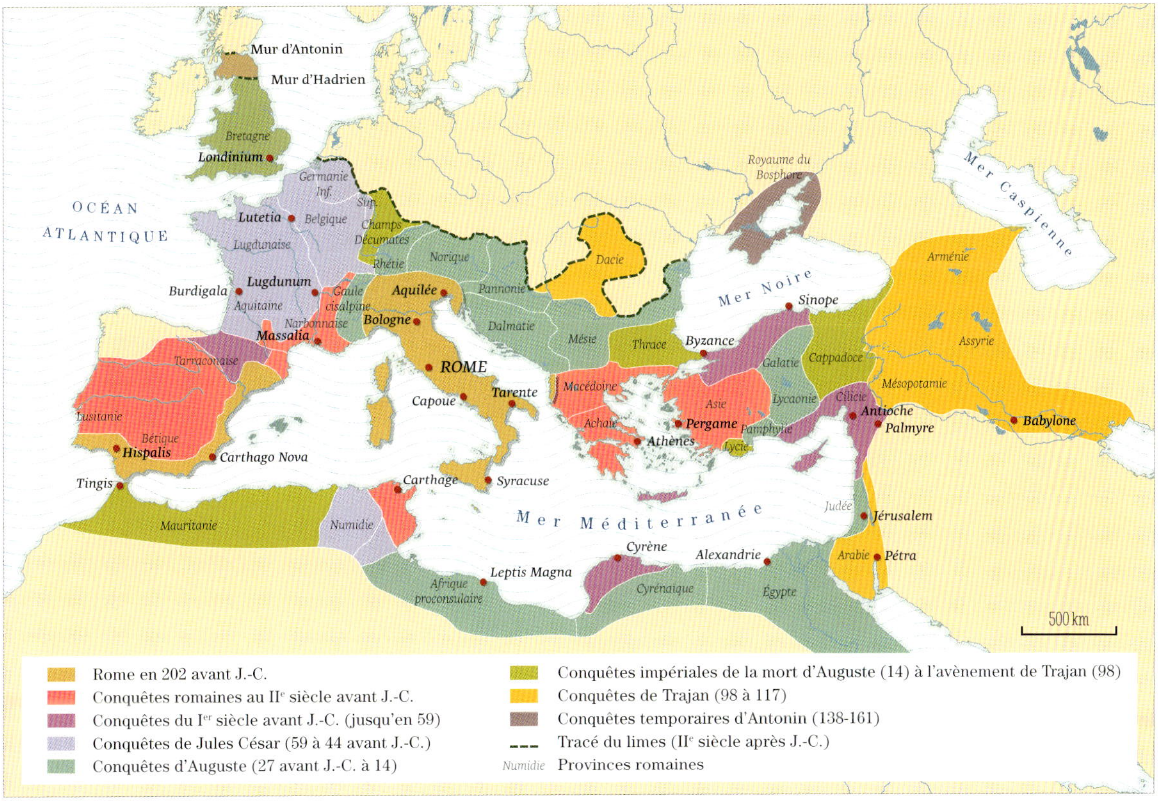

La constitution de l'Empire romain (IIIe siècle avant J.-C. – IIe siècle après J.-C.)

Rome, victorieuse de Carthage en 202 avant J.-C., entame une irrésistible expansion en Méditerranée occidentale, poussant sa présence jusqu'à la pointe sud-ouest de la péninsule ibérique. Au IIe siècle avant J.-C., la République romaine crée de nouvelles provinces : la Narbonnaise, la Tarraconaise et l'Afrique. En Méditerranée orientale, la Grèce, la Macédoine et l'Asie Mineure sont enlevées en dépit d'une âpre résistance. À l'image de César, victorieux des vaillants Gaulois, les empereurs du Ier siècle légitiment leur pouvoir par la conquête, repoussant sans cesse les marges de l'Empire. Dernier conquérant de l'histoire romaine, Trajan foule les sables d'Arabie et suit le cours du Tigre et de l'Euphrate sur les traces d'Alexandre le Grand.

La naissance de l'islam

Au début du VIIᵉ siècle, le culte des idoles prédomine dans la péninsule arabique. Les tribus arabes, polythéistes, croient en une multitude d'esprits, les « djinns », résidant dans les arbres, les pierres, les animaux… Ces croyances cohabitent avec celles des communautés monothéistes juives, dans le sud, et chrétiennes au nord. En 610, Mahomet, caravanier et négociant originaire de La Mecque, proclame l'existence d'un Dieu unique, Allah. L'ange Gabriel lui serait apparu lors de méditations pieuses sur le mont Hira près de La Mecque pour lui porter la parole divine.

Dès le jour de sa révélation, Mahomet dispense inlassablement la parole de ce Dieu créateur de l'homme et de la nature, réputé invisible et qui détient le pouvoir de punir ou récompenser chaque homme lors du jugement dernier. Sa première convertie est sa propre épouse, Khadidja, qui l'accompagne dans la compréhension de ses visions et adopte ses préceptes. La petite communauté accepte des règles de vie contraignantes. Les pratiquants sont astreints à cinq prières quotidiennes, l'aumône légale, le jeûne diurne du ramadan et le pèlerinage à La Mecque. Mais la conception égalitaire de cette nouvelle religion, qui révolutionne les traditions arabes de l'époque, préoccupe les puissants. À La Mecque, les tribus tenant les rênes du pouvoir, dont la propre tribu de Mahomet, les Quraych, s'inquiètent de l'influence grandissante de cet homme charismatique qui dénonce leurs idoles et menace leurs intérêts. En 622, le premier noyau de convertis est contraint à l'exil. Cet épisode fondateur de l'histoire de l'islam est connu sous le nom d'« hégire », littéralement « émigration » ou « rupture des liens ».

L'hégire, origine du calendrier musulman

Quittant La Mecque, les premiers fidèles se réfugient auprès des tribus dominant la cité Yathrib, future Médine, favorables au nouveau culte, où ils sont massacrés par les Quraychites en 627. Jérusalem, vers laquelle les croyants se tournent pour prier, perd son statut de ville sainte au profit de La Mecque, qui abrite le sanctuaire de la Ka'ba, temple construit par Abraham selon la tradition musulmane. Le premier dessein de Mahomet est dès lors de conquérir La Mecque. En 630, les notables de la ville, voyant le nombre de conversions se multiplier, ouvrent les portes aux musulmans et reconnaissent le prophète. Celui-ci meurt en 632. Son fidèle compagnon Abu Bakr est nommé « calife » (« successeur ») par l'entourage de Mahomet. Il reçoit la lourde tâche de rédiger les paroles du prophète dans un livre saint à destination des fidèles : le Coran. La guerre sainte pour l'expansion de la religion musulmane, vers l'Anatolie, l'Asie centrale et le Maghreb, se poursuit. Dès la première moitié du VIIᵉ siècle, l'Occident réagit très négativement à l'expansion de l'islam. Mahomet est perçu comme un démon, voire comme un Antéchrist prêchant au nom de Dieu pour détourner les chrétiens de la « vraie foi ». Les affrontements ultérieurs, notam-

LE KHARIDJISME, TROISIÈME VOIE DE L'ISLAM

Le kharidjisme, communauté minoritaire dans le monde islamique, est apparu en 685 dans la région de Bassora (Irak actuel). Aujourd'hui complètement disparue du bassin du Tigre et de l'Euphrate, elle représente un très faible pourcentage des communautés musulmanes, bien qu'elle regroupe 75 % des croyants du sultanat d'Oman. Les kharidjites ont une conception pacifiste et puritaine de leur religion : tous les hommes sont égaux et le chef de la communauté doit être le meilleur croyant.

L'Ascension du prophète Mahomet et de l'archange Gabriel, miniature persane du XVIe siècle, British Museum, Londres.

ment les croisades chrétiennes en Terre sainte, ne feront qu'accroître cette cassure.

Le temps des premières divisions

En 656, Ali, fils adoptif de Mahomet, est désigné calife suite à l'assassinat d'Uthman, troisième calife de l'Islam. Mais son rôle présumé dans la mort d'Uthman provoque une fronde de certains compagnons du prophète, dont Aïcha, troisième épouse de Mahomet. Le soulèvement de Muawiyya, gouverneur de Syrie, entraîne le monde musulman dans la guerre civile. En 661, ce dernier prend le pouvoir, devenant le premier calife issu de la puissante famille des Omeyyades, et installe son gouvernement à Damas (Syrie actuelle). Mais en 680, sa mort ouvre une nouvelle crise de succession. L'imam « chiite » (« qui refuse ») Husayn, fils d'Ali et de Fatima, fille naturelle de Mahomet, dénonce l'appropriation des biens d'Allah par les puissantes familles Omeyyades et rallie de nombreux partisans à sa cause. Il énonce ainsi le premier précepte de la future doctrine chiite : l'islam ne doit pas être dirigé par les plus riches, mais par les meilleurs, lesquels ne peuvent être que les descendants du prophète ou de son entourage. Husayn, qui hésite à entrer en conflit armé, se lance imprudemment au secours de ses partisans de Kufa (Irak), ville assaillie par Yazid, fils de Muawiyya. Conscient de la faiblesse de ses forces, il s'en remet au jugement d'Allah pour réparer l'affront infligé par les Omeyyades aux musulmans.

La naissance du chiisme

Le 10 octobre 680, une bataille inégale s'engage à Kerbala, au sud-ouest de Bagdad. La journée s'achève par le massacre de la troupe de Husayn. Bien que la défaite du parti husaynite à Karbala soit indiscutable, l'événement crée un schisme précoce dans l'histoire de l'islam, cinquante ans seulement après la mort de Mahomet. L'entourage et la lignée d'Husayn ayant été décimés, l'héritage de ce dernier revient à son dernier fils, Ali, alors en bas âge, qui deviendra le quatrième imam chiite. Husayn, devenu martyr à sa cause, est glorifié comme figure fondatrice de la mouvance chiite. Son tombeau, placé dans la mosquée de Kerbala, devient un haut lieu de pèlerinage et l'anniversaire de sa mort, l'« Achoura », fait l'objet de festivités appuyées au sein de sa communauté. Sa détermination à se battre en dépit de ses faiblesses le montre comme un rédempteur dont le sacrifice est destiné à purifier l'islam corrompu. Depuis ce jour, le chiisme, minoritaire (10 à 15 % des musulmans, dont 90 % de la population iranienne), se présente comme le courant légitimiste de l'islam. Il place la justice au centre de la religion et considère l'interprétation de la parole divine, concentrée dans les hadiths et le Coran, comme un processus inachevé. Les sunnites, majoritaires (85 à 90 %), forment le courant « réaliste », acceptant la victoire des Omeyyades. Ils sont en outre attachés à la tradition (« sunna ») et aux interprétations des textes réalisées par les penseurs du haut Moyen Âge.

LE MOYEN-ORIENT, BERCEAU DES RELIGIONS

Le culte musulman rencontre de nombreuses similitudes avec les grandes religions en place au début du VIe siècle. Les prophètes Moïse, Abraham, Jean le Baptiste, mais également Jésus, sont reconnus à la fois par les juifs, les chrétiens et les musulmans – ces derniers parlent de messagers. L'islam partage également avec le judaïsme l'interdiction de manger du porc ainsi que des règles d'abattage de la viande (« casher » pour les juifs et « hallal » pour les musulmans).

Moyen-Orient

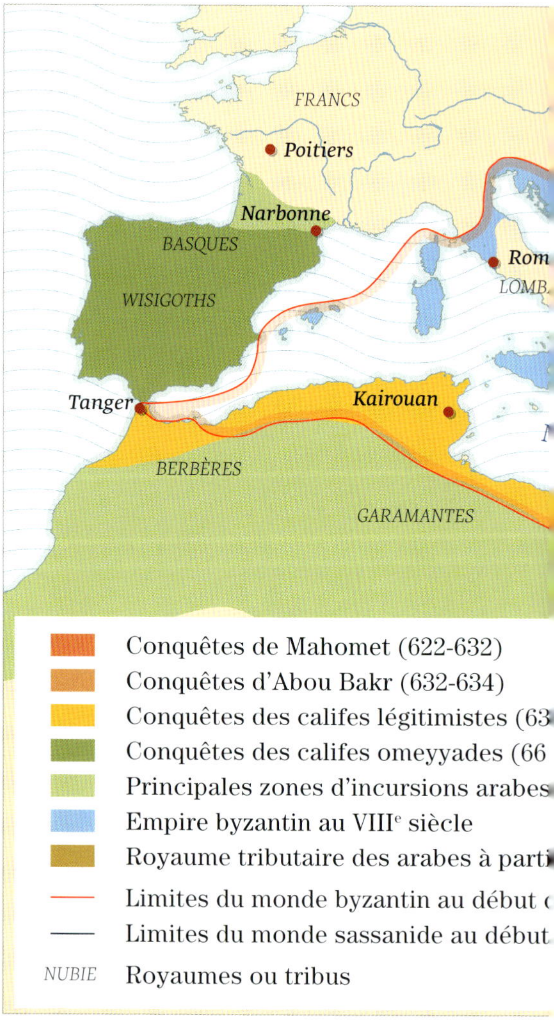

Bilan

L'islam est né au VIIe siècle au Moyen-Orient, à l'instar des deux autres religions monothéistes majeures, le judaïsme et le christianisme. Mahomet répand la parole divine et défie les puissants clans de La Mecque. Sa mort en 632, point de départ du calendrier musulman, déclenche un conflit d'autorité. En 680, la bataille de Kerbala scelle la séparation de l'islam en deux courants : les sunnites, orthodoxes, et les chiites, légitimistes. L'islam poursuit sa propagation vers l'Anatolie, l'Asie centrale et le Maghreb, où elle gagne le cœur de nombreux croyants.

La Ka'ba, monument de forme cubique construit au cœur de la mosquée sacrée de La Mecque (Arabie Saoudite).

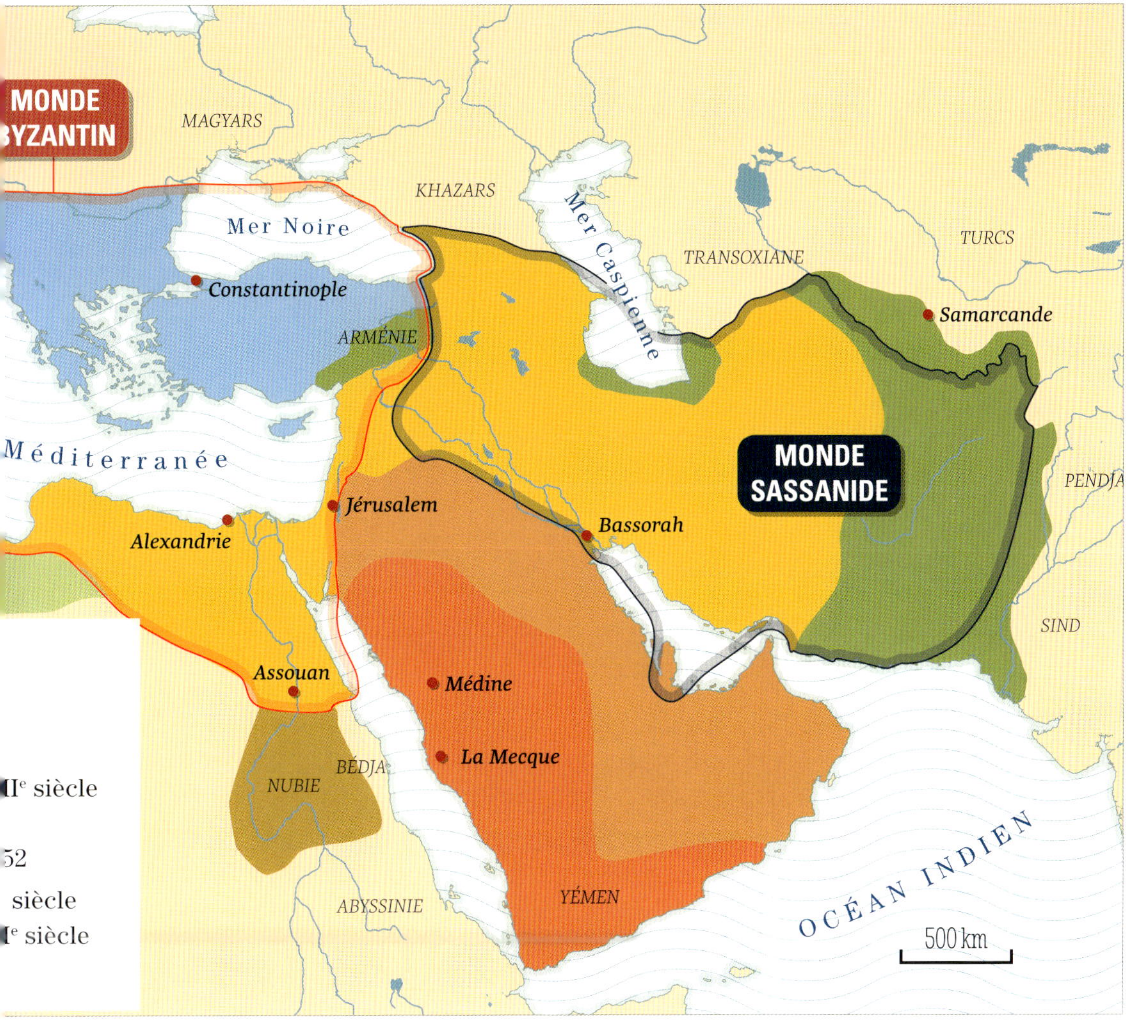

L'expansion arabe aux VIIe et VIIIe siècles

La conquête arabe débute en 622 avec la migration (hégire) du premier groupe de fidèles de Mahomet vers Médine. Contraints à l'exil par les grandes familles de La Mecque, les premiers Musulmans entament dès lors une longue conquête de la péninsule arabique, achevée par Abou Bakr, successeur du prophète et premier calife de l'histoire de l'Islam. Jusqu'en 656, les califes étendent leur territoire jusqu'à la mer Caspienne, la Perse et la Libye, incitant les populations à abjurer leur religion et à se convertir. La dynastie des Omeyyades, fondée en 661, donne au califat un nouvel éclat. Pendant la première moitié du VIIIe siècle, les Arabes s'emparent de l'Espagne et multiplient les incursions dans le monde franc, entre Bordeaux et Narbonne.

Les croisades

En 1095, le pape Urbain II entame un voyage en France pour promouvoir la réforme grégorienne et rétablir son autorité sur l'aristocratie franque. Lors du concile qui s'ouvre à Clermont le 18 novembre, il surprend son auditoire en lançant un vibrant appel à la reconquête de Jérusalem, ville sainte tombée en 1071 sous la domination des Turcs Seldjoukides, qui en refusent l'accès aux pèlerins. Sa prédication rencontre un écho inattendu. L'année suivante, des colonnes d'hommes de toutes origines sociales, portant la croix chrétienne sur le torse, se mettent en marche pour la Terre sainte.

Des hommes issus de toute l'Europe se dirigent vers Constantinople, où l'empereur Alexis Ier, désireux de récupérer ses terres orientales, leur fournit des approvisionnements. En avril 1097, les croisés passent le Bosphore et atteignent Antioche. Le 13 janvier 1099, ils remontent la vallée de l'Oronte vers Jérusalem, dont ils établissent le siège le 7 juin. La cité, alertée de longue date du projet de croisade, a pris ses dispositions pour résister. La chaleur et la soif endurées par les soldats chrétiens provoquent des états de transes et des visions mystiques, exacerbées par les provocations des musulmans qui profanent les croix et les églises de la ville. L'assaut décisif est lancé le 12 juillet. Au bout de trois jours de combats acharnés, Godefroy de Bouillon et ses hommes parviennent à pénétrer dans la cité. Jusqu'au 16 juillet, les croisés sillonnent les rues et se livrent aux plus infâmes atrocités. Les juifs ne sont pas épargnés : hommes, femmes et enfants sont enfermés dans la grande synagogue avant que celle-ci ne soit incendiée.

Naissance et mort du royaume de Jérusalem

Pour la population européenne, la prise de Jérusalem devient le symbole du renouveau chrétien face à l'expansion musulmane. La ville où repose le Christ devient la capitale d'un nouvel ensemble territorial, dédié à la protection des lieux saints, le royaume latin de Jérusalem, créé en 1100. Ce royaume est composé d'un domaine royal et de quatre fiefs : le comté de Jaffa (seigneuries d'Ascalon, d'Ibelin, de Rama et Mirabel) ; la seigneurie d'Outre-Jourdain (ou de Montréal) ; la principauté de Galilée (ou de Tibériade) (seigneuries de Banias, Beyrouth, Haïfa, Nazareth et Toron) et le comté de Sidon. De nombreux fiefs autonomes viennent compléter la mosaïque : ce sont les seigneuries d'Arsouf, de Blanchegarde, de Bethsan, de Caymont, de Césarée, d'Hébron, de Naplouse, de Sabaste, d'Acre et de Tyr. Mais les chrétiens ne parviennent pas à maintenir leurs alliances locales. Saladin, devenu sultan d'Égypte en 1169, appelle les musulmans au « *djihad* » (« guerre sainte ») contre les « infidèles ». La pression s'accroît sur les États latins d'Orient, d'autant que la deuxième croisade lancée en 1146 a été un échec cuisant. Pendant l'été 1187, l'expédition désastreuse de Renaud de Châtillon et de Guy de Lusignan aboutit au massacre de l'armée chrétienne à Hattin, près de Tibériade. Jérusalem, laissée sans défense, tombe le 2 octobre.

La troisième croisade

Le 20 avril 1191, le roi de France Philippe Auguste assiège la cité d'Acre. En juillet, grâce au renfort du roi Richard Ier d'Angleterre, la ville ouvre ses portes aux croisés. Un événement vient alors remettre en cause le déroulement de la campagne. La mort au combat de Philippe d'Alsace, comte de Flandre, ouvre une succession périlleuse pour l'équilibre de l'Europe. Immédiatement, Philippe Auguste quitte son armée, qu'il place sous le commandement du duc Hugues de Bourgogne. Laissé seul à la tête de la troisième croisade, Richard « Cœur de Lion » remporte une brillante victoire à Arsouf le 7 septembre 1191 et récupère un certain nombre de villes portuaires. Mais les

Combat entre des croisés et Sarrasins sous les parois de Jérusalem, par Antoine Verard, 1498, bibliothèque de l'université de Turin (Italie).

nouvelles qui lui parviennent d'Europe sont inquiétantes : profitant de l'absence de son rival anglais, Philippe Auguste s'apprête à s'emparer de la Normandie et de l'Aquitaine ; en Angleterre, le prince royal Jean sans Terre intrigue pour monter sur le trône. Un traité de paix est conclu en toute hâte avec Saladin le 2 septembre 1192. Jérusalem reste aux mains des musulmans en échange de la libre circulation des pèlerins et marchands chrétiens vers la ville. Richard quitte la Terre sainte le 9 octobre ; il ne parviendra à Londres qu'en mars 1194 : capturé près de Vienne par le duc Léopold V de Babenberg, il n'est libéré qu'en février 1194 contre une forte rançon.

Les dernières croisades orientales

En 1195, le pape Célestin III appelle à une nouvelle croisade ignorée par les rois, qui ne désirent plus s'impliquer dans des campagnes lointaines et coûteuses. L'intervention prêchée avec ardeur par Foulques de Neuilly en 1199 sensibilise les barons d'Italie, du nord de la France et d'Allemagne, contenus dans leurs ambitions par la montée en puissance des monarchies autoritaires. Mais l'expédition, initialement destinée à envahir l'Égypte, dévie de son but initial. Attisés par les Vénitiens, les croisés mettent à sac Constantinople le 13 avril 1204 et s'approprient des principautés en Grèce. Il n'est plus question pour l'expédition de se rendre en Terre sainte, mais de s'établir durablement aux portes de l'Orient

LES CHEVALIERS TEUTONIQUES

L'ordre teutonique, apparu en 1191, est rattaché à l'hôpital de campagne fondé à Saint-Jean-d'Acre en 1190. À partir de 1197, il est réorganisé par le pape en ordre militaire. Rentrés en Europe après la chute du royaume de Jérusalem, les moines-soldats se consacrent au « *Drang nach Osten* », mouvement d'évangélisation des peuplades slaves, et bâtissent au-delà de l'Elbe un véritable empire religieux. Le 15 juillet 1410, à Tannenberg, les chevaliers teutoniques sont défaits par le roi de Pologne Ladislas II. Son armée écrasée, l'ordre perd toute ambition et redevient un ordre charitable.

Bernard de Clairvaux prêchant la seconde croisade à Vézelay (Bourgogne) en 1146, par Émile Signol, musée de Versailles.

en reconstituant un puissant empire chrétien. Pourtant, en 1237, le pape Grégoire IX exhorte les grands barons à livrer une nouvelle croisade. Exploitant les rivalités entre princes arabes, le comte de Champagne, le duc de Bourgogne et Richard de Cornouailles obtiennent la restitution éphémère d'une partie du royaume de Jérusalem. La dernière incursion chrétienne en terre musulmane intervient en juillet 1270, lorsque le roi de France Louis IX assiège Tunis. Le trépas de ce dernier – du typhus ou de dysenterie – le 25 août 1270, entraîne le retrait français et la fin des croisades.

LA CROISADE CONTRE LES ALBIGEOIS

En 1208, le pape Innocent III lance un appel contre l'hérésie cathare qui s'est développée dans le Midi de la France. En juillet 1209, l'armée menée par Simon de Montfort pille Béziers et envoie une partie de sa population au bûcher. La région, rattachée à la France en 1229, est livrée à une inquisition brutale. La chute de la forteresse de Montségur en 1244 est l'occasion d'exécutions massives. Le dernier bûcher collectif, allumé en 1247 à Agen, est le point final du massacre le plus marquant de l'histoire de France.

Bilan

Initiées par le pape Urbain II, qui exhorte en 1095 les souverains européens à délivrer Jérusalem de l'emprise turque seldjoukide, les croisades vont accaparer pendant près de deux siècles les ressources militaires des puissances occidentales. À partir de 1195, ces expéditions deviennent l'affaire de puissants barons qui saisissent l'opportunité de s'approprier de riches territoires orientaux. Au même titre que la réforme grégorienne, et en dépit de l'échec final, les croisades symbolisent le prestige retrouvé de l'Église romaine et son poids sur la société laïque aux XIe et XIIe siècles.

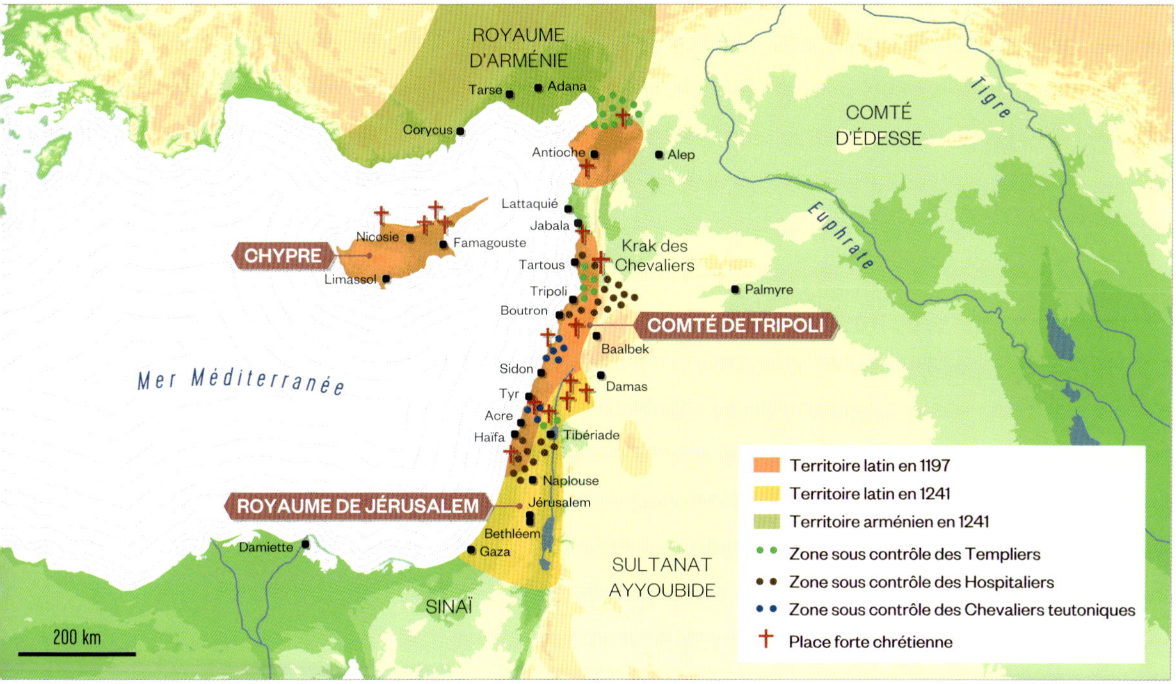

La Terre sainte au XIIIe siècle

Appelés par le pape Urbain II à reconquérir les lieux saints de la chrétienté investis par les Turcs Seldjoukides depuis le milieu du XIe siècle, les monarques européens guident leurs armées jusqu'aux portes de Jérusalem en 1099. Sur la route, les « croisés » établissent de puissantes principautés dont les principaux fiefs sont Antioche, Tripoli et Jérusalem. L'île de Chypre est également occupée pour servir de base arrière à l'expédition. Le royaume d'Arménie, de culture chrétienne, noue des relations amicales avec les princes croisés. En Terre sainte, les ordres monastiques guerriers (Templiers, Hospitaliers et Chevaliers teutoniques) deviennent les fers de lance de la conquête et administrent des provinces entières au nom de la papauté.

La chute de Constantinople

En 1203, la capitale romaine d'Orient, dernier bastion de la civilisation latine antique, tombe sous les armes chrétiennes. Cet événement, vécu comme une trahison de l'Église romaine envers son homologue orthodoxe, va provoquer l'isolement de l'Empire byzantin et amoindrir son potentiel militaire à un moment critique de son existence. Car, au même moment, de l'autre côté du Bosphore, la puissance ottomane commence son irrésistible ascension.

En 1198, le pape Innocent III appelle de ses vœux une nouvelle croisade dont l'objectif est la reprise de la ville sainte de Jérusalem, tombée en 1187. Les barons européens répondent à l'appel et décident de porter l'attaque sur la côte égyptienne. Venise, puissance maritime incontournable de l'époque, est mise à contribution pour assurer le transport des troupes. Mais lorsque l'armée croisée, forte de 23 000 hommes, se présente à Venise en juin 1202, le doge Enrico Dandolo exige que l'escadre se rende à Constantinople, carrefour commercial méditerranéen, pour y consolider la présence vénitienne. Les promesses de butin suffisent à faire oublier aux chevaliers leurs devoirs. En dépit des protestations du pape, la flotte appareille le 1er octobre 1202 et fait une première escale à Zara (Croatie), investie au bénéfice de Venise, puis conquiert Scutari (Albanie) et Corfou (Grèce). Le 11 juillet 1203, la flotte chrétienne croise sous les murs de Constantinople. La ville est mise à sac et le butin amassé – dont de précieuses reliques chrétiennes – est partagé entre les marins vénitiens, les seigneurs et les chevaliers.

Le monde byzantin acculé

Au début du XVe siècle, l'Empire byzantin, rebaptisé empire latin d'Orient, est dépecé par les barons occidentaux, qui se taillent de riches principautés. L'autorité du « basileus », l'empereur byzantin Constantin XII Dragasès, ne s'applique plus qu'à l'agglomération de Constantinople, à Thessalonique, aux principautés du Péloponnèse et sur un faible nombre d'îles de la mer Egée et quelques ports de la mer Noire. Des comptoirs côtiers, occupés par des colonies latines, génoises et vénitiennes, échappent à sa souveraineté. De plus, une dynastie rivale, les Comnène, s'est installée sur la bande côtière nord d'Asie Mineure (empire de Trébizonde) et conteste la légitimité des Paléologue, dont est issu l'empereur. Son plus menaçant rival, l'Empire ottoman, suit la trajectoire inverse. Pendant la dernière moitié du XIVe siècle, il ne cesse de s'étendre, s'emparant de la quasi-totalité de l'Asie Mineure. Sa progression vers le cœur politique de l'Empire byzantin jusqu'à la mort du premier sultan ottoman, Osman (1326), est fulgurante. Les successeurs d'Osman poursuivent l'unification des tribus turques et étendent progressivement leur domaine territorial jusqu'à l'extrémité nord-ouest de l'Anatolie. Les janissaires, esclaves capturés très jeunes dans les régions conquises – essentiellement chrétiennes – et formés au métier des armes, constituent un corps d'armée efficace qui va assurer aux sultans leurs plus grands succès.

L'éveil de l'Empire ottoman

Les Ottomans conquièrent progressivement la majeure partie du monde musulman et les rives de la Méditerranée orientale, à majorité chrétienne. La cité byzantine de Gallipoli, conquise en 1347, est leur première victoire sur le continent. Elle ouvre la voie à une pénétration dans les Balkans. En 1402, l'incursion des Tatars de Tamerlan offre un répit aux Byzantins. La défaite ottomane d'Ankara et la capture du sultan Bajazet Ier éloigne la guerre des rives du Bosphore. En 1422, un premier siège est entrepris sans succès par Mourad II. L'armée ottomane prend toutefois pied sur le continent. Les Balkans, la Bulgarie, puis le Péloponnèse et la ville de Thessalonique sont conquis. Les deux empires cohabitent dans une paix précaire. Mais la succession ottomane change la donne.

Le siège turc de Constantinople, miniature de 1453, BNF.

En 1451, le jeune sultan Mehmet II fait de la vieille capitale son objectif prioritaire. Il fait ériger au nord de la ville l'imposante forteresse de Rumeli Hisari, acte considéré comme une déclaration de guerre par Constantin XII, qui ne tarde pas à solliciter l'aide occidentale. Mais il se heurte à un vieil antagonisme : tout accord politique entre Latins et Grecs passerait immanquablement par une unification religieuse sous l'autorité de Rome, ce que refusent les orthodoxes. Seuls les Génois et Vénitiens, soucieux de préserver leurs intérêts, envoient quelques galères défendre la cité.

Constantinople abandonnée à son sort

Le siège qui débute en avril 1453 est déséquilibré. Constantinople n'est plus que l'ombre de la glorieuse cité qu'elle a été : sa population, proche du million au XIIe siècle, est tombée à 50 000 personnes ; de nombreux quartiers sont des concessions commerciales aux mains des Génois et Vénitiens ; les faubourgs asiatiques sont aux mains des Ottomans. Face aux 100 000 Ottomans, les 6 000 défenseurs compensent péniblement leur infériorité par la puissance de leurs murailles. Sur mer, la flotte ottomane bloque tout ravitaillement par le détroit. Le 11 avril, les canons lourds entrent en action contre les murailles. Pendant plus d'un mois, de rudes combats se déroulent près de l'estuaire de la Corne d'Or et sur mer sans qu'aucun camp ne prenne l'ascendant. Le 29 mai, après une intense préparation d'artillerie, des milliers d'hommes se ruent sur les fortifications. Les Ottomans prennent possession de la Corne d'Or et ouvrent les ports à leurs navires. Submergée, la défense byzantine cède. Ayant envoyé une offre de reddition avant la chute de la ville, Mehmet II est libre, selon les lois de l'islam, de la livrer au pillage durant trois jours – redoutant de trop grands ravages, il y met un terme le soir même. Dès le mois de juin 1453, Constantinople devient la capitale de l'Empire ottoman. Seuls le despotat de Morée (Péloponnèse), l'Empire de Trébizonde (Asie Mineure) et la Principauté de Théodoros (Crimée) échappent à l'emprise ottomane, respectivement jusqu'en 1460, 1461 et 1475.

LES THALASSOCRATIES ITALIENNES

La rivalité entre Venise et Gênes dépasse le simple cadre de la compétition commerciale. Les deux cités se livrent une guerre féroce entre 1378 et 1381, la guerre de Chioggia, qui précipite la chute du commerce génois. À la fin du XIVe siècle, le commerce en Méditerranée et en mer Noire est soumis à la loi de Venise. Figure de proue des thalassocraties italiennes, Venise devient le symbole de l'expansion occidentale en Orient, parvenant à s'y maintenir après la fin des croisades en 1291 et la chute de Constantinople en 1453.

Le sultan Mehmed II, par Gentile Bellini, 1480, National Gallery de Londres (Angleterre).

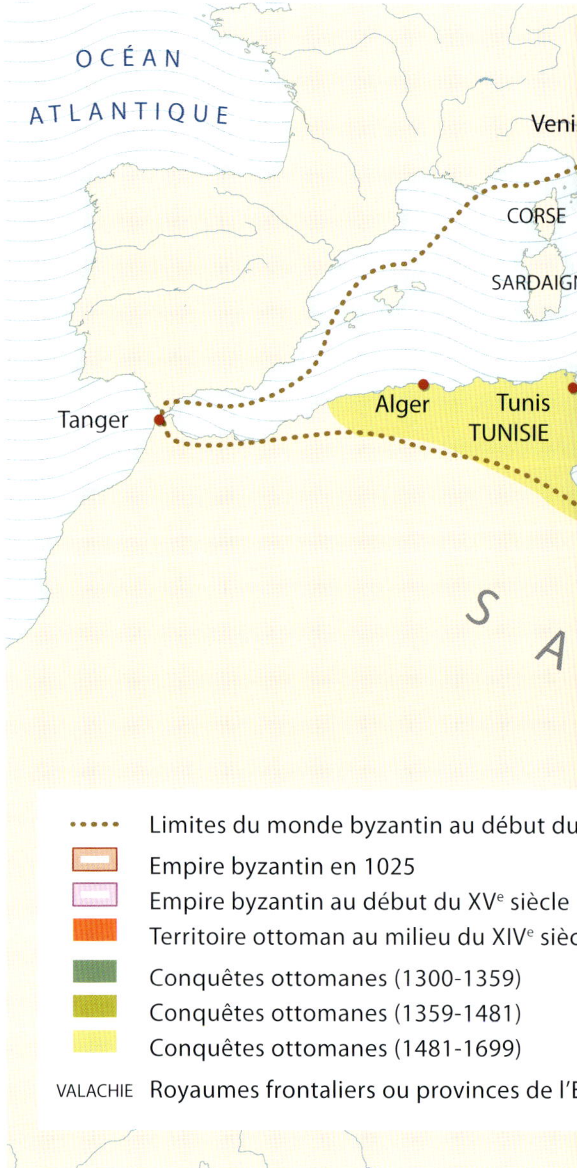

NICOPOLIS ET LES DERNIERS ESPOIRS BYZANTINS

Le 25 septembre 1396, l'armée ottomane de Bajazet Ier défait une croisade menée par le roi Sigismond de Luxembourg, roi de Hongrie.
La bataille, pendant laquelle périt la fine fleur de la chevalerie européenne, marque un tournant dans la conquête des Balkans par les Ottomans. Après cette date, l'Empire byzantin se retrouve dans une situation d'isolement extrême, à la merci de son menaçant rival oriental.

Bilan

La prise de Constantinople s'inscrit dans la phase finale du déclin de l'Empire byzantin. Elle découle par ailleurs de plusieurs siècles d'affaiblissement de la puissance byzantine, marginalisée et écrasée par les intérêts commerciaux des puissances chrétiennes en Méditerranée. En juin 1453, l'armée de siège du sultan Mehmet II terrasse les dernières défenses et s'empare de la ville. Constantinople inscrit désormais son histoire dans le monde ottoman, dont elle devient immédiatement la capitale, pont entre l'Occident et l'Orient.

Reflux byzantin et expansion ottomane (XIe-XVIIIe siècle)

Autrefois maître des rives orientales de la Méditerranée et de la mer Noire, l'Empire romain d'Orient se heurte aux ambitions d'un nouveau rival. À la fin du XIIIe siècle, les Kayi, tribu oghouze installée en Anatolie deux siècles plus tôt, montent en puissance sous l'égide d'Osman. Celui-ci, couronné sultan en 1299, soumet de force les autres tribus anatoliennes et entreprend la conquête méthodique des provinces orientales, puis européennes de l'Empire byzantin. Au début du XVe siècle, ce dernier se réduit à l'enclave de Constantinople, qui résiste inlassablement aux assauts ottomans. Mais le 29 mai 1453, affaiblie par les sièges et abandonnée par les puissances chrétiennes, la glorieuse cité cède et devient la capitale d'un nouvel Empire.

Le crépuscule ottoman

L'âge d'or de l'Empire ottoman, vaste mosaïque de nations s'étendant des confins de l'Asie centrale aux Balkans en passant par les côtes du Maghreb, s'achève à la mort de Soliman Ier, dit « le Magnifique », en 1566. En 1571, une coalition d'États du sud de l'Europe (États pontificaux, Venise et Espagne) menée par le roi espagnol Philippe II anéantit la flotte turque à Lépante (Grèce). Cette défaite sonne le glas des ambitions ottomanes en Méditerranée et amorce le début d'un long déclin.

La bataille de Lépante, bien qu'elle ne mette pas fin à l'Empire ottoman, instille l'idée qu'il n'est pas invincible. Lorsque la guerre reprend en 1683, les masses de soldats européens qui affluent aux portes de l'Autriche jouissent d'un avantage psychologique indéniable. En septembre, le siège de Vienne s'achève par une victoire totale de la coalition germanique emmenée par le roi de Pologne Jean III Sobieski. Les Ottomans abandonnent la Hongrie et la Transylvanie, perdent Belgrade en 1688 et se retranchent sur la rive gauche du Danube, qui devient la frontière entre les mondes chrétien et musulman. Le sultan est fragilisé par cette succession de défaites et perd son ascendant sur ses sujets. Les janissaires, puissant corps d'élite de l'armée constitué au XIVe siècle, se montrent de plus en plus indisciplinés et font preuve d'ingérence dans les affaires de l'État. Plusieurs sultans, jugés trop réformateurs, ont déjà été renversés à leur initiative. Il s'agit de Bajazet II en 1512, d'Osman II en 1622 et d'Ibrahim Ier en 1648.

Un empire en repli

À partir du XVIIIe siècle, le sultan ottoman se heurte aux ambitions de la Russie, qui lorgne les possessions ottomanes des Balkans, du Caucase et surtout de Crimée. Cette dernière offrirait à l'empire de Catherine II un accès à la mer Noire. Entre 1710 et 1812, l'armée ottomane accumule les défaites. La partie occidentale de l'empire se comprime avec la perte de son emprise sur les principautés balkaniques ; la mer Noire, autrefois considérée comme un lac ottoman, passe progressivement sous contrôle russe, de même que le Caucase. Ce reflux militaire provoque une montée des protestations contre l'action du sultan Mahmud II qui, en 1826, décide d'éliminer l'encombrant corps des janissaires. Le 16 juin, il déclenche un plan préparé de longue date : les casernes des janissaires sont détruites par l'artillerie et incendiées avec leurs occupants, dont les rescapés sont égorgés en pleine rue. L'opération fait près de 120 000 morts sur un effectif de 140 000 hommes ; les quelques survivants se réfugient dans les provinces autonomes du Maghreb, dont un grand nombre auprès de la régence d'Alger. En 1828, profitant du désordre régnant au sein de l'armée ottomane, les Russes reprennent l'offensive en soutien de la révolte du peuple grec. En 1829, l'armée russe s'approche à 68 km de Constantinople et pousse le sultan à accepter l'humiliant traité d'Andrinople.

L'homme malade de l'Europe

À partir du milieu du XIXe siècle, les puissances européennes s'affairent au démembrement minutieux de l'Empire ottoman. L'expansionnisme russe vers les mers chaudes est à son paroxysme ; les Britanniques entreprennent quant à eux de renforcer leur présence en Asie centrale et en Méditerranée. Les deux puissances antagonistes – on parle alors d'une rivalité coloniale baptisée le « grand jeu » – s'opposent en 1853 en Crimée. En octobre, une nouvelle offensive russe déclenche la constitution d'une coalition réunissant la France, le Royaume-Uni et la Sardaigne. L'épisode culminant de la campagne est le siège de Sébastopol, base navale stratégique de Crimée, qui s'achève par une défaite russe. Le traité de Paris de 1856, s'il

LES BOTTES DU MORT, par PÉPIN.

Caricature évoquant le démembrement de l'Empire ottoman, après les traités de San Stefano et de Berlin, par Pépin dans *Le Grelot*, le 11 août 1878.

marque une perte d'influence de la Russie en mer Noire, ne profite pourtant pas aux Ottomans. La mer Noire et les Dardanelles sont déclarées zones maritimes neutres, avec interdiction d'y faire naviguer des navires de guerre ou de construire des fortifications sur leurs côtes. L'Empire ottoman, « homme malade » de l'Europe selon la formule du tsar Nicolas Ier, entame la dernière phase de son déclin. En 1876, l'éveil des nationalités fragilise un peu plus son intégrité territoriale ; des soulèvements populaires surviennent en Bulgarie et en Bosnie et servent de prétexte à une nouvelle intervention russe. En 1912, la création de la Ligue balkanique enflamme la péninsule.

La chute du sultanat

Rallié à l'alliance des empires centraux dès 1914, le sultan Mehmed V attaque sans succès l'Égypte, sous protectorat britannique, et le Caucase. En 1915, les Ottomans repoussent un débarquement des troupes britanniques et françaises dans les Dardanelles. Dans le Caucase, en Palestine et en Mésopotamie, les offensives alliées progressent irrésistiblement. Acculée, l'armée ottomane s'effondre pendant l'automne 1918. L'abattement et l'humiliation déclenchent toutefois un sursaut populaire. De nombreux officiers supérieurs, dont le général Mustafa Kemal, se montrent hostiles au défaitisme ambiant et, depuis Ankara,

LE GÉNOCIDE ARMÉNIEN

Au début de la Grande Guerre, le sultan Mehmed V est confronté aux revendications nationalistes des Arméniens. En février 1915, il décrète l'élimination systématique de la population, puis la déportation des survivants vers l'extérieur de l'empire. Entre 800 000 et 1,2 million de personnes perdent la vie au cours de ces massacres. Des actions similaires frappent les minorités grecques pontiques et assyriennes. Le gouvernement turc, s'il a reconnu les faits après la guerre, refuse toujours de considérer l'événement comme un génocide d'État.

Mehmed VI, dernier sultan ottoman, peu avant son exil, vers 1922-1923.

réclament la constitution d'une République moderne et laïque en juin 1919. Le 13 août 1920, la signature du traité de Sèvres ampute l'empire de l'Arménie, de la Syrie, du Liban, de l'Irak, de la Palestine et de la Transjordanie ; son territoire se limite désormais à l'Anatolie et à l'enclave de Constantinople (qui deviendra Istanbul en 1930). En novembre 1922, le sultanat est aboli par la grande Assemblée nationale de Turquie présidée par Kemal. Mehmed VI, dépossédé de sa fonction de sultan, mais demeurant chef religieux du monde musulman (calife), préfère quitter le pays et se réfugie à Malte avec l'appui des Britanniques. Ainsi disparaît l'Empire ottoman, qui a dominé sans partage la Méditerranée orientale pendant quatre siècles.

LA DÉCLARATION BALFOUR

L'article 95 du traité de Sèvres, signé en 1920 après la défaite ottomane lors de la Première Guerre mondiale, encourage « l'établissement d'un foyer national pour le peuple juif » en Palestine, devenue un protectorat britannique, selon les principes énoncés en 1917 par Arthur Balfour, secrétaire britannique aux affaires étrangères. Cette initiative, résultat de l'alliance des gouvernements occidentaux avec les groupes d'influence sionistes, entraîne une première vague de migrations. Le 29 novembre 1947, l'autorisation par l'ONU de la constitution d'un État juif, Israël, déclenche une guerre civile entre les deux communautés.

Bilan

La fulgurance de l'essor de l'Empire ottoman n'a d'égale que la lenteur de son déclin. À partir du XIVe siècle, il impose sa domination militaire et commerciale au XVe siècle en Méditerranée orientale. Mais l'empire du sultan est une mosaïque de peuples aux cultures et aux religions très singulières qui ne demandent qu'à s'émanciper. L'expansionnisme russe à partir du XVIIIe siècle, puis le jeu des alliances européennes au XIXe siècle accélèrent sa chute. La Turquie moderne, sortie de la Grande Guerre dans le camp des vaincus, devient une puissance régionale sous l'égide de Mustafa Kemal.

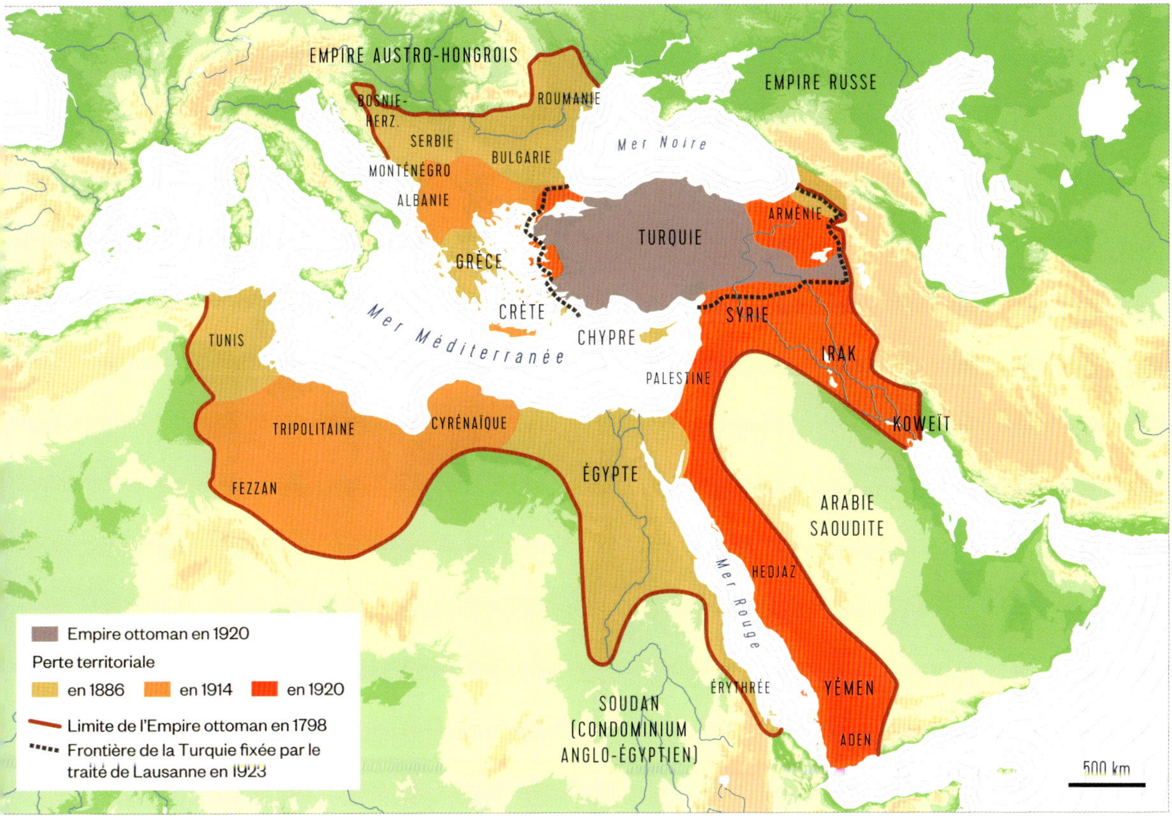

Le déclin de l'Empire ottoman (1798-1923)

Régnant sans partage sur la Méditerranée orientale depuis le XVIe siècle, le territoire ottoman se rétracte sous la pression des politiques coloniales mises en œuvre au XIXe siècle par les puissances européennes. Les incursions françaises en Algérie et en Tunisie, britanniques au Soudan et en Égypte, puis italiennes en Tripolitaine évincent progressivement les Ottomans du continent africain. Ayant pris parti pour les Empires centraux en 1914, le sultan sort de la Première Guerre mondiale dans le camp des vaincus. En vertu du traité de Lausanne, l'Empire ottoman, devenu la République de Turquie sous l'égide de Mustafa Kemal, perd ses territoires européens, hormis l'enclave de sa capitale historique Constantinople et se replie sur l'Anatolie.

Les grandes épidémies

L'histoire épidémiologique regorge d'épisodes de forte mortalité dus à l'irruption de maladies mortelles incontrôlables. Si la variole, la rougeole, la syphilis, le choléra, la grippe et le sida ont apporté à l'humanité leurs lots de malheurs, quatre fléaux ont plus durement frappé l'Occident : le typhus, la lèpre, l'ergotisme ou « mal des ardents » et la peste. Par l'effroi qu'elles ont répandu et les dommages humains qu'elles ont occasionnés, ces grandes vagues de surmortalité ont lourdement pesé dans le développement économique et social du monde médiéval et moderne .

Les premières descriptions de la lèpre datent de 600 ans avant J.-C., en Chine, en Inde et en Égypte. Maladie infectieuse chronique, mais peu contagieuse, elle se manifeste par de graves lésions cutanées et des troubles nerveux. Certaines hypothèses soutiennent que le virus a été ramené en Europe par les guerriers d'Alexandre le Grand, puis par les commerçants phéniciens et romains. Plus tard, les Évangiles synoptiques (Matthieu, Marc et Luc) relatent la guérison de lépreux par Jésus, le terme « lèpre » servant à l'époque à désigner diverses maladies de peau d'origine et de gravité variables. Au Moyen Âge, les symptômes sont clairement établis et les lépreux sont mis au ban de la société. Rejetés par leur communauté et leur famille, ils sont placés dans des « léproseries » aussi appelées « maladreries » ou « ladreries ». Les fortes poussées endémiques donnent également lieu à des mesures de ségrégation et d'exclusion sociale héréditaires, comme celles endurées au XIIIe siècle par les cagots en Gascogne et dans le Piémont pyrénéen et les cacous en Bretagne. Le recul de la lèpre en Europe débute dès le XVIe siècle grâce à l'amélioration des conditions sanitaires.

Le mal des ardents

En 945, en Île-de-France et en Champagne, les moines recueillent dans leurs infirmeries des personnes atteintes d'une pathologie peu ordinaire. L'un d'eux consigne ses observations : « *Une grande peste de pustules œdématiées a consumé la population atteinte d'une pourriture répugnante, de sorte que leurs membres ont été gangrénés et sont tombés avant qu'ils meurent.* » On nomme ce mal « feu sacré », « feu de l'enfer » ou encore « mal des ardents ». En 1089, la maladie atteint son pic de contaminations et touche simultanément la Lorraine, la Bourgogne, la Champagne et l'Aquitaine, faisant des dizaines de milliers de morts parmi les couches les plus vulnérables de la population, c'est-à-dire les paysans. Certains malades soignés dans des hôpitaux de l'ordre des Antonins guérissent grâce à une alimentation variée. Perçues comme miraculeuses, ces guérisons renforcent la légende de saint Antoine, saint protecteur de l'ordre, qui devient le patron des ergotiques. Les moines, bénéficiant de nombreuses donations,

LA LÈPRE, PRÉTEXTE À DES PERSÉCUTIONS

En 1320, le bruit court que les lépreux, possédés par le malin, empoisonnent les puits avec l'aide des juifs et musulmans, afin de contaminer la population. Cette rumeur est à l'origine de persécutions – le roi de France lui-même fait périr de nombreux lépreux sur le bûcher pour sorcellerie. En Europe du Nord, dans la vallée du Rhin et en Espagne chrétienne, les juifs sont conduits en masse au bûcher. Excédé par ces dérives, le pape avignonnais Clément VI accorde sa protection aux communautés persécutées.

La Peste à Tournai (Belgique) *en 1092*, représentation de la Grande Procession de la Vierge Marie, par Louis Gallait, 1881, musée des Beaux-arts de Tournai.

traitent leurs malades à l'aide du « saint vinage », curieuse boisson obtenue en filtrant le vin avec les reliques du saint. À partir du XIIIe siècle, l'accroissement de la culture du méteil (mélange de seigle et blé) réduit l'impact sur la population de l'ergotisme, dû à l'intoxication par un champignon parasite du seigle. La maladie sévit cependant par épisodes dans les grandes villes d'Europe jusqu'à la fin du XVe siècle.

Les ravages de la peste noire

La peste est responsable des plus grandes catastrophes démographiques de l'histoire de l'humanité. En 429, Athènes est ravagé par une épidémie, en 542 la maladie fait des milliers de victimes à Constantinople avant de s'étendre aux côtes européennes et africaines de Méditerranée. Elle est présente de façon endémique en Asie centrale au haut Moyen Âge. En 1334, un nombre inhabituel de cas se déclarent dans la province chinoise du Hubei et l'épidémie s'étend rapidement aux contrées voisines. Dix ans plus tard, les Mongols attaquent la ville portuaire de Caffa, comptoir génois de la mer Noire. Les assaillants, selon leur habitude, catapultent par-dessus les murs les cadavres de leurs soldats infectés et contaminent les habitants – il est également plausible que des rats, passant des camps mongols vers l'intérieur de la ville, aient agi comme vecteurs. À la fin des hostilités, les bateaux génois quittent la ville et disséminent la peste dans les ports d'escale : la maladie frappe Messine en septembre 1347, Gênes et Marseille en novembre, puis Venise en juin 1348. Dès lors, l'épidémie de peste se répand dans toute l'Europe, où elle profite d'un terrain favorable : les populations, dépourvues d'anticorps contre cette forme du bacille de la peste, sont de surcroît affaiblies par une série de famines – conséquences d'un refroidissement climatique – et par des crises sanitaires répétées.

Le typhus, le mal des prisons et de la guerre

Transmis aux humains par les acariens, les puces et les poux, le typhus est la maladie de la saleté et de la promiscuité. Elle se manifeste par une fièvre, des taches rouges sur l'intégralité du corps et évolue vers le délire, la gangrène et la décomposition des chairs. En 1477, elle touche à plus grande échelle les captifs turcs d'une prison vénitienne, puis affecte leurs geôliers. Toutefois, sa première description fiable est effectuée pendant le siège de Grenade en 1489 – où elle est responsable de la mort de près de 17 000 assiégeants chrétiens. En mai 1528, pendant les guerres d'Italie, le typhus frappe l'armée française devant Naples et décime près de la moitié des effectifs. La guerre de Trente Ans coïncide avec l'irruption d'un nouvel épisode infectieux qui s'éteint avec la fin du conflit. On constate une résurgence du mal pendant les guerres napoléoniennes. Le fléau se déchaîne notamment pendant l'expédition de Russie de 1812 et alourdit le fardeau d'une Grande Armée déjà mal en point. Au XXe siècle enfin, entre 1919 et 1922, 20 à 30 millions de personnes sont touchées en Russie et 3 millions périssent. Les derniers cas sont relevés pendant la Seconde Guerre mondiale dans les camps de concentration nazis et sur les champs de bataille russes.

La Divine Comédie de Dante Alighieri, Dante et Virgile face aux pestiférés, miniature du XIIIe siècle, bibliothèque marcienne de Venise.

LA GRIPPE ESPAGNOLE

Durant l'hiver 1918-1919, l'Europe est frappée de plein fouet par une pandémie de grippe de souche H1N1 originaire de Chine. En quelques mois, elle provoque la mort de 20 à 40 millions de personnes sur le continent ; un nombre dépassant le bilan de la Première Guerre mondiale, qui vient de s'achever (18,6 millions). Des études récentes évaluent entre 50 et 100 millions le nombre de victimes potentielles dans le monde en intégrant les estimations concernant les pays d'Asie, d'Afrique et d'Amérique du Sud, durement touchés à la même période.

Bilan

La lèpre, l'ergotisme, la peste et le typhus sont à l'origine des pires maladies que le monde ait connues. Leurs ravages, concentrés en de violents épisodes plus ou moins étendus dans le temps et l'espace, sont ancrés dans les cultures populaires. Assimilées à des punitions divines, elles ont entretenu un mysticisme morbide qui a influencé les arts et les mentalités. La peste noire, notamment, a profondément marqué l'Occident en éradiquant, selon les estimations, entre 30 et 50 % de la population européenne entre 1347 et 1352.

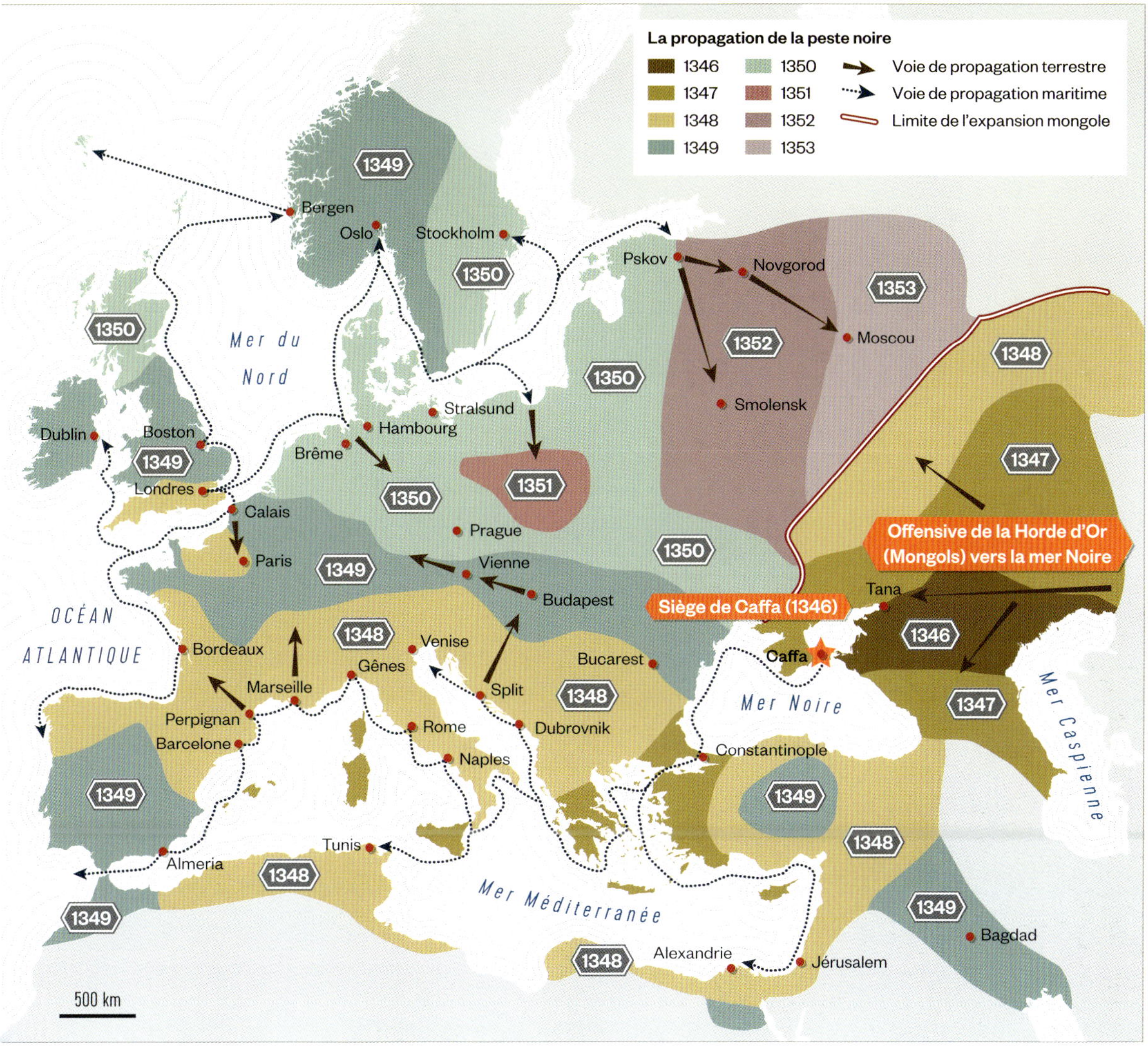

La propagation de la peste noire (1346-1353)

Importée d'Asie par les Mongols, la peste noire décime les défenseurs du port de Caffa en 1346. Lorsque le siège est levé, les navires génois reprennent la mer et répandent le fléau lors de leurs escales. Les villes côtières de Grèce, de Turquie et d'Italie sont les premières touchées. Très vite, l'épidémie se propage en Europe de l'Ouest, au Maghreb et au Proche-Orient. En Europe centrale, son irruption est plus tardive, de même qu'en Angleterre, où les témoignages évaluent les pertes entre 20 et 50 % de la population. La France, forte de 17 millions d'habitants en 1340, a perdu 7 millions d'âmes en 1440, soit une surmortalité de 41 %. À l'instar des autres pays touchés, elle ne retrouvera son niveau démographique que deux siècles plus tard.

Les grands explorateurs

Depuis la nuit des temps, les civilisations humaines, avides de connaissances et surtout de richesses, manifestent un engouement constant pour les explorations lointaines. Le voyage du navigateur massaliote Pythéas dans les mers du nord de l'Europe entre 330 et 300 avant J.-C. inaugure une longue tradition d'explorateurs. Au début du Moyen Âge, les Vikings, remarquables marins, reprennent le flambeau et entreprennent les premières expéditions au long cours à bord de leurs drakkars.

À la fin du Xe siècle, Leif Erikson, explorateur islandais, prend connaissance du récit d'un commerçant norvégien, Bjarni Herjolfsson, qui, suite à une erreur de navigation survenue pendant une traversée vers le Groenland, aurait aperçu à l'ouest des étendues rocailleuses et boisées inconnues. Erikson appareille et atteint quelques jours plus tard une côte rocheuse et gelée qu'il baptise « Helluland » (« pays des pierres plates »), probablement l'île de Baffin. Il met ensuite cap au sud et atteint l'actuel Labrador, qu'il nomme « Markland », « le pays des forêts ». Deux jours de navigation supplémentaires le mènent sur un littoral foisonnant de vigne sauvage, le « Vinland », situé non loin du golfe du Saint-Laurent (Canada actuel). Quelques mois après cette découverte, son frère Thorvald reprend le flambeau. C'est lors de cette nouvelle expédition qu'un premier contact est établi avec les indigènes, baptisés « Skraelings » (littéralement « hommes maigres »), probablement des Indiens micmacs dont l'hostilité empêche l'établissement d'une colonie. Suite à cet échec, l'engouement retombe rapidement, ainsi que le souvenir de l'existence du « Vinland ».

Marco Polo et les richesses de l'Orient

Au XIIIe siècle, d'autres contrées lointaines alimentent les rêveries. En 1271, Marco Polo, jeune marchand vénitien, entreprend une expédition vers la Chine en compagnie de son père et son oncle. L'itinéraire emprunte la route de la soie et traverse l'Asie centrale. En 1275, l'empereur mongol de Chine Koubilaï Khan les accueille dans sa résidence d'été de Shangdu. Le khan porte un grand intérêt à ses visiteurs et se lie d'amitié avec Marco, dont il fait son conseiller à la cour de Pékin. Pendant trois années, celui-ci est envoyé en mission au Tibet, en Chine du Sud et en Birmanie. En 1291, les trois hommes quittent la Chine, empruntent le détroit de Malacca, longent la côte indienne, débarquent à Ormuz, atteignent le rivage de la mer Noire, puis Venise, qu'ils rallient en 1295. En 1298, Marco Polo est présent à la bataille navale de Curzola (Croatie), perdue par les Vénitiens face aux Génois. Retenu dans les geôles génoises, il tue le temps en dictant à son compagnon de cellule ses mémoires de voyages. L'ouvrage, nommé *Livre des merveilles du monde*, évoque des

LA RENAISSANCE DES ARTS

La découverte des gisements de métaux précieux d'Amérique et la fin de la guerre de Cent Ans entre la France et l'Angleterre (1453) favorisent la croissance économique du continent européen à partir de la seconde moitié du XVe siècle. La renaissance des arts, née en Italie au siècle précédent, se répand en Europe grâce à des artistes du nom de Léonard de Vinci, Michel-Ange, Raphaël, Botticelli ou encore Le Caravage. Cette période établit un pont entre le Moyen Âge et l'époque moderne et ressuscite l'héritage gréco-romain antique.

Caravane de chameaux sur la route de la soie, traversant les Monts Tian. Illustration extraite du *Livre des Merveilles* de Marco Polo, XIVe siècle, BNF.

régions « où les pierres précieuses se cueillent à même le sol », des mers « où des mages envoûtent les requins et où les pêcheurs ramassent des perles de tailles invraisemblables ». En dépit de ses exagérations, ses indications permettent de dresser des cartes qui se révéleront exactes et permettront d'établir une liaison entre l'Europe et l'Orient.

Le voyage de Bartolomeu Dias

En 1487, le roi Jean II du Portugal confie à Bartolomeu Dias le commandement d'une expédition dont le but est d'ouvrir une voie maritime vers les Indes, la route terrestre de la soie, par laquelle sont importées les épices très prisées en Europe, n'étant plus accessible depuis la prise de Constantinople par les Turcs. La flotte quitte Lisbonne le 10 octobre 1487, longe la côte d'Afrique de l'Ouest, puis atteint le golfe de Conceicão (Walwis Bay en Namibie) en décembre. Victime d'un coup de vent, Dias aborde le versant oriental de l'Afrique sans en avoir aperçu la pointe méridionale. Le 12 mars 1488, ses navires jettent l'ancre à Kwaaihoek (Afrique du Sud), près de l'embouchure de la rivière Bushmann. C'est sur le chemin du retour, en mai 1488, qu'il découvre le cap de Bonne-Espérance – baptisé ainsi par Jean II, qui estime alors avoir « bon espoir » d'atteindre les Indes. Bartolomeu Dias est de retour au Portugal en décembre 1488, au terme d'un périple de six mois. Dans la foule venue l'accueillir est présent un jeune navigateur génois du nom de Christophe Colomb, présent à Lisbonne pour présenter au roi son projet d'exploration vers l'ouest de l'océan Atlantique. Pour l'heure, Jean II affecte toutes ses ressources à l'ouverture d'une route commerciale vers l'est. En 1497, Vasco de Gama devient le premier Européen à atteindre l'Asie par voie maritime.

L'EXPLORATION SPATIALE, LA NOUVELLE ÉTAPE

Dans un contexte post-1945 marqué par la course technologique entre les blocs russe et américain, l'humanité débute une nouvelle phase de son expansion. Le 21 juillet 1969, douze ans après l'envoi du satellite *Spoutnik* par les Russes et huit ans après les premiers vols habités hors de l'atmosphère, l'Américain Neil Armstrong pose le pied sur la Lune. De nos jours, après une longue mise en sommeil, la conquête spatiale semble connaître un second souffle, avec l'espoir d'établir des colonies humaines sur la Lune et Mars.

Entrevue de Christophe Colomb avec les rois catholiques à son retour d'Amérique en 1493, par García Ibáñez, musée de l'Armée de Madrid (Espagne).

Christophe Colomb en Amérique

En 1491, Christophe Colomb convainc la reine Isabelle de Castille de la possibilité de franchir l'Atlantique pour atteindre les Indes orientales (« rejoindre le Levant par le Ponant »). Il quitte Palos de la Frontera (Huelva) le 3 août 1492 avec trois navires – deux caravelles, la *Pinta* et la *Niña*, et une nef, la *Santa Maria*. Après une escale aux Canaries, il entame une traversée éprouvante, marquée par les menaces de mutineries. Le matin du 12 octobre 1491, après deux mois sans avoir aperçu la terre, la flotte arrive en vue d'une côte inconnue. Sans le savoir, Christophe Colomb met pied à terre sur un îlot de l'archipel des Bahamas. Les indigènes, nommés « Indiens » – car il pense avoir atteint les Indes orientales –, se montrent craintifs face à l'arrivée des explorateurs. À son retour le 4 mars 1493, Colomb est accueilli en héros à la cour de Lisbonne. Le roi Jean du Portugal, à défaut de disposer d'un passage vers les Indes, voit dans la découverte de l'explorateur une opportunité de s'approprier des richesses en métaux précieux et en épices ; entre 1519 et 1522, il finance l'expédition de Fernand de Magellan, qui réalise la première circumnavigation (tour du monde), atteint les Philippines et prouve définitivement au monde que la terre est ronde. L'heure est venue pour les grandes puissances européennes d'exploiter ces vastes territoires et d'édifier de puissants empires commerciaux.

Bilan

Pendant des siècles, l'humanité a bénéficié des découvertes d'une poignée d'explorateurs éclairés : Pythéas, premier explorateur connu de l'histoire ; Leif Erikson, découvreur de l'Amérique ; Marco Polo, témoin des splendeurs de l'Extrême-Orient ; Bartolomeu Dias, aventurier de l'océan Indien, et Christophe Colomb, initiateur du grand empire colonial espagnol. Tous ont montré la voie à de nombreux autres, permettant de repousser les limites du monde connu.

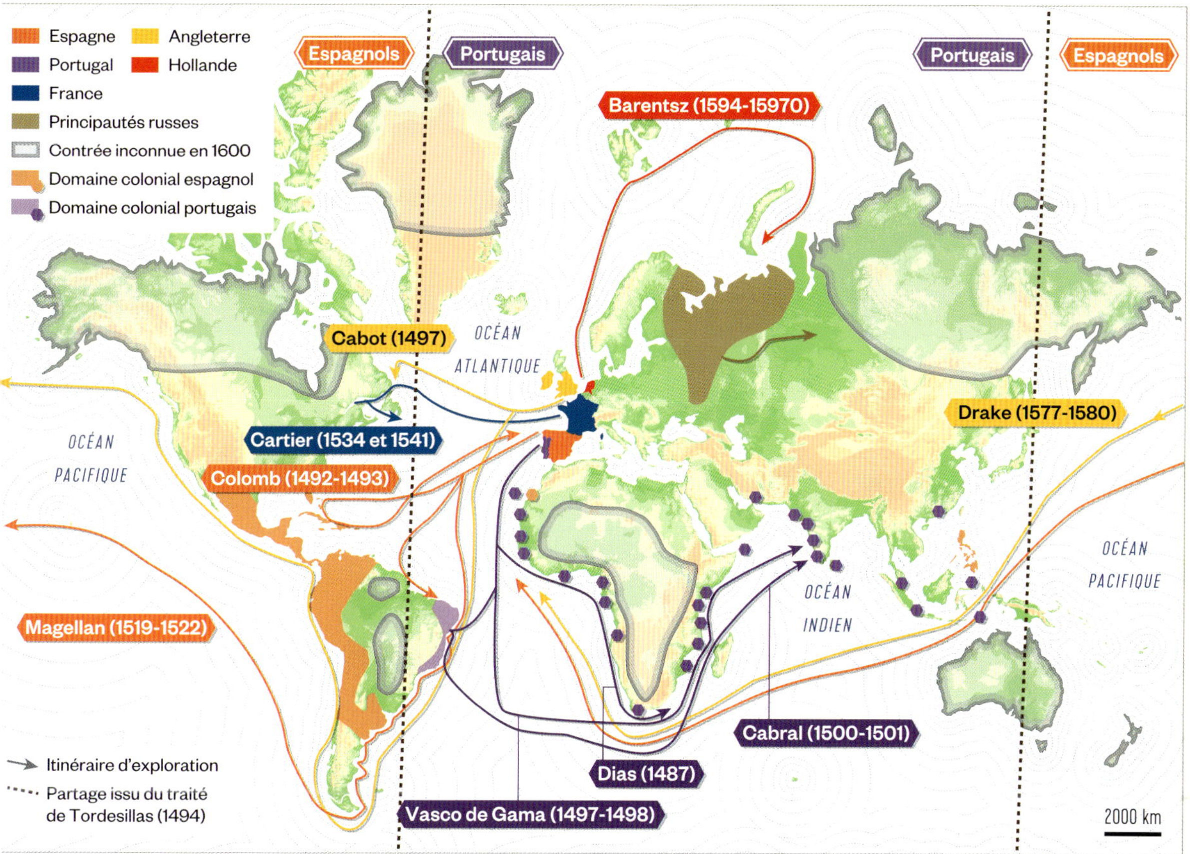

Les grandes expéditions et les premiers empires coloniaux

Le perfectionnement des navires et l'allongement de leur autonomie marquent une nouvelle étape dans l'exploration du globe terrestre. À partir du XVe siècle, les navigateurs européens se lancent dans des expéditions longues et périlleuses. Les Portugais, espérant découvrir un passage vers les Indes, sont les premiers à prendre l'initiative, suivis des Espagnols. Français et Anglais explorent l'Amérique du Nord, tandis que les Hollandais découvrent les terres arctiques. En 1494, le traité de Tordesillas octroyé par le pape établit un partage du monde strict entre l'Espagne et le Portugal, contrariant les ambitions coloniales des autres puissances chrétiennes. Ces deux nations sont ainsi à l'origine des premiers empires coloniaux de l'histoire.

La colonisation du Nouveau Monde

Au tout début du XVIe siècle, l'Europe vit toujours dans l'ignorance de l'existence de terres immenses au-delà de l'océan Atlantique. Le Génois Christophe Colomb, dont les quatre expéditions destinées à découvrir un passage vers les Indes ont été des échecs, a toutefois ouvert la voie à une génération de marins avides de découvrir les contours du Nouveau Monde atteint en 1492. Les souverains européens, alléchés par les richesses rapportées par leurs explorateurs, saisissent le potentiel de la découverte et se lancent dans la constitution de vastes domaines coloniaux.

Entre 1497 et 1504, le Florentin Amerigo Vespucci prend la mer pour le compte de la couronne de Castille. Par ses relevés minutieux, il met en évidence les erreurs de jugement de ses prédécesseurs et démontre que les territoires découverts appartiennent à un continent inconnu des Européens, bientôt baptisé « Amérique » en son honneur. Les Britanniques et les Français ne sont pas étrangers à la course transatlantique qui s'engage. En 1497, Jean Cabot, un Vénitien passé au service du roi d'Angleterre Henri VIII, débarque sur la côte de Terre-Neuve, persuadé d'avoir atteint le continent asiatique. En 1498, c'est un Portugais, João Fernandes Lavrador qui touche le continent, donnant son nom au territoire du Labrador. En 1500, un autre Portugais, Pedro Alvares Cabral, découvre les rivages du Brésil. En 1523, le Florentin Giovanni da Verrazzano, sous pavillon français, s'engage dans l'estuaire de l'Hudson, qu'il baptise « Nouvelle Angoulême » en l'honneur du roi François Ier, né de la branche des Valois Angoulême.

Espagnols et Portugais, colonisateurs de masse

Le Portugal, peuple de navigateurs et d'explorateurs émérites, prend une longueur d'avance sur ses rivaux. La colonisation du Brésil, qui débute en 1532, obéit à un modèle original : le roi du Portugal Jean II lègue à de grands seigneurs de vastes domaines dont ils assument l'administration en son nom. L'Espagne, implantée sur les îles d'Hispaniola (Saint-Domingue) et Cuba, concentre quant à elle ses efforts sur les rivages d'Amérique centrale par les actions agressives des conquistadors. Entre 1519 et 1521,

Entrée de Hernan Cortés à Tlaxcala après la bataille d'Otumba le 18 juillet 1520, XVIIIe siècle, musée de l'Amérique de Madrid.

Débarquement des puritains d'Angleterre arrivés par le *Mayflower* en Amérique du Nord en 1620, par Cosson-Smeeton d'après un tableau de A. Gisbert.

Hernan Cortés conquiert l'Empire aztèque (golfe du Mexique) en faisant preuve d'une cruauté sans nom. Quelques années plus tard, Francisco Pizarro s'empare du Pérou. Les Incas, décimés par les maladies importées par les Européens (grippe, rougeole...), sont exterminés et les survivants réduits en esclavage. En 1533, Diego de Almagro progresse le long de la cordillère des Andes et crée la colonie du Chili. Les richesses incommensurables arrachées aux Indiens, en pierres précieuses et métaux rares, incitent la couronne espagnole à établir des routes commerciales permanentes. Les colonies accueillent de nombreux ordres évangélistes, dont le plus puissant, l'ordre des jésuites, qui se pose en protecteurs des peuples amérindiens. Ils sont à l'origine d'un enracinement profond de la religion catholique en Amérique du Sud, encore très vif de nos jours.

La lente colonisation de l'Amérique du Nord

Au début du XVIe siècle, l'Amérique du Nord demeure dans son ensemble inexplorée. Le 24 juillet 1534, le Français Jacques Cartier débarque dans le golfe du Saint-Laurent et prend possession de ce territoire, baptisé « Nouvelle France », au nom du roi François Ier. Il revient de ce voyage avec la promesse d'un lucratif commerce de fourrures. Sa tentative de colonisation est cependant un échec ; il faut attendre 1608 pour voir Samuel Champlain fonder la colonie du Québec. Mais l'établissement, victime du peu d'ambition manifesté par les monarques français, stagne ; en 1635, sa population atteint péniblement les 85 individus. Les explorations se poursuivent néanmoins : en 1682, Cavelier de la Salle remonte le fleuve Mississippi et offre à la France une vaste région baptisée « Louisiane ». En Angleterre, les persécutions des minorités religieuses poussent de nombreuses personnes à l'émigration vers les modestes établissements de Virginie et de Nouvelle-Angleterre. Les « pères pèlerins » débarquent pour la première fois près du cap Cod (Massachusetts) à bord du *Mayflower* en novembre 1620. Treize colonies sont fondées entre 1607 et 1732 : la Virginie, le Massachusetts, le New Hampshire, le Maryland, le Connecticut, le Rhode Island, le Delaware, la Caroline du Nord, la Caroline du Sud, le New Jersey, New York, Pennsylvanie et la Géorgie.

L'ESCLAVAGE

Le 22 janvier 1510, le roi Ferdinand d'Aragon autorise la déportation de centaines d'Africains vers les Amériques. En 1538, les Portugais, présents sur les deux rives de l'Atlantique Sud, entreprennent de déplacer des populations vers les Caraïbes et l'Amérique du Sud pour remplacer leurs esclaves indiens, peu dociles. Le trafic d'esclaves implique la déportation de près de 10 millions de personnes. La traite des Noirs est abolie par les principales puissances coloniales entre 1807 (Royaume-Uni) et 1850 (Brésil).

LE TRAITÉ DE TORDESILLAS

Le 7 juin 1494, réunis par le pape Alexandre VI, Jean II du Portugal, Ferdinand II d'Aragon et Isabelle de Castille signent un traité plaçant la totalité des territoires d'Amérique sous la souveraineté de l'Espagne, à l'exception du Brésil, laissé au Portugal. Les autres puissances, évincées, s'en remettent à la piraterie et à la contrebande pour tenter de capter les richesses du Nouveau Monde. Mais, au début du XVIIe siècle, les persécutions des protestants et la proclamation du schisme anglican, hostile au pape, ouvrent une nouvelle phase de colonisation.

La guerre de Sept Ans, une guerre mondiale

La rivalité franco-anglaise en Amérique du Nord ne cesse de croître avec l'élargissement des domaines coloniaux qui, immanquablement, finissent par se heurter. En Europe, en 1758, la Prusse de Frédéric II, soutenue par l'Angleterre, entraîne contre elle une vaste coalition continentale menée par la France. Le conflit s'étend rapidement aux domaines coloniaux. L'Angleterre fournit un effort de guerre admirable et s'empare facilement des « îles à sucre » françaises et de la Floride, tenue par les Espagnols. Le 26 juillet 1758, le fort français de Louisbourg, à l'embouchure du Saint-Laurent, tombe. L'année suivante, les Britanniques lancent une campagne terrestre et contraignent le marquis de Montcalm à abandonner ses positions. En septembre 1759, la bataille des Plaines d'Abraham se solde par une déroute française et ouvre les portes de la ville de Québec. L'estocade est portée le 20 novembre 1759, avec l'anéantissement de la flotte française dans la baie de Quiberon, qui prive le Canada français de ses dernières voies de ravitaillement maritimes. Le 10 février 1763, par le traité de Paris, la France, vaincue dans la guerre de Sept Ans (1756-1763), cède à sa rivale la province du Canada et tous les territoires sous son contrôle dans les vallées de l'Ohio et du Mississippi. C'est la fin de l'empire colonial français en Amérique du Nord.

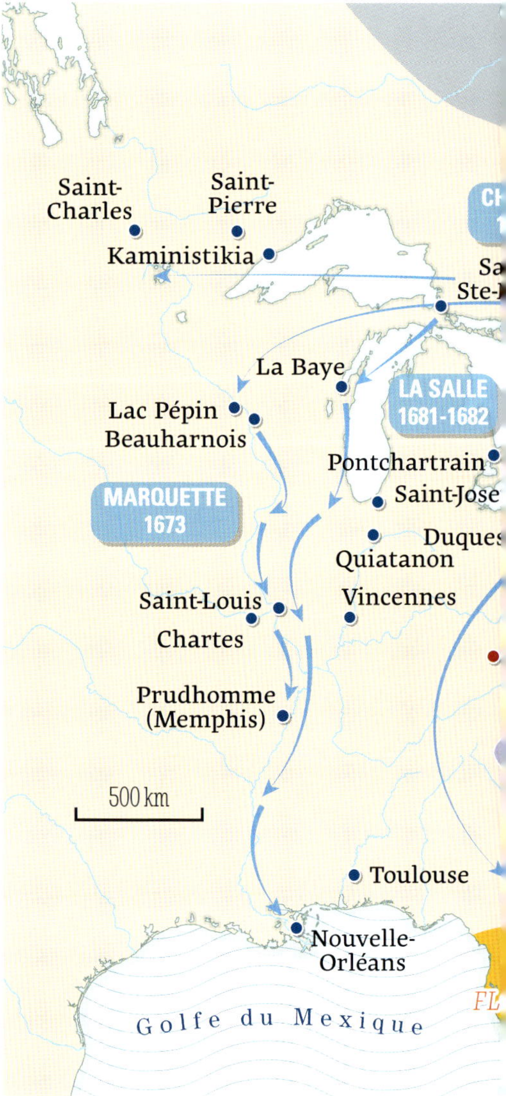

Bilan

Les premiers enjeux de la colonisation européenne outre-Atlantique concernent l'appropriation des richesses d'Amérique du Sud. Dès le début du XVIe siècle, les conquistadors espagnols soumettent les peuples indiens et implantent des établissements commerciaux florissants. Négligée par les Espagnols et les Portugais, l'Amérique du Nord fait l'objet d'une attention nouvelle au siècle suivant avec l'arrivée des minorités religieuses. La rivalité franco-anglaise au Canada et dans l'Ohio éclate lors de la guerre de Sept Ans, qui s'achève par le démembrement de l'empire colonial français.

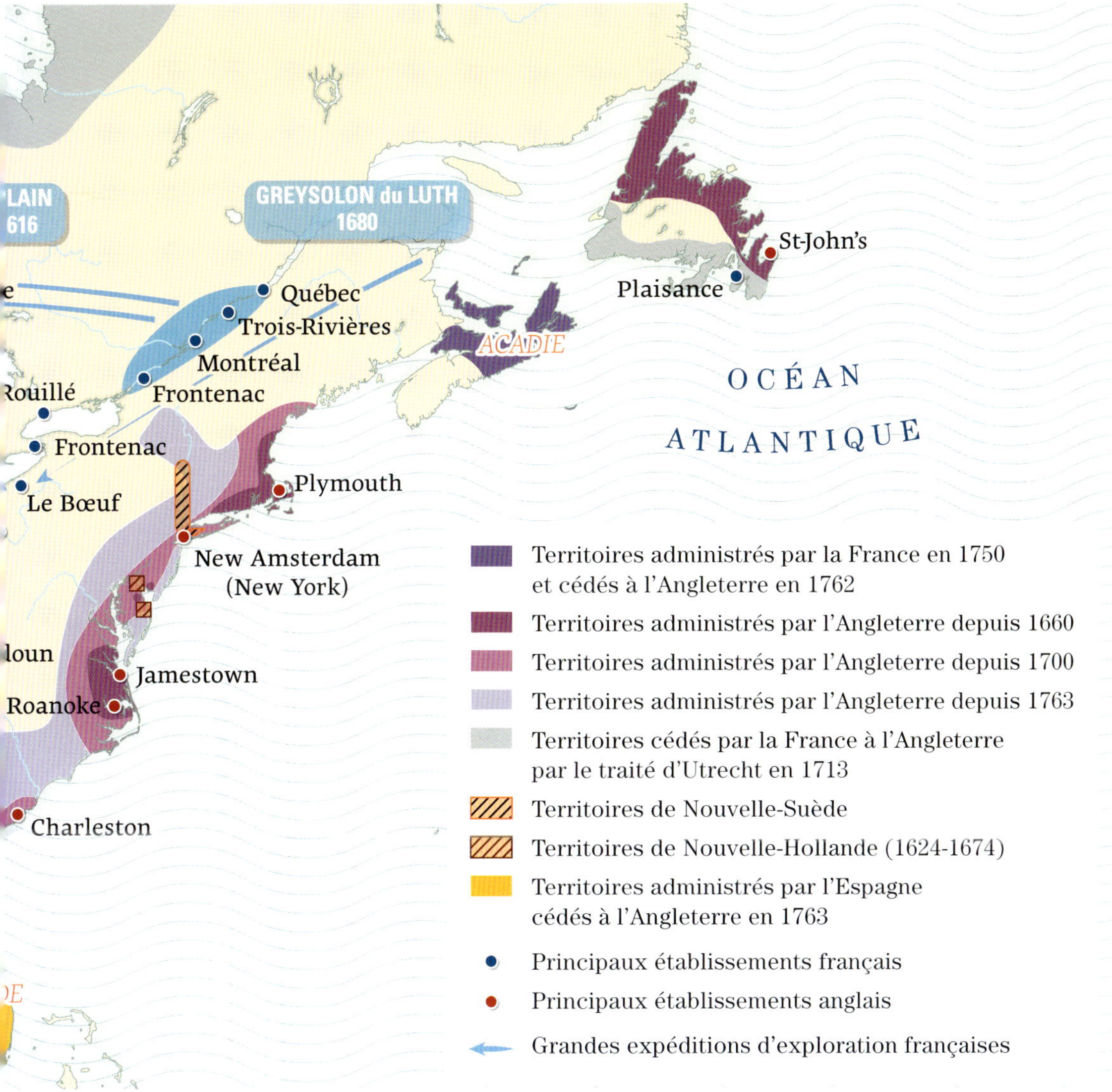

La présence européenne en Amérique du Nord (XVIIe-XVIIIe siècle)

L'Amérique du Nord, explorée par les navigateurs européens depuis le début du XVIe siècle, ne suscite pas l'enthousiasme des Portugais et des Espagnols, obnubilés par les richesses des civilisations précolombiennes. Le sous-continent subit ainsi une colonisation tardive, au XVIIe siècle ; elle est le fait de la France, de l'Angleterre, de la Suède et des Pays-Bas. Tandis que ces deux dernières nations sont rapidement expulsées au cours du XVIIe siècle, Français et Anglais suivent des modèles de développement différents. Lorsque la guerre de Sept Ans éclate en 1756, les territoires français de Québec et d'Acadie accusent un retard de peuplement préjudiciable. En 1763, par le traité de Paris, la France renonce définitivement au Canada.

La seconde colonisation

L'émancipation des colonies américaines, initiée dans la deuxième moitié du XVIIIe siècle, a mis à terre les vieux empires. À partir de 1815, l'espace colonial espagnol est à son tour menacé par les mouvements de libération nationale d'Amérique du Sud et se replie sur ses possessions de Porto Rico et de Cuba. Un nouvel élan s'amorce en 1830 lorsque la France, nostalgique de sa gloire militaire passée, s'implante au Maghreb et prend Alger. C'est le premier acte d'un mouvement de colonisation qui va placer la totalité du continent africain sous domination européenne pendant près d'un siècle.

En 1830, le roi de France Charles X, souverain impopulaire, décrète l'envoi d'une expédition armée contre la régence d'Alger, alors province autonome de l'Empire ottoman. La capitulation de la ville le 5 juillet est le prélude à un vaste mouvement de colonisation de l'Afrique. Néanmoins, ce continent mystérieux n'intéresse pas les Européens, qui se contentent d'établir des comptoirs commerciaux sur ses côtes. Pour l'heure, seuls des explorateurs, scientifiques ou aventuriers se lancent dans son exploration ; par leurs récits relayés dans la presse, ils font naître un engouement dans le public. En 1828, le Français René Caillé rallie la côte de Guinée à la ville de Tombouctou, au Mali, puis atteint le port marocain de Tanger. Dans les années 1850, David Livingstone, médecin et missionnaire, débarque sur le continent africain et parcourt des régions inconnues. Entre 1854 et 1856, il remonte le cours du Zambèze, découvre les chutes Victoria et atteint le littoral de l'océan Indien. En 1866, il est le premier Occidental à admirer le lac Tanganyika.

L'intensification du mouvement

De 1870 à 1880, la révolution industrielle fait naître de nouveaux modes de vie et de nouveaux besoins auxquels répondent les richesses découvertes en Afrique : or, diamants et métaux rares. Pour les industriels européens, fragilisés par la dépression économique de 1873 et le retour des politiques protectionnistes, les colonies représentent des débouchés intéressants. Les gouvernements y voient quant à eux un exutoire à leurs désirs de conquête, dans une Europe où règne le principe des nationalités. À ce calcul s'ajoute une ambition de christianisation et de civilisation des peuples indigènes, présumés inférieurs. En 1876, le roi des Belges Léopold II, désirant accroître son territoire, fonde l'Association internationale africaine dont le but est d'explorer le continent et plus particulièrement le bassin du Congo. Sous son patronage, l'Anglais Henry Morton Stanley lance une série d'expéditions le long du fleuve. Mais au même moment, un autre explorateur, le Français Pierre Savorgnan de Brazza, débarque sur la côte gabonaise avec l'intention d'y implanter une colonie. Plus au sud, le Portugal réclame l'exclusivité commerciale sur l'embouchure du Congo en reconnaissance de droits historiques. En 1884, pour éviter que les tensions ne dégénèrent, le chancelier allemand Bismarck propose de tenir une conférence à Berlin.

LA CRISE DE FACHODA

En septembre 1898, ce poste avancé français, situé à 650 km au sud de la capitale soudanaise Khartoum, devient le théâtre d'une crise internationale majeure entre la France et le Royaume-Uni. Le 18 septembre 1898, les corps d'exploration du capitaine Marchand et de lord Kitchener se trouvent face à face. Le risque de guerre entre les deux puissances est écarté par la diplomatie. Le 11 décembre 1898, constatant son infériorité numérique, la France retire ses troupes.

Bombardement d'Alger, le 3 juillet 1830, par Antoine Morel-Fatio, musée de Versailles.

Le nouveau partage du monde

La conférence de Berlin, entre novembre 1884 et février 1885, décide du partage du continent africain, avec l'objectif d'arbitrer les tensions naissantes entre les puissances colonisatrices. La France obtient une grande partie de l'Afrique occidentale (Mauritanie, Sénégal, Mali, Guinée, Côté d'Ivoire, Niger, Burkina Faso, Togo et Bénin), des possessions en Afrique équatoriale (Gabon, Moyen-Congo, Tchad et Oubangui-Chari (République centrafricaine) ainsi que Madagascar et La Réunion. L'Angleterre s'implante en Afrique orientale et méridionale tandis que les Portugais obtiennent la reconnaissance de leur souveraineté sur l'Angola et le Mozambique. L'Allemagne reçoit le Togo, le Cameroun, la Namibie et obtient la création d'une zone de liberté des échanges dans le bassin du Congo. Les autres puissances acquièrent des territoires mineurs ; ce sont la Belgique (Congo), l'Espagne (enclaves de Ceuta et Melilla, région marocaine du Rif, Sahara occidental, Guinée équatoriale) et l'Italie (Libye, Érythrée, Somalie). L'Asie fait l'objet d'un partage moins formel. Les Pays-Bas se maintiennent en Indonésie, qu'ils occupent depuis 1605, de même que l'Espagne aux Philippines et à Guam. Entre 1858 et 1907, la France, jalouse de la réussite des Britanniques, qui ont créé à Hong Kong, en Inde, à Ceylan et à Singapour des comptoirs commerciaux florissants, réunit les territoires actuels du Vietnam, du Laos et du Cambodge en une vaste colonie, l'Indochine.

Les tensions coloniales

La colonisation européenne fait appel à la violence. Les peuples indigènes, submergés par les moyens matériels et la puissance de feu des corps expéditionnaires, n'ont d'autre choix que de se soumettre. L'administration des colonies adopte trois formes. Le protectorat implique le partage de la souveraineté entre la métropole et les autorités locales, bénéficiant d'une protection d'ordre militaire et économique. L'assimilation, appliquée dans les colonies françaises, proclame la communauté des droits, des devoirs et de l'instruction ; elle est à l'origine d'un irrespect des coutumes locales. L'association, tendance anglaise par excellence, se focalise sur la promotion du système éducatif et sur l'autonomie politique. Vers la fin du XIXe siècle, des mouvements contestataires se déclarent et

DARWIN, CAUTION MORALE DES COLONISATEURS

Les théories de Charles Darwin, en vogue en Europe au XIVe siècle, soutiennent la prépondérance de la sélection naturelle des espèces dans le phénomène de l'évolution. Ses théories scientifiques sont rapidement étendues aux sociétés humaines par les nationalistes et les idéologues extrémistes. La « lutte des races », raisonnement organisant l'humanité selon un rapport dominant/dominé, est un moteur idéologique de la colonisation européenne en Afrique.

sont sévèrement réprimés. En Inde, entre 1857 et 1859, les cipayes (Indiens enrôlés dans l'armée coloniale britannique) employés par la Compagnie anglaise des Indes orientales se mutinent et déclenchent une révolte populaire contre l'occupation européenne. En 1871, l'Algérie française est ébranlée par la révolte du cheikh Mokrani, qui entraîne le soulèvement de 250 tribus kabyles. Enfin, en Chine, une société secrète surnommée les « Boxers » se rebelle et assiège les bureaux des légations étrangères à Pékin, motivant l'intervention d'une coalition européenne en juin 1900.

Pierre Savorgnan de Brazza, explorateur français, en mission au Congo dans le cadre d'une enquête administrative, *Le Petit Journal*, 19 mars 1905.

Bilan

À partir du milieu du XIXe siècle, les puissances européennes font de l'Afrique leur terrain de chasse. Le traité de Berlin en 1885 divise le continent en colonies : la France devient prépondérante au Maghreb et en Afrique occidentale ; le Royaume-Uni s'approprie l'Afrique orientale et méridionale ; le fleuve Congo est ouvert au libre commerce. L'Asie fait également l'objet d'un intérêt renouvelé. L'Inde, conquise au XVIIIe siècle par les Britanniques, devient le joyau de l'Empire colonial britannique, tandis que la France crée en Asie du Sud-Est une puissante colonie, l'Indochine.

Les empires coloniaux européens en 1914

La seconde phase de la colonisation européenne, consécutive à la chute des grands empires coloniaux français et espagnol au XVIIIe siècle, concerne en premier lieu l'Afrique. Au XIXe siècle, le continent, possédant de nombreuses ressources indispensables aux nouveaux besoins des sociétés occidentales, se trouve au centre d'un partage lors de la conférence de Berlin en 1885 et devient le nouveau théâtre de la rivalité franco-anglaise. L'Asie, historiquement parsemée de comptoirs commerciaux, fait l'objet d'un regain d'intérêt de la part des puissances. Tandis que l'Empire des Indes, possession britannique depuis le XVIIe siècle, est consolidé par son intégration à la couronne, la France républicaine prend pied sur la péninsule indochinoise.

Les révolutions libérales et les nationalismes

L'épopée napoléonienne, achevée en 1815, a emporté avec elle les espoirs d'une génération nostalgique des élans révolutionnaires. Dans la première moitié du XIXe siècle, l'Europe, remodelée par les vainqueurs de la France, se fond dans le système imaginé par Metternich, le chancelier autrichien, qui s'efforce de maintenir les vieilles souverainetés au mépris du droit des peuples. Un mouvement artistique et intellectuel naît dans ce contexte, le romantisme ; il est l'expression du désenchantement et du pessimisme ambiants. Mais, partout en Europe, les mouvements libéraux gagnent de l'ampleur ; ils vont progressivement bouleverser l'ordre établi.

Le 1er octobre 1814, quelques mois après la première abdication de l'empereur français Napoléon Ier, exilé sur l'île d'Elbe, s'ouvre à Vienne, en Autriche, un congrès réunissant les puissances européennes : l'Autriche, l'Angleterre, la Russie, la Prusse et la France. Le but de cette réunion est de procéder au démembrement de l'ancien Empire français, qui a bouleversé le vieil ordre politique de l'Europe. L'acte final, signé le 8 juin 1815, prévoit le renforcement de l'influence de l'Autriche en Italie du Nord, brisant les espoirs d'indépendance de la Lombardie et rendant au pape la souveraineté sur ses anciennes provinces. À l'est, la Pologne est partagée entre la Russie, la Prusse et l'Autriche. Les conclusions du traité de Vienne vont à contre-courant d'une idée nouvelle apportée par la Révolution française, celle du droit des peuples à disposer d'eux-mêmes. En renforçant le poids des vieux États multinationaux, elles créent les conditions propices à la montée des nationalismes, terreau des guerres d'indépendance à venir.

L'éveil des sentiments nationaux

En 1820, le peuple grec entre en rébellion contre le joug ottoman. Au terme d'une guerre meurtrière, ponctuée de massacres effroyables, comme à Chios en 1821, la Grèce obtient la reconnaissance de son indépendance lors de la conférence de Londres en février 1830. Cette issue ouvre une brèche dans laquelle s'engagent tous les nationalistes d'Europe. Pendant l'été, la Belgique, rattachée au royaume des Pays-Bas en 1815, réclame à son tour la reconnaissance de sa spécificité nationale et se proclame royaume indépendant en novembre. Au même moment, la Pologne s'insurge contre l'occupation russe ; il faut neuf mois à l'armée du tsar pour reprendre Varsovie et écraser la rébellion. Dans certains États de la confédération germanique, les populations s'insurgent contre le rétablissement de l'absolutisme au détriment des constitutions libérales apportées au début du XIXe siècle par le gouvernement impérial français. En Italie, les duchés de Modène, Parme, Plaisance, Bologne et des Marches sont en proie à des désordres civils comparables. L'intervention violente de l'empereur autrichien met un terme à cette première tentative d'unification, mais amplifie la haine à l'encontre des occupants.

LE RISORGIMENTO

Le feu du nationalisme couve depuis le début du XIXe siècle. En 1859, le mouvement connaît un nouvel élan grâce à l'appui de l'empereur français Napoléon III. Un premier ensemble indépendant se forme autour du Piémont. En 1860, Garibaldi lance son « Expédition des mille » et permet l'annexion des Deux-Siciles et des États pontificaux. Le royaume d'Italie est alors proclamé, avec à sa tête Victor-Emmanuel II. En 1866, la Vénétie est liée à l'Italie, parachevant l'unification italienne.

Massacre des gardes suisses lors de la prise du Louvre le 29 juillet 1830, par Jean-Louis Bézard, 1832, musée Carnavalet (Paris).

1830, la France malmène sa monarchie

L'épisode le plus marquant de l'été 1830 se déroule à Paris. La restauration en 1815 de la dynastie des Bourbons sur le trône de France a rencontré de nombreux obstacles, contournés tant bien que mal par le roi Louis XVIII. À sa mort en 1824, l'idée du retour de la monarchie est acceptée par le peuple français. Mais l'avènement de Charles X marque une rupture avec la politique d'apaisement de son prédécesseur. Le nouveau roi bafoue les principes de la « charte constitutionnelle », constitution octroyée par son successeur, et se fait sacrer à Reims selon la tradition de l'Ancien Régime. L'impopularité du souverain est renforcée par l'irruption d'une grave crise économique et une succession de mauvaises récoltes entre 1826 et 1830. En août 1829, la nomination d'un gouvernement composé d'ultraroyalistes fait planer la crainte d'un coup de force royaliste contre l'assemblée législative. Au début du mois de juillet 1830, la dissolution de la Chambre, puis la publication de quatre ordonnances liberticides mettent le feu aux poudres. Dans la nuit du 27 au 28 juillet, la population de Paris dresse des barricades. Rapidement, les républicains tiennent la capitale et fraternisent avec les soldats envoyés à leur rencontre. Le 31 juillet, le duc d'Orléans Louis-Philippe est proclamé lieutenant-général du royaume, puis roi des Français avec la promesse d'une libéralisation du régime.

1848, le printemps des peuples

La « Monarchie de Juillet », incarnée par Louis-Philippe Ier, déçoit. Son action est minée par les difficultés économiques et l'opposition libérale de plus en plus vive à l'assemblée. Le 23 février 1848, l'interdiction d'un banquet en faveur de

LES INDÉPENDANCES HISPANO-AMÉRICAINES

Dès le début du XIXe siècle, les juntes d'Amérique latine, qui ont profité de l'affaiblissement de la monarchie espagnole pendant l'occupation française (1807-1813), allument les premiers feux de la rébellion. Simon Bolivar évince les Espagnols de leur colonie de « Nouvelle-Grenade » et rêve de créer une république de Grande Colombie unissant la Colombie actuelle, l'Équateur, le Venezuela et le Pérou. Son rêve demeure inachevé et chaque pays s'émancipe. Le découpage politique du sous-continent se précise en 1824, date de l'indépendance du Pérou.

Alphonse de Lamartine rejetant le drapeau rouge en 1848, par Henri Félix Philippoteaux, musée Carnavalet (Paris).

l'élargissement du corps électoral dégénère en affrontements. Paris se hérisse une nouvelle fois de barricades. Le 25 février, la royauté française est emportée et la IIe République est proclamée ; synthèse des aspirations romantiques et libérales du moment, elle se réclame du socialisme chrétien. Ses premières mesures sont symboliques : la peine de mort pour crimes politiques est abolie, ainsi que l'esclavage ; la liberté de la presse, de réunion et le droit au travail sont érigés en principes immuables. Les événements parisiens ont des répercussions dans toute l'Europe ; c'est le « printemps des peuples ». En Allemagne, des constitutions naissent sous la pression populaire en Bade, en Hesse-Darmstadt, à Nassau, au Wurtemberg ; en mars, les États se réunissent à Francfort et évoquent leur unification en un empire fédéral et libéral. À Vienne, le gouvernement Metternich est renversé par des libéraux qui abolissent les droits féodaux et les privilèges. En Italie, l'agitation pousse les Autrichiens à intervenir. Très vite, les libéraux perdent du terrain partout et sont expulsés du pouvoir. Pourtant, malgré la répression qui s'abat, la flamme patriotique brûle toujours.

Bilan

Les mouvements d'émancipation du XIXe siècle sont nés des dispositions territoriales antinationales du congrès de Vienne en 1815. Le droit des peuples à disposer d'eux-mêmes, héritage de la Révolution française, resurgit avec une vigueur inédite en 1830. En France, la monarchie change de visage. Mais Louis-Philippe Ier, résolument libéral, ne résiste pas aux exigences du peuple. En 1848, son régime est balayé par un nouveau soulèvement parisien. L'événement déclenche une série de révoltes en Europe, le « Printemps des peuples », début d'une longue marche vers la démocratie.

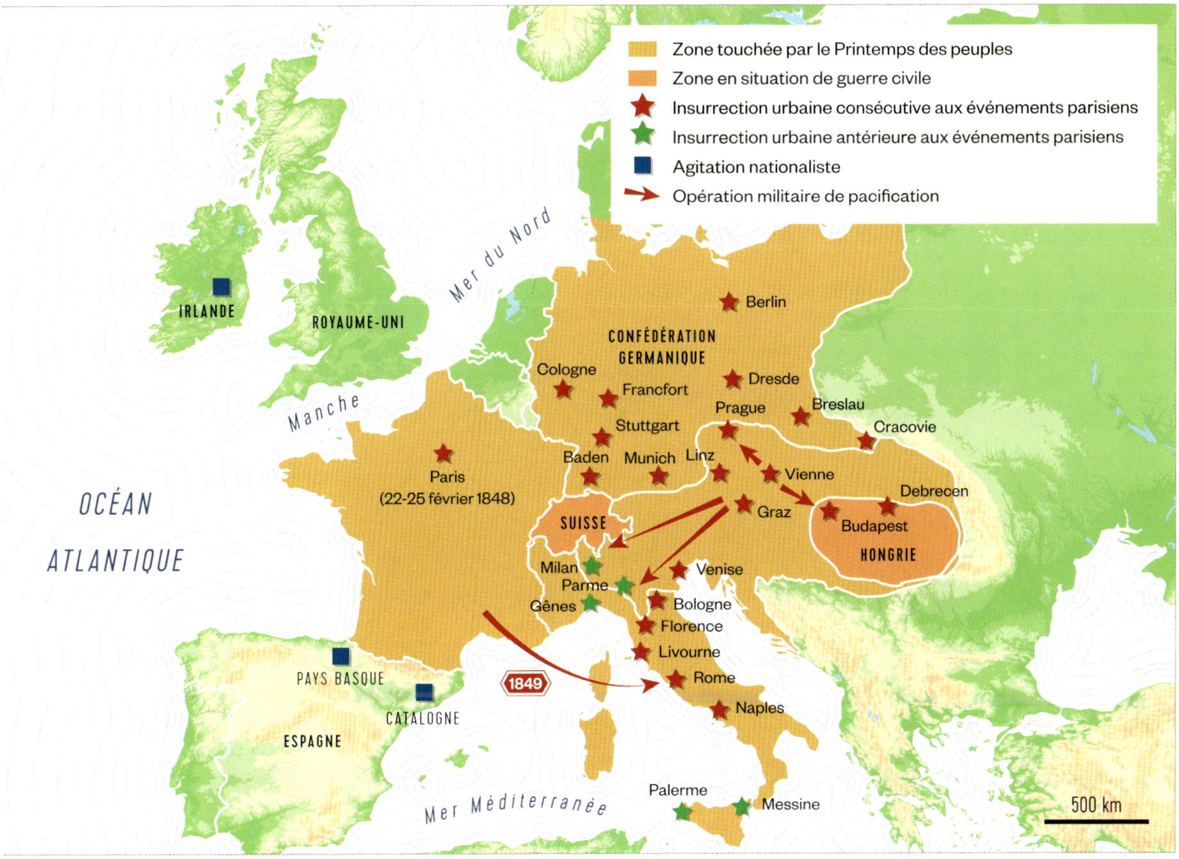

Les révolutions en Europe en 1848

Le « Printemps des peuples » de 1848 trouve son fondement dans le rejet par le peuple de l'ordre établi par le traité de Vienne et dans la négation par les souverains européens du principe des nations. Les événements parisiens servent de détonateur à un vaste soulèvement. La Hongrie tente de se défaire de la tutelle autrichienne, mais la révolte est écrasée par l'empereur Ferdinand Ier avec l'appui de la Russie. L'Italie profite de l'embrasement général pour poursuivre sa marche vers l'unification et l'émancipation de la tutelle de Vienne. Ainsi, en 1849, les émeutes se poursuivent en Lombardie et en Ligurie. La Suisse, également ébranlée par un vent nationaliste, plonge dans une guerre civile qui aboutit à la constitution d'un État fédéral.

L'essor du communisme

La révolution industrielle en Europe, initiée au début du XIXe siècle, a profondément transformé le monde du travail, vidant les campagnes pour peupler massivement les villes d'ouvriers. La paupérisation des travailleurs et l'essor du capitalisme font naître différents courants socialistes, visant à l'émancipation de la classe ouvrière, dont Karl Marx est le porte-étendard. L'antagonisme historique entre « prolétariat » et « patronat », qui va aiguiller les relations sociales au XXe siècle, est né.

Au XIXe siècle, en France comme en Grande-Bretagne, les conditions de travail sont pénibles. Hommes, femmes et enfants rapportent de maigres revenus de leur dur labeur et vivent dans la hantise du chômage. La réunion des travailleurs dans de vastes unités de production aux conditions de vie précaires et les inégalités de plus en plus flagrantes avec la haute bourgeoisie entraînent la politisation de la classe ouvrière. Ce phénomène se heurte dans un premier temps à des obstacles légaux : en France, la loi Le Chapelier de 1791 contre les corporations proscrit toute association de travailleurs ainsi que le recours à la grève. De l'autre côté de la Manche, la législation est moins restrictive. En 1824, les ouvriers gagnent le droit d'adhérer à des « *trade unions* » (syndicats), associations chargées de défendre leurs droits. En France, la chute de la monarchie en 1848 fait naître un mince espoir de renouveau, mais la politique réactionnaire de la IIe République déçoit. L'agitation sociale du « printemps des peuples » porte néanmoins les germes de doctrines sociales d'avant-garde.

L'idéologie marxiste et la 1re Internationale

Philosophe allemand installé à Paris, Karl Marx se lie d'amitié avec son compatriote Friedrich Engels. Les deux hommes travaillent de concert et publient une série d'ouvrages, dont *L'Idéologie allemande*, livrant une conception matérialiste de l'histoire. Exilé à Londres pour des raisons politiques en 1849, Marx poursuit ses travaux. Il réunit dans la capitale anglaise les représentants des mouvements socialistes d'Europe lors d'un congrès baptisé « Ire Internationale ». Son discours inaugural, prononcé le 28 septembre, donne le ton : « *La conquête du pouvoir politique est devenue la tâche principale de la classe ouvrière [...] Prolétaires de tous les pays, unissez-vous !* » Mais la diversité de l'audience, mélangeant communistes, proudhoniens, anarchistes et indépendantistes de tous pays, ne permet pas de fixer de feuille de route claire. La principale décision du congrès est la création de l'Association internationale des travailleurs (AIT), représentée dans chaque pays par des sections.

PROUDHON

Philosophe et sociologue français, Pierre-Joseph Proudhon se fait remarquer en 1842 avec son ouvrage *Qu'est-ce que la propriété ?*, dans lequel il écrit sa célèbre formule : « *La propriété, c'est le vol.* » Socialiste libertaire, proche de l'anarchisme, il déplore la vision doctrinaire de Marx, contraire à la raison et à la logique qui doivent selon lui être au centre de toute action politique. Il poursuit jusqu'à la fin de sa vie son combat pour la liberté et contre les inégalités, autour de thèmes forts : l'autogestion, le crédit gratuit et le fédéralisme.

« Karl Marx, chef de l'Internationale », photographie d'Ernest Charles Eugène Appert, musée Carnavalet (Paris).

En 1867, Marx publie la première partie du *Capital*, qui lui a demandé vingt ans de travail – les deux autres tomes de l'ouvrage seront achevés et publiés par Engels après la mort de son camarade. L'AIT, victime de dissensions entre Marx et Bakounine, qui refuse la centralisation de la gouvernance, est quant à elle dissoute en 1876.

La Commune de Paris

En mars 1871, la chute de l'empire de Napoléon III face à la Prusse crée les conditions d'un nouveau soulèvement. Les Parisiens, qui ont vaillamment résisté au siège des Prussiens, refusent les conditions de la paix, imposées depuis Versailles par le gouvernement de Thiers, qu'ils jugent illégitimes. À Montmartre, le 18 mars, un détachement chargé de récupérer les canons de la Garde nationale est attaqué par la population. Les insurgés établissent un Comité central dans l'hôtel de ville et instaurent leur propre gouvernement. Le 26 mars est organisé un suffrage universel pour élire une municipalité souveraine. Les « communards » se réclament de la Révolution française, de Proudhon, Blanqui, Bakounine, et articulent leurs premières actions autour de thèmes universels : l'instruction gratuite, la laïcité, la lutte contre la pauvreté, la justice sociale… Thiers, pendant ce temps, réunit 100 000 hommes aux portes de la capitale. Le 21 mai, l'armée « versaillaise » entame la reconquête de la ville, achevée sept jours plus tard. C'est une véritable expédition punitive : les soldats se livrent à des exécutions sommaires ; on compte 20 000 morts dans les rangs des communards. Marx, qui a salué les avancées démocratiques apportées par la Commune, tire une conclusion amère de son écrasement : pour s'imposer, le prolétariat devra non seulement s'emparer du pouvoir, mais également le détruire.

LE TERRORISME ANARCHISTE

Pendant les dernières décennies du XIXe siècle, les anarchistes extrémistes utilisent la « propagande par le fait », stratégie d'action politique visant à éveiller les consciences en perpétrant toutes sortes d'actes, y compris terroristes. En France, les événements les plus marquants sont les attentats à la bombe perpétrés en mars 1892 par François Claudius Koënigstein, dit « Ravachol ». En Russie, les terroristes « nihilistes » – anarchistes niant l'existence de l'État et œuvrant à son anéantissement – assassinent le tsar Alexandre II en 1881.

Lénine (Vladimir Ilitch Oulianov), homme d'État et révolutionnaire russe, prononçant un discours sur la place Rouge à Moscou (Russie) en 1919.

La révolution russe de 1917

Au siècle suivant, la Russie, minée par de profondes divisions internes, entre dans la Grande Guerre aux côtés des démocraties occidentales. L'initiative de Nicolas II plonge le pays dans une profonde dépression : huit millions d'hommes ont perdu la vie sur le front d'Europe de l'Est et l'effort de guerre a ruiné l'économie. Décrédibilisé, le tsar est renversé le 16 mars 1917 par un gouvernement révolutionnaire dominé par Aleksander Kerenski, souhaitant instaurer une République démocratique. Mais la Douma, assemblée sans grand pouvoir, fait face à l'émergence de conseils populaires nommés « Soviets », guidés par une idéologie plus extrémiste. En avril, le socialiste (bolchevik) Lénine prend la tête du mouvement et appelle à une révolution générale. Le 15 juillet, un premier soulèvement est réprimé par la troupe à Petrograd. Le 6 novembre, les bolcheviks s'emparent sans coup férir de Moscou. Majoritaires au premier congrès des Soviets, ils constituent un gouvernement autour de leur chef de file, Vladimir Ilitch Lénine. Celui-ci promulgue une série de mesures immédiates : paix avec l'Allemagne, nationalisation des entreprises, réforme agraire en faveur des paysans et assouplissement des conditions de travail des ouvriers. Mais, mis en minorité dans l'assemblée constituante élue en novembre, Lénine ordonne sa dissolution et instaure un régime autoritaire.

Bilan

La redéfinition du monde du travail est à l'origine d'une redéfinition sociale sans précédent. L'émergence d'une classe ouvrière au plus bas de l'échelle et d'une bourgeoisie de plus en plus riche crée des tensions auxquelles l'idéologie socialiste tente d'apporter des éléments de réponse. Ses tentatives d'application se déroulent dans des contextes de violence : en 1871, la Commune de Paris est réprimée dans le sang ; en 1917, la révolution russe d'Octobre, si elle met un terme au règne des tsars, instaure un régime totalitaire.

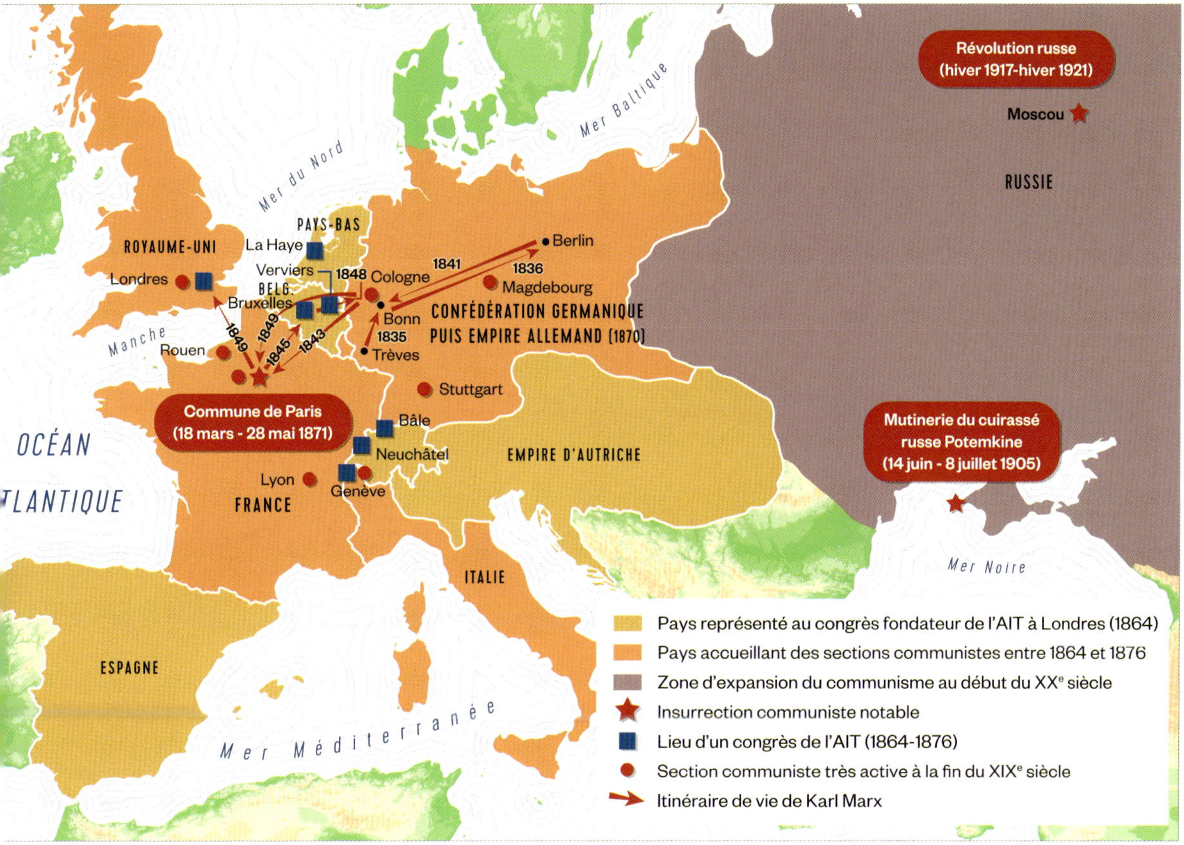

La diffusion de l'idéologie communiste (fin XIXe-début XXe siècle)

Le communisme, né des thèses des philosophes et théoriciens allemands Karl Marx et Friedrich Engels, répond aux aspirations du monde ouvrier du XIXe siècle. Peu après la parution en 1848 du *Manifeste du parti communiste*, des sections se constituent en France, en Italie et en Allemagne, puis dans le reste de l'Europe ; la création de la première internationale à Londres en 1864 permet de coordonner leur action. En 1871, la défaite de la France face à la Prusse plonge Paris dans le chaos. Refusant de se rendre à l'ennemi, les insurgés communistes prennent le contrôle de la municipalité. La « Commune de Paris » constitue le premier cas d'application de la doctrine communiste et sert d'exemple aux révolutionnaires bolcheviques du XX siècle.

Le monde en guerre (1914-1945)

Dans les années qui suivent l'humiliante défaite de la France de Napoléon III face à la Prusse en 1870, l'Europe profite d'une paix relative. Les ambitions territoriales des deux camps se détournent de la « ligne bleue des Vosges » et investissent l'espace colonial, où la France trouve un exutoire à la perte de l'Alsace et de la Lorraine. L'Allemagne de Guillaume II s'engage pour sa part dans une politique expansionniste agressive et lorgne les possessions coloniales des autres puissances. Cette rivalité va engendrer les deux conflits les plus meurtriers de l'histoire de l'humanité.

Au début du XXe siècle, l'équilibre de l'Europe est précaire. Depuis 1904, l'« Entente cordiale » est établie entre la France et la Grande-Bretagne. Cette association répond à la « Triple Alliance » ou « Triplice », signée entre l'Allemagne, l'Autriche-Hongrie et l'Italie en 1888. En 1907, la Russie rejoint le camp des démocraties occidentales au sein d'un nouvel ensemble baptisé la « Triple-Entente ». À partir de cette date, la situation internationale ne cesse de se dégrader. Au début de 1911, l'envoi d'une canonnière allemande dans la baie d'Agadir au Maroc manque de déclencher une guerre. Dans les Balkans, la fragmentation territoriale imposée par les puissances lors du congrès de Berlin de 1878 a créé une situation explosive. Le 28 juin 1914, l'assassinat de l'archiduc François-Ferdinand à Sarajevo (Bosnie) déclenche une réaction en chaîne résultant du jeu des alliances. Le 23 juillet, l'Autriche-Hongrie déclare la guerre à la Serbie et le 1er août à la Russie, alliée historique des Serbes. Le 3 août 1914, l'Allemagne déclare la guerre à la France ; le lendemain, l'Angleterre entre dans le conflit à son tour…

Un affrontement entre puissances coloniales

Le 5 août, suivant le plan « Schlieffen », l'armée allemande commandée par von Moltke pénètre en Belgique, puis fonce vers Paris. Joffre, général en chef des forces françaises, applique aveuglément le plan « XVII » et concentre ses efforts sur l'Alsace et la Lorraine. L'envoi, à partir du 6 septembre, de 10000 soldats sur le front de la Marne – grâce aux taxis parisiens – permet d'enrayer l'avancée allemande. À l'approche de l'hiver, le front se stabilise. En février 1916, le général von Falkenhayn entreprend de « saigner à blanc l'armée française » à Verdun. Plus de 300000 hommes vont mourir dans les tranchées de la Meuse jusqu'au 19 décembre 1916, date du retrait allemand. Fait inédit dans l'Histoire, les combats s'étendent aux colonies africaines : les offensives allemandes au Togo, au Cameroun et au Congo sont repoussées par les Français et les Belges ; en

LE BILAN HUMAIN DES DEUX GUERRES MONDIALES

Pendant la Première Guerre mondiale, les pertes humaines s'élèvent à 18,6 millions de morts, dont 8,9 millions de civils. La France a perdu 1,4 million de combattants, soit 10 % de sa population masculine, tandis que l'Empire allemand déplore la perte de 2 millions d'hommes. La Seconde Guerre mondiale est le conflit le plus meurtrier de l'histoire avec plus de 60 millions de morts. La particularité de ce conflit est l'importance des pertes civiles (37 à 54 millions), nettement supérieures à celles des militaires (22 à 25 millions).

Sous-marins allemands amarrés à une écluse entre 1916 et 1918.

Palestine, dans le Sinaï et les Dardanelles, les Britanniques s'opposent aux Ottomans ; sur mer, les forces de l'Entente combattent les sous-marins et les corsaires allemands qui menacent leurs lignes commerciales. Les alliés font largement appel aux ressortissants de leurs empires : la France envoie sur le front européen ses tirailleurs sénégalais et marocains tandis que les Britanniques mobilisent dans les Dominions et en Inde près de trois millions d'hommes, Sud-Africains, Australiens, Indiens, Pakistanais et Canadiens.

1918-1939, prélude à un nouvel embrasement

L'échec de l'ultime offensive du 21 mars 1918 sur la Somme et les Flandres, lancée par le général Ludendorff, scelle l'effondrement de l'armée allemande. Le 11 novembre, l'armistice est signé à Rethondes. Par le traité de Versailles du 28 juin 1919, la France impose à l'Allemagne des réparations de guerre exorbitantes ; l'occupation de la Rhénanie lui offre en outre une source considérable de matières premières. Au début des années 1920, l'Europe se reconstruit sous l'égide des vainqueurs de la Grande Guerre. Mais en 1929, le krach boursier de Wall Street bouleverse l'équilibre mondial. La « Grande Dépression » entraîne les pays industrialisés dans une spirale de chômage et de pauvreté. Exploitant la grogne sociale, Adolf Hitler est élu chancelier en 1933. Il s'affranchit du traité de Versailles et mène une politique extérieure agressive. De l'autre côté du Rhin, la France souhaite éviter à tout prix un nouvel affrontement ; elle brûle ses ressources dans la construction d'un réseau de fortifications, la ligne Maginot. Le 3 septembre 1939, l'Allemagne allume les premiers feux du second conflit mondial en pénétrant

HIROSHIMA, TRAUMATISME POUR L'HUMANITÉ

Le 6 août 1945, un bombardier B-29 de l'US Air Force, baptisé *Enola Gay*, largue sur la ville d'Hiroshima, au Japon, la première bombe atomique de l'histoire. Trois jours plus tard, Nagasaki est soufflée à son tour. Le bilan des deux attaques avoisine les 200 000 morts, sans compter les innombrables victimes des radiations. L'initiative du président Truman, destinée à obtenir une reddition du Japon et éviter une invasion meurtrière de l'archipel, crée un effroyable précédent et alimente durablement la peur d'un holocauste nucléaire.

Chars allemands « Panzer IV » de l'Afrika Korps sur le front d'Afrique du Nord en 1941-1942.

en Pologne dans l'indifférence la plus totale des démocraties occidentales. Huit mois plus tard, l'armée française est balayée par la Wehrmacht, qui met en application une doctrine militaire d'avant-garde, la « Blitzkrieg ».

Le déplacement des théâtres d'opérations

La France vaincue, la responsabilité de la lutte revient à la Grande-Bretagne, qui résiste vaillamment aux assauts de la Luftwaffe lors de la bataille d'Angleterre. Dans l'Atlantique, l'activité des U-Boote menace les liaisons de ravitaillement de l'Angleterre. À partir de 1941, le conflit se déplace en Afrique du Nord. Le 8 novembre 1942, les États-Unis, entrés en guerre suite à l'agression japonaise à Pearl Harbor, débarquent aux côtés des Britanniques et des forces françaises libres sur les côtes marocaines et algériennes. Au début de l'année 1943, les forces de l'Axe sont chassées d'Afrique, ouvrant la voie à un débarquement allié en Italie, puis en Provence et en Normandie. Reprenant pied sur le continent européen, les alliés pénètrent inexorablement vers le cœur de l'Allemagne, qui capitule le 8 mai 1945. Dans l'océan Pacifique, Américains et Japonais se livrent une guerre aéronavale sans précédent. Ces derniers plient peu à peu sous les coups de la machine de guerre américaine. En 1945, ils sont repoussés à Iwo Jima et Okinawa, batailles décisives qui ouvrent la route du Japon. Le 15 août 1945, quelques jours après les bombardements d'Hiroshima et Nagasaki, l'empereur Hirohito annonce sa capitulation sans conditions.

Bilan

La rivalité franco-allemande, phénomène intra-européen, a muté au fil des années avec l'extension des enjeux politiques et économiques aux domaines coloniaux. Les progrès techniques accouchent d'armes aux longs rayons d'action, tels les sous-marins et les avions de combat, qui concourent à cette globalisation des conflits. Mais surtout, pour la première fois de l'histoire, les conflits impliquent des populations d'origines ethniques très diverses et se déroulent sur des théâtres d'opérations très éloignés les uns des autres.

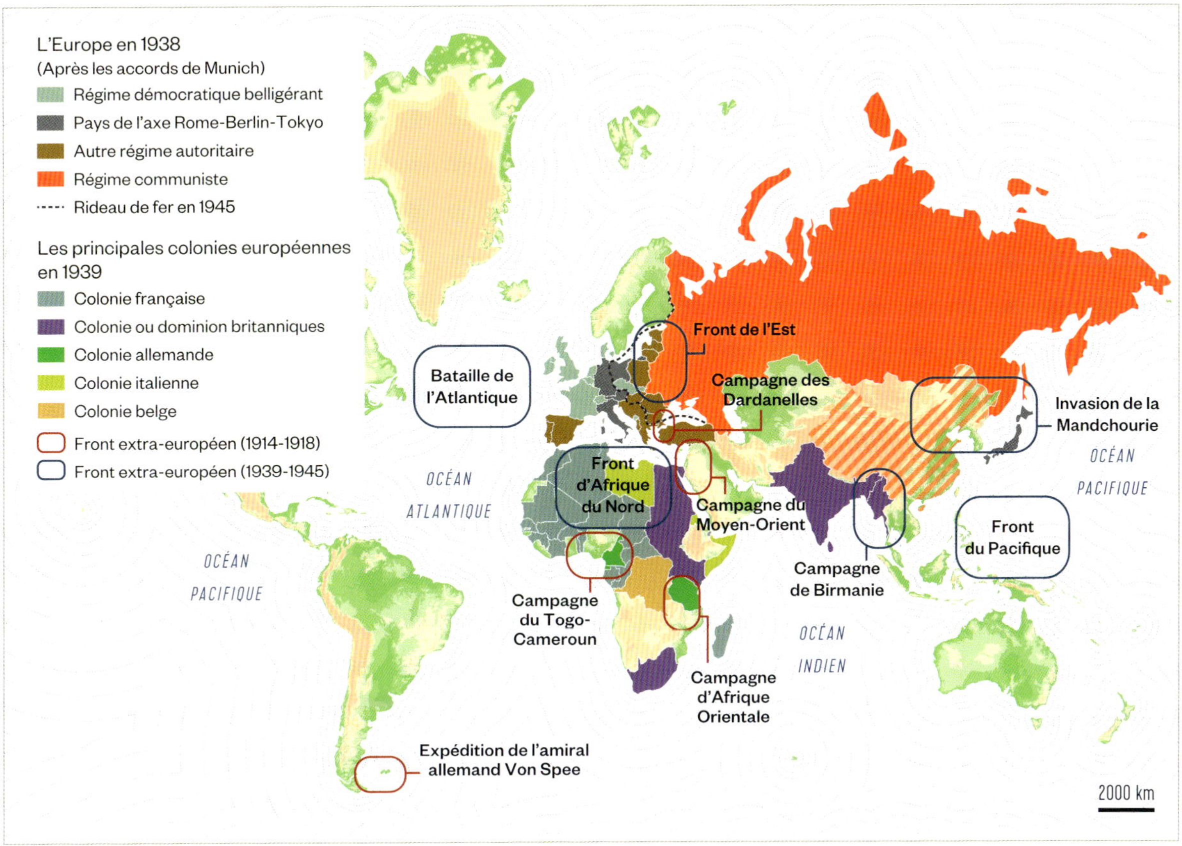

Les théâtres d'opérations extraeuropéens lors des deux guerres mondiales

Les deux conflits majeurs du XXe siècle présentent une dimension planétaire inédite. En 1914, le théâtre d'opérations principal d'Europe occidentale est complété par des théâtres secondaires correspondant aux intérêts coloniaux des belligérants. Ainsi, les grandes colonies allemandes, le Togo, le Cameroun et le Mozambique, font l'objet de campagnes militaires soutenues. De même, la Palestine et les Dardanelles, provinces stratégiques de l'Empire ottoman, allié des Empires centraux, sont les cibles d'offensives menées conjointement par la France et le Royaume-Uni. En 1941, la mainmise allemande sur l'Europe continentale reporte l'essentiel des combats sur l'Afrique du Nord et sur le front de l'Est, jusqu'à l'ouverture en 1943 du front italien.

La guerre froide

À Yalta, en juillet 1945, les trois grandes puissances mondiales, États-Unis, URSS et Royaume-Uni, dont la victoire finale dans la guerre ne fait aucun doute, se réunissent pour évoquer le futur du monde. L'équilibre de la planète dépend de la résolution de deux questions épineuses. La première concerne la jonction des fronts est et ouest en Europe ; l'autre aborde les moyens de soumettre le Japon, qui résiste encore dans l'océan Pacifique. À cette occasion, le Premier ministre britannique, Winston Churchill, observateur privilégié des antagonismes naissants, prononce sa célèbre formule évoquant la tombée d'un « rideau de fer » sur le continent européen.

Si la montée en puissance des États-Unis s'inscrit dans une continuité historique, l'essor soviétique est plus spectaculaire. L'URSS a produit un effort de guerre colossal, si bien qu'en mai 1945, l'Armée rouge mobilise aux portes de l'Europe occidentale une force susceptible de lui donner un ascendant certain en cas de nouvel affrontement sur le continent. Paradoxalement, les tragédies d'Hiroshima et Nagasaki éloignent le risque d'une troisième guerre mondiale. En mars 1947, le président Truman annonce sa politique de « *containment* » (endiguement) du communisme, résumant la situation internationale en une opposition entre « démocratie » et « totalitarisme ». Les Soviétiques répondent par la création du Comité d'information des partis communistes (« Kominform »), remplacé en 1955 par le « pacte de Varsovie », alliance militaire, politique et économique entre États communistes. En avril 1949, l'Organisation du traité de l'Atlantique Nord (OTAN) voit le jour ; elle est destinée à garantir la sécurité des États européens et américains.

L'expansion du communisme

Dès la fin de la guerre, deux pays des Balkans se placent du côté de l'URSS : la Yougoslavie de Tito et l'Albanie d'Enver Hoxha. La Tchécoslovaquie, État composite dépecé par le IIIe Reich, recouvre son indépendance et se place à son tour derrière le « rideau de fer ». Le basculement dans le bloc communiste de cet État, considéré comme le plus occidentalisé d'Europe de l'Est, marque le début de la guerre froide. En 1947 et 1948, les peuples de Pologne, de Roumanie et de Hongrie assistent à l'instauration de régimes communistes. En 1949, l'Allemagne, occupée depuis 1945, est scindée en deux entités politiques distinctes : la RFA (République fédérale d'Allemagne) dans la partie occidentale et la RDA (République démocratique d'Allemagne) dans la partie orientale. L'influence communiste se ressent particulièrement en Asie, terrain de chasse privilégié de Moscou. En 1949, Mao Zedong, victorieux des républicains de Tchang Kaï-Chek, met un terme à la guerre civile qui déchire la Chine depuis 1927 et fait de son pays une « République populaire ».

LA DÉCOLONISATION

En 1954, la décolonisation s'achève en Asie avec les accords de Genève, mettant fin à la guerre d'Indochine. L'année suivante, à Bandung (Indonésie), les dirigeants des pays récemment affranchis de la tutelle des puissances proclament leur solidarité et manifestent leur volonté de peser sur la scène internationale. Encouragées par cet élan, les colonies africaines entament leur marche vers l'indépendance : entre 1956 et 1962, l'Empire colonial français implose, tout comme son rival britannique, qui perd en 1980 sa dernière colonie, le Zimbabwe.

Entrée des troupes du pacte de Varsovie en Tchécoslovaquie pendant le Printemps de Prague, le 23 août 1968.

Plus au sud, la Corée du Nord communiste envahit le Sud, proaméricain, en juin 1950, et provoque l'intervention de l'ONU ; en Indochine, le parti communiste vietnamien, le Viêt Minh, prend l'avantage sur les troupes coloniales françaises, finalement évincées en 1954.

La course aux armements

Les deux blocs inaugurent une nouvelle stratégie, basée sur la dissuasion nucléaire. Entre 1945 et 1964, cinq États acquièrent un arsenal nucléaire : les États-Unis, l'URSS, le Royaume-Uni, la France et la Chine. Mais en 1953, la mort de Staline favorise la doctrine de « coexistence pacifique » prônée par les nouveaux cadres du parti. Paralysés par les enjeux, les deux blocs s'affrontent sur des théâtres secondaires. En 1955, les États-Unis interviennent au Vietnam pour appuyer les forces du Sud, en difficulté face aux communistes. Leur engagement s'achèvera par un humiliant retrait en 1975. En octobre 1956, la France et la Grande-Bretagne, préoccupées par la ligne anti-impérialiste de l'Égyptien Nasser, lancent une expédition éclair pour sécuriser l'accès au canal de Suez et doivent reculer sous la pression de la communauté internationale. En novembre 1958, craignant la nucléarisation de la RFA et confrontée à l'afflux grandissant de migrants vers l'ouest, l'URSS entame un bras de fer avec le bloc occidental. En 1961, les tensions atteignent un point critique. Dans la nuit du 12 au 13 août, les autorités de Berlin Est décident d'installer 43 kilomètres de barbelés pour scinder la ville en deux parties hermétiques. Le « mur de la honte » devient le symbole des divisions de l'Europe, grignotée à l'Est par le bloc communiste, unifiée à l'Ouest sous la bannière de la CEE (Communauté économique européenne) née à Rome en mars 1957.

LA CRISE DE CUBA

En 1962, Fidel Castro, chef de la révolution cubaine, donne son accord à l'implantation de forces soviétiques sur son sol en réaction à l'installation de missiles américains en Turquie. Cette décision précipite l'humanité au bord du gouffre. À la fin du mois d'octobre, une série d'incidents entre l'US Navy et plusieurs sous-marins russes à capacité nucléaire menace de faire basculer le monde dans le chaos. La crise s'achève par un retrait russe et amorce une longue phase de détente entre les deux blocs.

Neil Armstrong et Edwin E. Aldrin, astronautes américains, plantant le drapeau américain dans la mer de la tranquillité le 20 juillet 1969.

La détente et la « guerre fraîche »

En 1963 débute une période de détente entre les deux blocs. Horrifiés par la possibilité d'un affrontement nucléaire, Washington et Moscou se rapprochent et inaugurent le « téléphone rouge », liaison directe entre le dirigeant américain et son homologue russe. En août 1963, c'est le contrôle des armements nucléaires qui se trouvent au centre des discussions : le traité de Moscou interdit les essais atmosphériques et sous-marins. En janvier 1968, le traité de non-prolifération nucléaire puis les accords de SALT I en mai 1972 limitent la menace. En Europe, malgré l'invasion de la Tchécoslovaquie par l'Armée rouge, les relations entre les États se normalisent ; en 1969, le chancelier de la RFA, Willy Brandt, engage une politique de rapprochement avec la RDA. À partir de 1975, le monde entre dans la « guerre fraîche », induite par la perte d'influence des États-Unis suite au choc pétrolier de 1973. En décembre 1979, l'URSS engage une nouvelle phase d'expansion en envahissant l'Afghanistan. L'élection du républicain Ronald Reagan, qui qualifie l'URSS d'« Empire du mal », relance la course aux armements et marque le retour au premier plan de la puissance américaine. Une nouvelle détente intervient en 1985 avec l'accession au pouvoir de Mikhaïl Gorbatchev.

Bilan

La guerre froide est née de l'émergence de deux puissances hégémoniques au lendemain de la Seconde Guerre mondiale. À partir de 1947, l'expansion soviétique en Europe et en Asie cristallise les tensions. La généralisation de l'arme nucléaire et l'irruption de plusieurs crises dramatiques, dont celle de Cuba en 1962, induisent une prise de conscience et une normalisation des échanges, néanmoins perturbées par la crise économique de 1973. En 1985, l'effritement du parti communiste laisse entrevoir une issue favorable au conflit larvé qui a menacé la stabilité du monde pendant quarante ans.

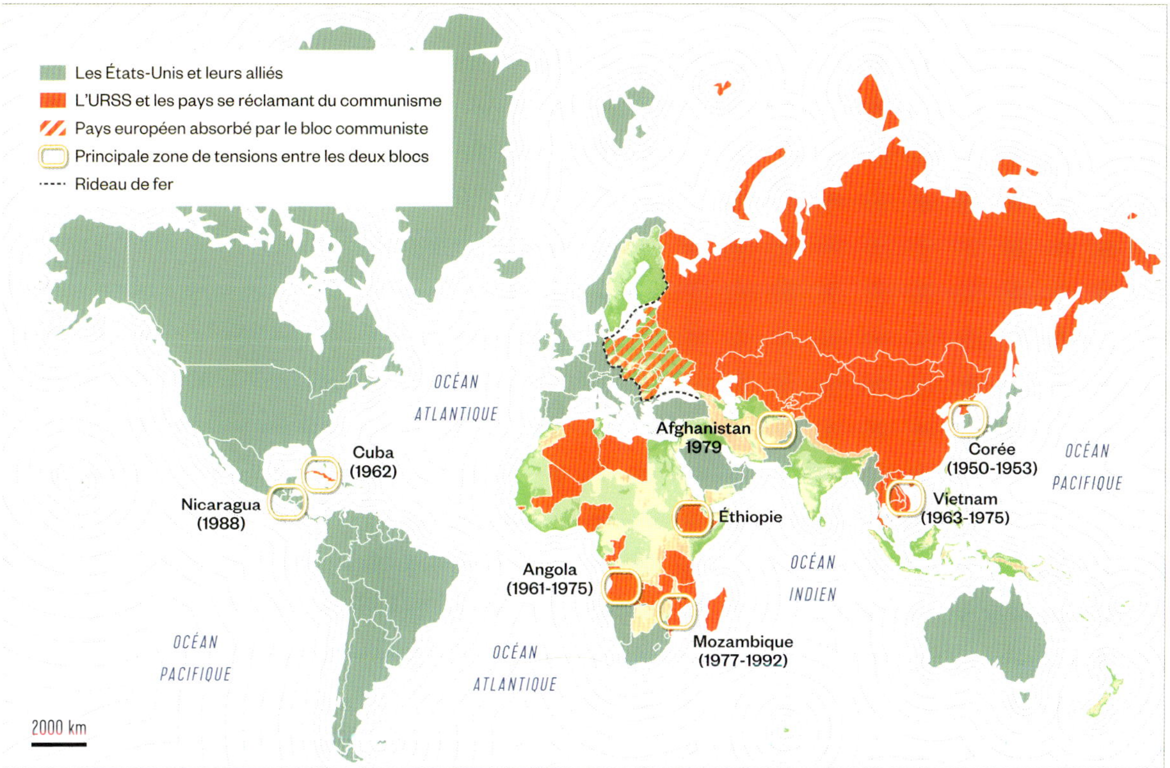

La situation géopolitique mondiale (1945-1991)

La guerre froide, période de fortes tensions politiques entre la Russie communiste et les États-Unis capitalistes, induit une bipolarisation du monde. Celle-ci engendre des déséquilibres politiques violents. Certains pays d'Afrique, engagés dans le processus de décolonisation, nouent des alliances militaires opportunes avec Moscou ; c'est notamment le cas de la Libye, de l'Algérie, du Nigeria et de l'Angola. L'Extrême-Orient, influencé par la Chine maoïste, est le théâtre des deux conflits les plus sanglants d'après-guerre, au Vietnam et en Corée. Enfin, le consensus existant sur le continent américain en faveur du bloc capitaliste est troublé par l'arrivée au pouvoir à Cuba de Fidel Castro, qui aboutit à la crise des missiles d'octobre 1962.

La nouvelle carte géopolitique mondiale

Dans la soirée du 9 novembre 1989, le monde est traversé par une onde de choc : le porte-parole du parti communiste de l'Allemagne de l'Est (RDA), Günter Schabowski, vient d'annoncer le démantèlement du mur séparant la ville de Berlin en deux blocs hermétiques. Immédiatement, la population s'y précipite armée de masses et démembre le « mur de la honte », symbole de leurs tourments depuis 1961. L'événement est le point de départ d'un phénomène beaucoup plus vaste qui va bouleverser l'équilibre du monde et façonner une nouvelle carte géopolitique mondiale.

L'URSS traverse une zone de turbulences depuis le début des années 1980. Les premiers mouvements de contestation, nés en Pologne en 1980 sous l'impulsion de Lech Walesa (Solidarnosc), ont considérablement affaibli son assise. En Asie centrale, l'enlisement du conflit afghan depuis 1979 mobilise d'importantes ressources matérielles. Sur le plan intérieur, le parti est aux mains de vieux cadres conservateurs qui laissent le pays s'enfoncer dans la crise économique. L'accession au pouvoir de Mikhaïl Gorbatchev en 1985 et la mise en œuvre de son programme de réformes (« Perestroika » pour le volet économique, « glasnost » pour le volet démocratique) recueillent l'approbation des peuples d'Europe de l'Est. En novembre 1989, le mur de Berlin s'effondre ; en Roumanie, Nicolae Ceausescu est renversé et exécuté le 25 décembre 1989 ; en Tchécoslovaquie, des manifestations aboutissent à la chute du gouvernement. La Pologne en 1990, la Bulgarie en 1991 et l'Albanie en 1992 suivent le même chemin. La Hongrie, dominée à partir de 1994 par des communistes modérés, suit une évolution plus lente.

Le terrorisme, nouvel ennemi de l'Occident

La chute de l'URSS met fin à la guerre froide et écarte durablement la perspective d'un troisième conflit mondial. La disparition de la présence russe dans les Balkans provoque cependant une réaction en chaîne. Entre 1990 et 2000, la scission de la Croatie, la partition de la Bosnie-Herzégovine, puis du Kosovo, font près de 130 000 morts. Les États-Unis, marqués par l'échec de la guerre du Vietnam, laissent à l'Organisation des Nations unies (ONU) la charge de résoudre le conflit. Ils interviennent pourtant au Moyen-Orient pour répondre à l'invasion du Koweït, pays producteur de pétrole, par l'Irak de Saddam Hussein le 2 août 1990. Le 17 janvier 1991, le président George H. W. Bush déclenche l'opération « Tempête du Désert », s'appuyant sur une vaste coalition internationale. La radicalisation des pays arabes contre l'hégémonie occidentale, symbolisée par le soutien des États-Unis à Israël, fait apparaître une nouvelle menace. En 1995, Paris est touché par une série d'attentats perpétrés par des

LE MODÈLE POLITIQUE CHINOIS

À la mort de Mao Zedong en 1976, la Chine met en place sous l'égide de Deng Xiaoping une politique de libéralisation et d'ouverture économique qui fait d'elle la seconde puissance économique asiatique après le Japon. Au début du mois de juin 1989, des milliers d'étudiants se réunissent place Tian'anmen à Pékin et demandent une démocratisation du régime. La ville est placée en état de siège par l'armée, qui intervient au prix de près de 500 morts. L'événement est le dernier mouvement de contestation civile en Chine.

Foule réunie près de la porte de Brandebourg lors de la chute du mur de Berlin, le 10 novembre 1989.

islamistes algériens. Le 11 septembre 2001, la destruction du World Trade Center de New York par des avions-suicides marque une escalade dans la guerre. L'Afghanistan et l'Irak, foyers supposés des terroristes d'Al-Qaïda, sont les cibles d'interventions armées tandis que les attentats se multiplient en Occident.

La mondialisation de l'économie

La fin du XXe siècle fait entrer l'économie dans une nouvelle phase de « globalisation ». Ce phénomène de libéralisation des échanges, initié lors de la révolution industrielle au XIXe siècle, connaît une accélération au début du XXIe siècle grâce à l'essor des technologies de l'information et de la communication. Ses conséquences sont une interdépendance accrue des économies mondiales et l'intensification de la concurrence. Mais en 2008, la « crise des subprimes » ruine le secteur immobilier américain et déclenche une grave crise financière mondiale. Surtout, l'opinion publique se retourne contre le secteur financier et prend conscience des inégalités qui régentent les sociétés humaines. De nouveaux courants altermondialistes, ou antimondialistes, font entendre leur voix et réclament un nouveau modèle d'échanges basé sur la coopération et non sur la concurrence. Dans ce contexte, l'Union européenne fait face à d'importantes divisions. Les gouvernements, frappés à des degrés divers par la crise, adoptent des politiques protectionnistes. Les partis nationalistes gagnent du terrain, capitalisant par ailleurs sur l'inquiétude suscitée par l'explosion des flux migratoires à destination de l'Europe depuis 2010. Ce phénomène, induit par la pauvreté mondiale et les guerres au Moyen-Orient et en Afrique, pose un nouveau défi aux démocraties, celui de l'intégration.

Les nouveaux enjeux

La population mondiale a atteint le nombre de 7,55 milliards d'individus au 1er juillet 2017 et devrait avoisiner les 10 milliards en 2050. Les projections de l'évolution de la population mondiale à une échéance supérieure à 50 ans semblent peu fiables, tant les facteurs entrant en jeu sont nombreux. Sur le plan purement démographique, l'incertitude porte sur l'irruption dans les pays dits en voie de développement (Chine, Inde et pays d'Amérique latine) du phénomène de transition démographique (réduction des naissances) observé dans les pays développés dans le courant des années 1970 et 1980. Autre facteur majeur de l'évolution démographique, la lutte contre le réchauffement climatique est devenue en 1988 une préoccupation mondiale avec la création par l'ONU du Groupe d'experts intergouvernemental sur l'évolution du climat (GIEC), chargé de synthétiser les études scientifiques sur le sujet. Ses travaux établissent une corrélation entre l'augmentation des émissions de gaz à effet de serre d'origine humaine et le réchauffement climatique. Publié en 1995, le protocole de Kyoto, visant à stabiliser les émissions de gaz, est ratifié par la totalité des pays, excepté le Canada et les États-Unis. En avril 2016, l'accord de Paris, issu de la conférence internationale COP 21, est le premier texte universel fixant des objectifs concrets de réduction de l'emploi d'énergies fossiles.

Attaque terroriste du World Trade Center à New York (États-Unis), le 11 septembre 2001.

LA RÉVOLUTION INTERNET

À partir de 1993, le réseau planétaire nommé « Internet », à l'usage exclusif du gouvernement américain depuis les années 1970, débarque dans la vie de chacun. Ce nouvel outil révolutionne les usages personnels et professionnels. Fin 2016, on estime à 3,9 milliards le nombre d'internautes. Son omniprésence soulève cependant des problèmes éthiques, partiellement résolus de nos jours : droits d'auteurs, confidentialité, respect de la vie privée, protection de l'enfance, redéfinition de la liberté d'expression…

Bilan

La chute du mur de Berlin en 1989 constitue le plus grand bouleversement géopolitique mondial depuis la fin de la Seconde Guerre mondiale. À l'éclatement du bloc d'Europe de l'Est succède celui, plus meurtrier, des Balkans. Au Moyen-Orient, le soutien apporté par les États-Unis à Israël entraîne l'émergence d'un terrorisme international. Sur le plan économique et social, le débat entre mondialistes et altermondialistes, la généralisation de mesures environnementales et la maîtrise de la démographie constituent les futurs enjeux majeurs de l'humanité.

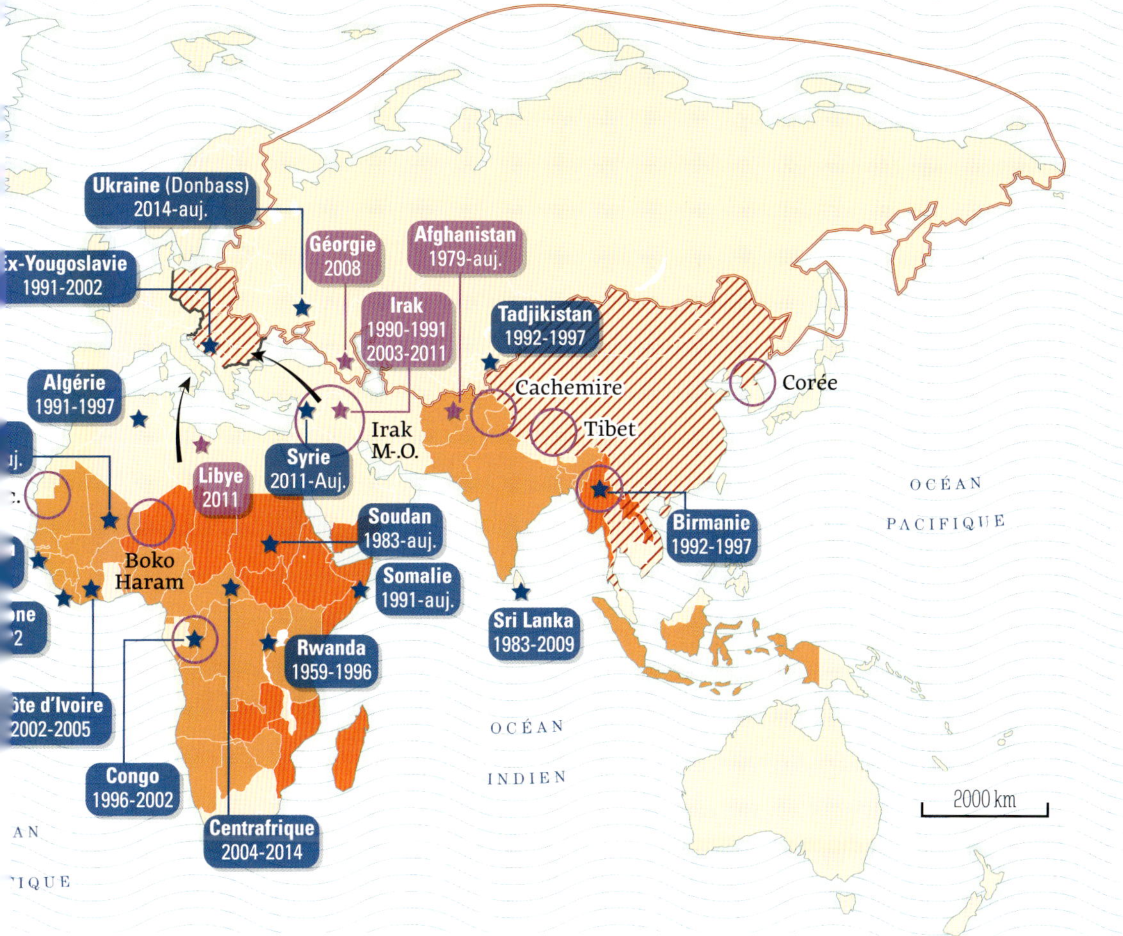

tières de l'ex-URSS
enne sphère d'influence soviétique
souffrant de malnutrition alarmante
souffrant de malnutrition sévère
s de tensions internationales en 2018

« Rideau de fer » (1946-1991)
Guerres civiles (dates)
Conflits internationaux (dates)
Principaux mouvements migratoires

L'évolution du monde depuis 1991

La dislocation de l'URSS et l'effacement de son influence bouleversent le contexte géopolitique mondial. Face à la tendance isolationniste américaine, l'ONU devient dépositaire de l'ordre international. La montée de l'islamisme à la fin du XXe siècle dans les régions sous-développées (Boko Haram au Nigeria, Al-Qaïda en Afghanistan, Daesh en Irak et en Syrie) annonce un nouveau péril pour l'Occident. Des guerres civiles se déclarent en Afrique et au Moyen-Orient, engendrant des vagues de migration massives vers l'Europe. En Afghanistan et en Irak, les interventions consécutives aux attentats new-yorkais du 11 septembre 2001 sont vaines face à la progression du terrorisme international, capable de frapper au cœur des démocraties occidentales.

Conclusion

Près de cinq millénaires après la fondation des premières sociétés sédentaires, l'humanité a naturellement évolué dans ses structures politiques, ses rapports sociaux et ses mentalités. Les premiers États hégémoniques multinationaux égyptiens, grecs, indiens et romains ont laissé aux générations suivantes des patrimoines immuables tout en définissant les bases de la pratique du pouvoir. Au début de notre ère intervient un premier tournant dans cette évolution : les grandes religions monothéistes et polythéistes s'imposent comme des rouages politiques essentiels. En Europe, les souverains se proclament représentants de Dieu sur terre ; en Chine et au Japon, le bouddhisme complète l'autorité des chefs militaires et instaure la concorde dans des pays minés par les divisions. Le second tournant intervient à la fin du XVe siècle avec la découverte et la colonisation du Nouveau Monde ; il aboutit, cinq siècles plus tard, à la naissance de la superpuissance américaine qui domine le monde de nos jours. Enfin, la révolution industrielle et les grandes découvertes scientifiques du XIXe siècle bouleversent les habitudes et remodèlent le monde du travail. Elles font entrer les sociétés traditionnelles dans une ère de modernité sans précédent, caractérisée par une mondialisation galopante des échanges et par des mutations sociales, elles-mêmes sources des idéologies contemporaines : capitalisme, anarchisme, socialisme, communisme. L'histoire de l'humanité est également façonnée par les guerres qu'elle endure. Celles-ci, régionales pendant l'Antiquité et au Moyen Âge, changent progressivement d'échelle entre l'époque moderne et les deux effroyables conflits mondiaux du XXe siècle. En 1945, les destructions d'Hiroshima et de Nagasaki par l'arme nucléaire créent un terrifiant précédent et placent l'humanité face à son extinction programmée. En 1989, l'historien Francis Fukuyama prédit un nouveau tournant en annonçant la « fin de l'histoire » telle que nous la connaissons. Selon lui, l'éclatement des blocs antagonistes ainsi que la fin des dictatures en Europe et en Amérique latine éloigneraient définitivement les causes des guerres et mèneraient au triomphe de la démocratie libérale. Trente ans plus tard, force est de constater l'inexactitude de cette théorie. Depuis le début du XXIe siècle, l'irruption du terrorisme de masse sur la scène internationale a entraîné une banalisation de la violence armée dans l'esprit d'une population humaine aspirant plus que jamais à la paix et à la liberté. Cette réalité nous amène à nous interroger sur le caractère cyclique de l'histoire, sur la capacité de l'humanité à tirer des leçons de son passé. À un nouveau tournant de leur évolution, les hommes doivent réinventer leur mode de vie et relever des défis majeurs, au rang desquels la surpopulation et la dégradation de l'environnement occupent une place prépondérante. Fort de ses racines millénaires, le monde devra au XXIe siècle s'inspirer de son histoire pour assurer sa survie.

Éditions du Sens

Édité par ESI

100, rue Petit 75019 Paris

Auteurs : Gautier Lamy, puis Jean-Charles Arnaud, Emeline Geny et Patricia Nerre

Cartographes : Mélanie Marie, Alexandre Nicolas

Imprimé par FINIDR à Cesky Tesin en République tchèque

Dépôt légal : septembre 2019 - Achevé d'imprimer : août 2019

N° ISBN : 978-2-37983-004-4